KB041629

제11판

행정법 입문

행정기본법 전면 반영

박균성

박영사

| 제11판 머리말 |

이번 개정에서는 2023년 8월 10일 간행된 제10판 이후의 이론 및 판례의 발전과 법령의 개정을 모두 반영하였다. 전면 개정이라고 할 수 있을 정도로 상당한 삭제·수정·보완이 있었다. 행정법 이론과 실무를 통합적으로 서술하고, 예를 많이 추가하여 행정법 법리를 실제적으로 생생하게 이해하는 데 도움을 주고자 하였다. 디지털시대의 수요에 따라 이번 개정에서도 지난 번 개정에서와 같이 전자책으로도 출판하는 것으로 하였다.

법치행정의 강화에 따라 국내 생활에서 행정법의 중요성이 커지고 있다. 또한, 글로벌시대에서 행정법은 개인이나 기업의 해외 활동이나 국가간의 관계에서도 중요하게 되었다. 그리고, 기업활동에서 행정규제가 중요해짐에 따라 기업에게도 행정규제법리의 중요한 부분을 차지하는 행정법리가 중요한 영향을 미치고 있다. 이러한 점에 비추어 법률가나 일반 공무원 양성뿐만 아니라 외교관 양성이나 기업종사자 양성에서도 행정법 교육을 추가·강화해야 할 필요가 있다.

마지막으로 편집을 담당해 준 장유나 차장님, 개정작업을 지원해 준 안상준 사장님, 박세기 부장님 등 박영사 관계자 여러분에게 깊이 감사드린다.

2024년 7월 5일
저자 씀

| 머리말 |

    이 책은 행정법을 처음으로 접하는 사람을 위한 행정법 입문서로 집필되었다. 헌법은 행정법의 기초가 되고, 행정법의 개념 중에는 민법의 개념을 차용한 경우가 적지 않기 때문에 헌법과 민법의 기초를 공부하고 행정법을 공부하는 것이 바람직하지만, 현실에서는 헌법이나 민법을 전혀 공부하지 않고 행정법강의를 듣는 학생들이 적지 않다. 이러한 점을 고려하여 법을 전공하지 않은 사람도 행정법을 이해할 수 있도록 쉽게 쓰려고 하였다. 그리고 행정학과 등에서 행정법을 한 학기로 강의하는 경우도 적지 않은 점을 고려하여 행정법 입문을 최대한 축약하여 기술하는 것으로 하였다.

    이 책의 출간을 수락해 주신 박영사 안종만 회장님, 특별한 관심과 배려를 보여주신 안상준 상무님, 강상희 대리님, 편집을 담당해 준 나경선 차장님 등 박영사 관계자 여러분에게 깊이 감사드린다.

2013년 5월 20일
우거에서 저자 씀

| 차 례 |

제1부 행정법총칙

제2부 행정조직법

제3부 일반행정작용법

제1장 행정입법

제2장 행정계획

제4부 행정구제법

제1장 개　　설

제1부

행정법총칙

제1장
행정과 행정법

제 1 절 행정의 개념

조직적 의미의 행정이란 국가행정조직을 말한다.

형식적 의미의 행정이란 행정기관이 행하는 모든 활동을 말한다.

실질적 의미의 행정이란 행정은 어떠한 성질을 가지는 국가작용인가를 기준으로 하여 입법 및 사법(司法)과 비교하여 정의내린 것이다.

행정기본법에 따르면 행정은 **공공의 이익**을 위하여 **적극적으로** 추진되어야 한다(제4조 제1항).

실질적 의미의 행정에 관하여 통설인 **양태설**에 따르면 행정을 '법 아래서 법의 규율을 받으면서 공익(공동체(국가 또는 지방자치단체) 구성원의 전부 또는 일부의 불특정 다수인의 이익)의 적극적 실현을 위해 행하여지는 전체로서 통일성을

[형식적 의미의 행정과 실질적 의미의 행정]

구 분	형식적 의미의 행정	실질적 의미의 행정
내 용	행정기관이 행하는 모든 활동	성질에 따라 입법·사법과 구별되는 의미에서의 행정개념
구체적 예	행정기관에서 행하나 실질적 의미의 행정에 속하지 않는 것: 실질적 의미의 입법(행정입법), 실질적 의미의 사법(행정심판재결, 재정법상의 통고처분)	형식적 의미의 행정은 대부분 실질적 의미의 행정에 속한다(운전면허·과세처분 등). ※ 입법기관, 사법기관에서 행하나 실질적 의미의 행정에 속하는 것: 소속공무원 임명

가진 적극적·형성적 국가활동'이라고 정의할 수 있다. 행정의 중요한 특징은 다음과 같다: 행정은 i) 공익실현을 목적으로 한다(사적 활동과 구별). ii) 적극적이고 형성적인 활동이다(사법과 구별). iii) 구체적인 효과를 가져오는 활동이다(입법과 구별). iv) 상하의 계층체에 의해 행하여지는 통일성을 가진 활동이다(사법과 구별). v) 다양한 행위형식에 의해 행하여진다.

제2절 행정법의 의의 및 특수성

Ⅰ. 행정법의 의의

행정법이란 행정(행정조직, 행정작용 및 행정구제)에 관한 '공법(公法)'이다.

행정법은 행정에 관한 **공법**이다. 행정에 관한 법이 모두 행정법은 아니며 행정에 관한 공법만이 행정법이다. 행정에 관한 사법(私法)은 행정법이 아니다.

대륙법계는 공법(행정법)과 사법을 성질이 다른 법으로 본다. 대륙법계국가에서 행정법과 민법은 일반법과 특별법의 관계에 있지 않다. 영미법계는 공법과 사법을 구별하지 않는 보통법체계인데, 보통법은 행정법의 일반법이다. 우리나라 행정법은 대륙법계 행정법과 같이 공법의 성질을 갖는다.

Ⅱ. 행정법의 특수성

1. 형성중의 법

사법인 민법은 법체계가 로마법 이래 이미 확립되어 있지만 행정법은 그 법체계 및 법이론이 아직 확립되어 있지 못하고 계속 형성 중에 있다.

2. 공익목적성

행정법은 사법과 달리 기본적으로 공익의 보호를 목적으로 한다. 그렇지만 행정법이 사익의 보호를 도외시하는 것은 아니며 사익의 보호 내지 침해도 고려하여야 한다. 행정법령 중에는 공익의 보호만을 목적으로 하는 법이 있는 반면에 제1차적으로 공익의 보호를 목적으로 하면서도 부수적으로 사익의 보호도 함께 보호목적으로 하는 법령이 있다. 그리고, 공익이 당연히 사익보다 우월한 것은 아니고, 행정이 추구하는 공익과 그로 인하여 침해되는 사익은 상호 조정되어야 하며 이익형량을 통해 비례관계가 유지되어야 한다. 따라서, 행정법은 공익 상호간 또는 공익과 사익 상호간을 규율하는 법이라고 할 수 있다.

3. 행정주체의 우월성

행정법관계에서 행정주체는 사인에 대하여 일반적으로 우월한 지위를 갖는다. 다만, 행정주체의 우월성은 당연한 것은 아니며 공익상 필요한 한도 내에서만 인정되는 것이다. 행정주체는 일반적으로는 사인에 대하여 우월한 지위를 갖지만, 개별적인 경우에 있어서는 예를 들면 비권력적 공행정작용(예 공법상 계약)에서처럼 사인과 대등한 지위를 갖는 경우도 있다.

4. 행정법규정의 강행법규성

행정법규정은 공익목적을 갖는 규정이므로 원칙상 강행규정(당사자의 의사와 관계없이 적용되어야 하는 규정)이다. 그러나, 예외적으로 임의규정(그것을 위반하여도 그것만으로 위법이 되지 않는 규정, 훈시규정)으로 규정되어 있는 경우(예 행정처리기간 등)도 있다.

제 3 절 행정에 대한 사법(私法)의 적용

행정은 공법만으로 규율되는 것은 아니다. 행정에 대하여 사법이 적용될 경우도 적지 않다.

I. 국고관계에 대한 사법규정의 적용

행정주체가 사인과 같은 지위(국고의 지위)에서 활동할 때(예 행정에 필요한 물품의 구매)에는 사법만이 적용되고 그와 관련하여 제기되는 분쟁은 민사소송의 관할에 속한다.

Ⅱ. 행정법관계에 대한 사법규정의 적용

행정법관계는 행정법(공법)에 의해 규율되는 것이 원칙이지만 행정법(공법)의 흠결이 있는 경우에 행정법관계의 특수성에 비추어 사법(민법)의 규정을 적용하는 것이 적절하지 않은 경우를 제외하고는 그 흠결을 메우기 위하여 사법(민법)이 직접 적용 또는 유추적용될 수 있다.

행정법은 민법의 특별법이 아니고, 민법은 행정법의 일반법이 아니므로 행정법의 흠결시 민법이 행정법관계에 자동적으로 적용되는 것이 아니다.

예를 들면, 민법 제107조의 비진의 의사표시(내심과 표시가 다른 의사표시)에 관한 규정은 사직원의 제출과 같은 사인의 공법행위에는 적용되지 않는다(대판 2001. 8. 24, 99두9971). 즉 민법 제107조 제1항 단서에 따라 비진의 의사표시는 무효인데, 비진의 의사표시인 일괄사직서의 제출에는 민법 제107조 제1항 단서가 적용되지 않으므로 일괄사직에 근거한 사직원의 선별 수리에 있어서 사직원이 수리된 자는 실제로는 사직의 의사가 없었다는 이유로 의원면직의 무효를 주장할 수 없다.

제 2 장
행정법의 법원

제 1 절   법원의 의의

법원(法源)이란 법의 존재형식을 말한다. 그러므로 행정법의 법원의 문제는 행정법이 어떠한 형식의 법규범으로 이루어져 있는가에 관한 문제이다.

[행정법의 법원]

성문법원	불문법원
① 헌법	① 관습법: 행정선례법, 민중적 관습법
② 법률	② 판례법
③ 명령 · 규칙	③ 법의 일반원칙
④ 국제법규	④ 조리
⑤ 자치법규: 조례, 규칙	

제 2 절   행정법상 법원의 특징

법치행정의 원칙의 내용이 되는 법률유보의 원칙 및 법률의 법규창조력의 원칙에 비추어 볼 때 행정법은 성문법임을 원칙으로 한다.

그런데 행정법에는 법전이 존재하지 않는다. 행정법은 수많은 법령과 불문법원으로 구성된다. 그러나, 행정법총칙, 일반행정작용법, 행정기본법의 성격을 갖는 「행정기본법」과 행정절차에 관한 일반법인 「행정절차법」이 제정되어 있다. 다만, 「행정기본법」은 완결된 법은 아니다. 「행정기본법」이 완결된 행정법총칙, 일반행정작용법, 행정기본법이 되기 위해서는 보완해야 할 사항이 적지 않다.

제 3 절   성문법원

Ⅰ. 헌   법

헌법은 최고의 효력을 갖는다.

기본권규정 등 헌법규정은 행정권을 포함하여 국가권력을 직접 구속한다. 행정권이 헌법규정을 위반하면 그 행정권 행사는 위법인 행위가 된다.

Ⅱ. 국제법규

① 헌법 제6조 제1항에 따라 국제법규가 별도의 입법조치 없이 일반적으로 국내법으로 수용된다.

② 통설은 국제법규는 헌법보다는 하위에 있고 경우에 따라 법률(국회의 동의를 받은 경우) 또는 대통령령(국회의 동의를 받지 않은 경우)과 동일한 효력이 있다고 보고 있다. 법률의 효력을 갖는 조약에 위반한 명령은 무효라는 것이 일반적 견해이며 판례도 이러한 입장을 취하고 있다.

예를 들면, 학교급식을 위해 국내 우수농산물을 사용하는 자에게 식재료나 구입비의 일부를 지원하는 것 등을 내용으로 하는 지방자치단체의 조례는 '1994년 관세 및 무역에 관한 일반협정'(General Agreement on Tariffs and Trade 1994, GATT)에 위반되어 그 효력이 없다(대판 2005. 9. 9, 2004추10[전라북도학교급식조례사건]).

③ 국제법규는 본래 국가간의 관계를 규율하는 것을 직접적인 목적으로 한다. 국제법규는 원칙상 국가와 국민간의 관계인 행정법관계를 직접 규율하는 것은 아니므로 원칙상 국제법규(예 '서비스 무역에 관한 일반협정(General Agreement on Trade in Services, GATS)' 및 '한―유럽연합 자유무역협정(Free Trade Agreement,

FTA)') 위반을 행정처분(⑩ 대형마트의 영업시간등제한처분)의 독립된 취소사유로 주장
하는 것은 허용되지 아니한다(대판 전원합의체 2015. 11. 19, 2015두295[영업시간제한등
처분취소][대형마트 영업규제 사건]).

그러나 국제법규가 국내에서 행정법관계에 직접 적용될 수 있는 성질을 갖
는 경우에는 국내에서 행정법관계에 직접적인 법적 구속력을 갖는다. 예를 들
면, 난민의 지위에 관한 협약, 비자면제협정이 그 예이다.

Ⅲ. 법   률

법률이란 헌법에서 정해진 절차에 따라 국회에서 제정된 법규범이다. 이는
형식적 의미의 법률개념이다.

기본적이거나 중요한 사항은 법률로 정하여야 하고(중요사항유보설, 의회유
보설), 국민의 기본권의 제한은 법률로 하여야 한다(헌법 제37조 제2항). 행정권
에 포괄적인 위임을 해서는 안 된다(헌법 제75조).

Ⅳ. 명   령

명령(법규명령)이란 행정권이 정립하는 법을 말한다. 명령은 헌법에서 인정
한 것으로 긴급명령과 긴급재정·경제명령(헌법 제76조), 대통령령(헌법 제75조),
총리령과 부령(헌법 제95조), 중앙선거관리위원회규칙(헌법 제114조), 국회규칙
(헌법 제64조), 대법원규칙(헌법 제108조), 헌법재판소규칙(헌법 제113조)이 있다.
그리고 명령 중에는 법률에서 인정한 감사원규칙(감사원법 제52조), 노동위원회
규칙(노동위원회법 제25조)이 있다. '규칙'이라는 명칭은 일반적으로 제정기관이
다소 독립적이고 중립적인 기관이고 행정권으로부터 독립하여 제정되는 명령에
붙여진다.

행정의 내부규범인 행정규칙(훈령, 예규, 고시 등)은 법규범이 아니므로 행정
법의 법원이 아니다. 그렇지만, 상위법령의 위임을 받아 법규사항을 정한 행정
규칙(법령보충적 행정규칙)은 법규범(법규명령)이다.

Ⅴ. 자치법규

자치법규란 지방자치단체의 기관이 제정하는 지방자치에 관한 법규범을 말한다. 지방자치단체의 자치법규에는 지방의회가 제정하는 **조례**와 지방자치단체의 집행기관이 제정하는 **규칙**이 있다. 도시 및 주거환경정비법에 의한 정비사업조합의 정관은 공법인인 조합과 조합원에 대하여 구속력을 가지는 자치법규이다(대판 2019. 10. 31, 2017다282438).

제 4 절   불문법원

Ⅰ. 관 습 법

관습법이란 계속적인 관행이 성립되고 그 관행이 관계당사자의 확신에 따라 법규범으로 인정됨으로써 성립하는 법규범이다(법적 확신설).

관습법은 성문법 및 법의 일반원칙이 존재하지 않거나 불완전한 경우에 보충적으로만 적용된다.

Ⅱ. 판   례

법원은 법을 집행하는 권한만을 갖고 법을 창설하는 권한은 갖지 못하는 것이 원칙이다. 따라서 판례는 법적 구속력을 갖지 못한다. 그러나 실제에 있어서 판례는 사실상 구속력을 갖는다.

Ⅲ. 행정법상 일반 법원칙

1. 의   의

행정법상 일반 법원칙이란 현행 행정법질서의 기초를 이룬다고 생각되는 일반 법원칙을 의미한다. 이에는 신의성실의 원칙, 권리 · 권한남용금지의 원칙,

신뢰보호의 원칙, 평등의 원칙, 비례의 원칙, 부당결부금지의 원칙 등이 있다.

　　행정법상 일반 법원칙은 헌법이나 행정기본법 등 법률에 규정되어 있다고 하더라도 이들 규정은 **불문법**인 일반 법원칙을 선언한 것에 불과하다고 보아야 한다.

　　헌법으로부터 도출되는 일반 법원칙인 평등의 원칙, 비례의 원칙, 신뢰보호의 원칙, 적법절차의 원칙 등은 행정기본법에 규정되어 있다고 하더라도 **헌법적 효력**을 갖는다.

　　적극행정의 원칙, 행정계속성의 원칙 등은 행정의 일반 원칙이지만 법원칙이 아니므로 행정법의 법원이 아니고, 그 위반만으로 위법하게 되지 않는다.

2. 법치행정의 원칙

(1) 법치행정의 원칙의 의의

법치행정의 원칙(법에 따른 행정의 원칙)이란 행정권도 법에 따라서 행하여져야 하며(법의 지배), 만일 행정권행사로 인해 국민의 권익이 침해된 경우에는 이의 구제를 위한 제도가 보장되어야 한다는 것(행정구제제도의 확립)을 의미한다.

　　행정기본법은 법률 우위의 원칙과 법률유보의 원칙을 선언하고 있다. 즉, 행정작용은 법률에 위반되어서는 아니 되며, 국민의 권리를 제한하거나 의무를 부과하는 경우와 그 밖에 국민생활에 중요한 영향을 미치는 경우에는 법률에 근거하여야 한다(행정기본법 제8조). 전단은 법률 우위의 원칙을, 후단은 법률유보의 원칙을 선언한 것이다.

(2) 법치행정의 원칙의 내용

1) 법우위의 원칙

(가) 의　　의　법우위의 원칙이란 법은 행정에 우월한 것이며 행정이 법에 위반하여서는 안 된다는 원칙을 말한다.

(나) 위반의 법적 효과　행정작용이 법우위의 원칙을 위반하면 위법한 행정작용이 되는데, 위법한 행정작용의 효력은 행정의 행위형식에 따라 다르다. 즉, 행정행위(⑩ 허가, 시정명령 등 구체적·권력적·법적 행위)의 경우 그 위법이 중대하고도 명백하면 무효인 행정행위가 되고, 그 위법이 중대하고 명백하지 않은 경우에는 취소할 수 있는 행정행위가 된다. 위법한 법규명령은 후술하는 법규명

령의 하자론에 따른 효력을 갖는다. 위법한 공법상 계약은 원칙상 무효이다.

위법한 행정작용으로 손해가 발생한 경우에는 손해배상이 인정될 수 있다.

2) 법률유보의 원칙

(가) 의   의   법률유보의 원칙이란 행정권의 발동에는 법령(작용법)의 근거가 있어야 하며(보다 정확히 말하면 법률의 직접적 근거 또는 법률의 위임에 근거하여 제정된 명령의 근거가 있어야 하며) 법률의 근거가 없는 경우에는 행정개입의 필요가 있더라도 행정권이 발동될 수 없다는 것을 의미한다.

(나) 내   용   법률유보의 원칙이 적용되는 경우에는 행정상 필요하다는 사실만으로 행정권은 행사될 수 없고, 법적 근거가 있어야 행정권 행사가 가능하다.

법률유보의 원칙에서 요구되는 법적 근거는 **작용법적 근거**를 말한다. 조직법적 근거(조직법상 권한)는 모든 행정권 행사에 있어서 당연히 요구된다. 행정권 행사의 근거가 되는 법(근거규범, 작용법상 권한규범)은 원칙상 법률이지만, 법률에 근거한 명령일 수도 있다. 행정권 행사에 요구되는 작용법적 근거는 **원칙상 개별적 근거**를 말하는데, 예외적으로 포괄적 근거도 가능하다(⑩ 경찰권의 발동 등).

(다) 적용범위: 중요사항유보설(본질사항유보설)   법률유보의 원칙에 있어서는 법률유보의 원칙이 적용되는 행정의 범위가 문제된다.

행정유보의 원칙의 적용범위에 관한 학설로 침해유보설, 전부유보설, 급부행정유보설, 권력행정유보설, 중요사항유보설 등이 있는데, 행정기본법은 중요사항유보설을 취하고 있다. 즉, 행정작용은 국민생활에 중요한 영향을 미치는 경우에는 법률에 근거하여야 한다(제8조).

중요사항유보설은 공동체나 시민에게 중요한(본질적인) 행정권의 조치는 침해행정뿐만 아니라 급부행정에 있어서도 법률의 근거를 요하고, 그 중요성의 정도에 비례하여 보다 구체적인(강도 있는) 규율을 하여야 한다는 견해이다. 중요사항유보설은 법률유보의 범위뿐만 아니라 법률유보의 강도(밀도)도 규율하는 이론이며 구체적 타당성 있는 해결을 가능하게 하는 이론인 점에 강점이 있다.

중요사항유보설은 의회유보설을 포함한다. **의회유보설**은 공동체에 매우 중요한 사항 및 국민의 권리·의무에 관한 기본적이고 본질적인 사항은 구체적 위임도 안 되며 법률로 정해야 한다는 이론이다. 예를 들면, 자격이나 신분 등을 취득 또는 부여할 수 없거나 인가, 허가, 지정, 승인, 영업등록, 신고 수리 등(이하 "인허가"라 한다)을 필요로 하는 영업 또는 사업 등을 할 수 없는 사유(이하 "결격사유"라 한다)는 법률로 정한다(행정기본법 제16조 제1항).

(3) 법치행정의 원칙의 예외

오늘날에도 일정한 행정활동에는 법치행정의 원칙이 적용되지 않는다. 통치행위와 예외적 상황의 이론이 적용될 수 있는 일정한 경우 및 내부행위가 그러하다.

1) 통치행위

통치행위란 정치적 성격이 강하기 때문에 법에 의해 규율되거나 사법심사의 대상이 되는 것이 적당하지 않은 행위를 말한다.

통치행위의 예로는 비상계엄의 선포(대판 1964. 7. 21, 64초4 제1부 재정), 국민투표의 실시, 법률의 공포, 외교적 권한의 행사, 국제조약의 체결절차, 남북정상회담의 개최, 이라크파병결정, 사면 등 국가원수로서의 행위를 들 수 있다.

대통령의 서훈취소는 통치행위가 아니고, 처분이므로 취소소송의 대상이 된다(대판 2015. 4. 23, 2012두26920[독립유공자서훈취소처분의취소]).

2) 예외적 상황의 이론

예외적 상황이란 공권력이 법규정을 준수하는 것을 불가능하게 하는 사회생활의 중대한 혼란을 말하는데 이러한 경우에는 법치주의 원칙에 대한 예외가 인정될 수밖에 없다. 예외적 상황의 예로는 전쟁, 극심한 자연재해 등을 들 수 있다.

3) 내부행위

내부행위란 어떠한 행위가 아직 외부에 표시되지 아니한 채 내부적 단계에 머물러 있는 행위를 말한다(예 처분의 준비를 위한 결정).

전통적으로 내부행위는 법에 의한 통제 및 사법심사의 대상이 되지 않는다고 보고 있다.

3. 평등원칙

평등의 원칙이란 불합리한 차별을 하여서는 안 된다는 원칙을 말한다. 행정청은 합리적 이유 없이 국민을 차별하여서는 아니 된다(행정기본법 제9조). 합리적인 이유가 있어서 다르게 취급하는 것은 평등원칙의 위반이 아니다. 평등의 원칙은 '같은 것은 같게, 다른 것은 다르게'로 요약될 수 있다.

① 합리적 이유없이 동일한 사항을 다르게 취급하는 것은 자의적인 것으로서 평등원칙에 위반된다.

> 예를 들면, 동일한 비위를 저지른 공무원 사이에 특별한 사정이 없음에도 다른 징계처분을 내린 것은 평등의 원칙에 반하여 위법하다. 그렇지만, 같은 정도의 비위를 저지른 자들 사이에 있어서도 그 직무의 특성 등에 비추어, 개전의 정이 있는지 여부에 따라 징계의 종류의 선택과 양정에 있어서 차별적으로 취급하는 것은, 사안의 성질에 따른 합리적 차별로서 이를 자의적 취급이라고 할 수 없는 것이어서 평등원칙 내지 형평에 반하지 아니한다(대판 1999. 8. 20, 99두2611). 헌법재판소는 공무원시험에서의 군가산점제도는 그 자체가 여성과 장애인들의 평등권과 공무담임권을 침해하는 위헌인 제도라고 하였다(헌재 1999. 12. 23, 98헌마363).

② 상대방의 사정이 다른 경우에는 다르게 취급하는 것이 정당화될 수 있지만 비례성(목적과 수단 사이의 합리적 균형)을 결여한 과도한 차별취급은 합리적인 차별이 아니므로 평등의 원칙에 반한다.

> 예를 들면, 국가기관이 채용시험에서 국가유공자의 가족에게 가산점을 부여하는 것 자체는 정당화될 수 있지만, 10%의 가산점을 부여하는 것은 그 차별의 효과가 지나치므로 평등의 원칙에 반한다(헌재 2006. 2. 23, 2004헌마675·981·1022(병합)).

③ 불법 앞의 평등 요구는 인정되지 않는다.
④ 헌법 제11조 제1항의 평등은 형식적 의미의 평등이 아니라 실질적 의미의 평등을 의미한다(대판 2024. 4. 4, 2022두56661).

4. 행정의 자기구속의 원칙

(1) 의   의

행정의 자기구속의 원칙이란 행정관행이 성립된 경우에 행정청은 특별한 사정이 없는 한 같은 사안에서 그 행정관행과 같은 결정을 하여야 한다는 원칙을 말한다.

(2) 성립요건

① 행정관행이 존재하여야 한다. **판례**는 재량준칙(재량권 행사의 기준이 되는 행정규칙)이 되풀이 시행되어 행정관행이 성립한 경우에는 자기구속의 법리가 적용될 수 있다고 본다. ② 행정관행과 동일한 사안이어야 한다. ③ 그리고 불법에 있어서 평등대우는 인정될 수 없으므로, 행정관행이 위법한 경우에는 행정청은 자기구속을 당하지 않는다.

(3) 효   력

판례는 자기구속의 원칙이 인정되는 경우에는 행정관행과 다른 처분은 특별한 사정이 없는 한 위법하다고 본다.

5. 비례의 원칙

(1) 의   의

비례의 원칙이란 과잉조치금지의 원칙이라고도 하는데, 행정작용에 있어서 행정목적과 행정수단 사이에는 합리적인 비례관계가 있어야 한다는 원칙을 말한다.

(2) 내   용

모든 행정작용은 다음 각 호의 원칙에 따라야 한다: 1. 행정목적을 달성하는 데 유효하고 적절할 것(적합성의 원칙), 2. 행정목적을 달성하는 데 필요한 최소한도에 그칠 것(필요성의 원칙), 3. 행정작용으로 인한 국민의 이익 침해가 그 행정작용이 의도하는 공익보다 크지 아니할 것(상당성의 원칙)(행정기본법 제10조).

1) 적합성의 원칙

적합성의 원칙이란 행정은 추구하는 행정목적의 달성에 적합한(유용한) 수단을 선택하여야 한다는 원칙을 말한다.

2) 필요성의 원칙(최소침해의 원칙)

필요성의 원칙(최소침해의 원칙)이란 적합한 수단이 여러 가지인 경우에 국민의 권리를 최소한으로 침해하는 수단을 선택하여야 한다는 원칙이다. 예를 들면, 어떤 건물에 붕괴위험이 있는 경우에 적절한 보수로 붕괴위험을 막을 수 있음에도 철거라는 수단을 선택하여 철거명령을 내린 경우에 그 철거명령은 필요성의 원칙에 반하는 위법한 명령이다.

3) 협의의 비례원칙(법익 균형성의 원칙, 상당성의 원칙)

협의의 비례원칙(상당성의 원칙)이란 행정조치를 취함에 따른 불이익이 그것으로 달성되는 이익보다 큰 경우에는 그 행정조치를 취해서는 안 된다는 원칙을 말한다.

예를 들면, 음주운전을 이유로 운전면허를 취소한 것은 운전면허의 취소를 통하여 달성하고자 하는 공익(그러한 처분으로 음주운전을 막고 그로 인하여 국민의 안전을 보장한다는 이익)보다 운전면허의 취소로 상대방이 받는 불이익(면허의 취소로 인한 생업의 상실 등 불이익)이 큰 경우에는 비례원칙 위반으로 위법하다. 행정심판의 실무에서는 운전면허취소로 인하여 운전자가 받을 불이익을 행정소송에서 보다 크게 고려하고 있다. **행정판례**에 따르면 음주운전으로 인한 운전면허취소처분의 재량권 일탈·남용 여부를 판단할 때, 운전면허의 취소로 입게 될 당사자의 불이익보다 음주운전으로 인한 교통사고를 방지하여야 하는 일반예방적 측면이 더욱 강조되어야 한다(대판 2019. 1. 17, 2017두59949).

협의의 비례의 원칙상 재량처분시 이익형량을 하여야 하고, 이익형량의 전제로서 관련 이익에 대한 조사를 하여야 한다. 그리고, 후술하는 바와 같이 재량권 행사시 관련 이익을 조사하지 않고, 고려하지 않은 것은 재량권의 불행사 또는 해태로서 재량권의 일탈·남용(위법)사유가 된다.

6. 신뢰보호의 원칙

(1) 의   의

신뢰보호의 원칙이란 행정기관의 어떠한 언동(말 또는 행동)에 대해 국민이 신뢰를 갖고 행위를 한 경우 그 국민의 신뢰가 보호가치 있는 경우에 그 신뢰를 보호해 주어야 한다는 원칙을 말한다.

행정기본법은 불문법인 신뢰보호의 원칙을 행정법의 일반원칙의 하나로 선언하고 있다. 즉, 행정청은 공익 또는 제3자의 이익을 현저히 해칠 우려가 있는 경우를 제외하고는 행정에 대한 국민의 정당하고 합리적인 신뢰를 보호하여야 한다(제12조 제1항).

(2) 요   건

행정상의 법률관계에 있어서 행정청의 행위에 대하여 신뢰보호의 원칙이 적용되기 위하여는, 첫째 행정기관이 개인에 대하여 신뢰의 대상이 되는 공적인 견해표명을 하여야 하고, 둘째 행정기관의 견해표명이 정당하다고 신뢰한 것에 대하여 그 상대방 및 수임인등 관계인에게 귀책사유(고의 또는 중과실)가 없어야 하며, 셋째 그 개인이 그 견해표명을 신뢰하고 이에 어떠한 행위를 하였어야 하고, 넷째 행정청이 위 견해표명에 반하는 처분을 함으로써 그 견해표명을 신뢰한 개인의 이익이 침해되는 결과가 초래되어야 한다.

다만, 행정청이 앞서 표명한 공적인 견해에 반하는 행정처분을 함으로써 달성하려는 공익이 행정청의 공적 견해표명을 신뢰한 개인이 그 행정처분으로 인하여 입게 되는 이익의 침해를 정당화할 수 있을 정도로 강한 경우에는 신뢰보호의 원칙을 들어 그 행정처분이 위법하다고는 할 수 없다.

예를 들면, 위반행위(운전면허 정지기간 중의 운전행위)를 하다가 적발되어 당시 형사처벌(벌금)을 받았으나 피고로부터는 아무런 행정조치가 없어 안심하고 계속 운전업무(영업용택시)에 종사하여 왔는데, 행정청이 위 위반행위가 있은 이후 장기간에 걸쳐 아무런 행정조치를 취하지 않은 채 방치하고 있다가 3년여가 지나서 이를 이유로 행정제재를 하면서 가장 무거운 운전면허를 취소하는 행정처분을 한 것은 신뢰보호의 원칙에 반하는 것으로 볼 수 있다. 또한, 이 사례에서 위반행위(운전면허 정지기간 중의 운전행위)를 단속한 것도 경찰기관이고, 운전면허취소처분을 하는 것도 경찰기관이므로 행정청이 철회사유를 알 수 있었고, 철회권 행사의 가능성도 있었다고 볼 수 있으므로 후술하는 실권의 법리를 적용할 수도 있을 것이다.

7. 실권의 법리

(1) 의   의

실권(失權)의 법리란 행정청에게 취소권, 영업정지권 또는 철회권 등 권리의 행사의 기회(가능성)가 있었음에도 불구하고 행정청이 장기간에 걸쳐 그의 권리를 행사하지 아니하였기 때문에 상대방인 국민이 행정청이 그의 권리를 행사하지 아니할 것으로 신뢰할 만한 정당한 사유가 있게 된 경우에는 그 권리를 행사할 수 없다는 법리를 말한다. 실권(실효)의 법리는 신뢰보호원칙의 파생법리이다.

행정기본법은 실권(실효)의 법리를 행정법의 일반원칙의 하나로 선언하고 있다. 즉, 행정청은 권한 행사의 기회가 있음에도 불구하고 장기간 권한을 행사하지 아니하여 국민이 그 권한이 행사되지 아니할 것으로 믿을 만한 정당한 사유가 있는 경우에는 그 권한을 행사해서는 아니 된다. 다만, 공익 또는 제3자의 이익을 현저히 해칠 우려가 있는 경우는 예외로 한다(제12조 제2항). 실권의 법리는 행정기본법 제23조의 제재처분의 제척기간과 중첩하여 적용될 수 있다.

(2) 적용요건

실권의 법리가 적용되기 위하여는 ① 행정청이 취소사유나 철회사유 등을 앎으로써 권리행사 가능성을 알았어야 한다. ② 행정권 행사가 가능함에도 불구하고 행정청이 장기간 권리행사를 하지 않았어야 한다. ③ 상대방인 국민이 행정청이 이제는 권리를 행사하지 않을 것으로 신뢰하였고 그에 정당한 사유가 있어야 한다. ④ 공익 또는 제3자의 이익을 현저히 해칠 우려가 있는 경우가 아니어야 한다.

8. 적법절차의 원칙

적법절차의 원칙이란 개인의 권익을 제한하는 모든 국가작용은 적법절차(due process)에 따라 행하여져야 한다는 원칙이다.

헌법 제12조 제1항에서 규정하고 있는 적법절차의 원칙은 형사소송절차에 국한되지 아니하고 모든 국가작용 전반에 대하여 적용된다.

적법절차의 원칙은 절차상의 적법성뿐만 아니라 법률의 구체적 내용도 합리성과 정당성을 갖춘 실체적인 적법성이 있어야 한다는 것을 포함한다(헌재 1992. 12. 24, 92헌가8).

9. 부당결부금지의 원칙

(1) 의   의

부당결부금지의 원칙이란 행정기관이 행정권을 행사함에 있어서 그것과 실질적인(실제적인) 관련이 없는 의무를 부과하거나 권익을 제한(급부의 배제 포함)해서는 안 된다는 원칙을 말한다.

행정기본법은 부당결부금지의 원칙을 행정법의 일반원칙의 하나로 선언하고 있다. 즉, 행정청은 행정작용을 할 때 상대방에게 해당 행정작용과 실질적인 관련이 없는 의무를 부과해서는 아니 된다(행정기본법 제13조).

부당결부금지의 원칙은 처분, 공법상 계약, 부관 등 모든 행정작용에 적용된다.

(2) 내 용

행정권의 행사와 그에 결부된 반대급부나 의무 사이에 목적과 원인에서 실질적 관련성이 있어야 하며 실질적 관련성이 없는 경우에 해당 행정권 행사는 부당결부금지의 원칙에 반한다. 보다 구체적으로 말하면 행정권 행사(수익적 행정행위)가 반대급부(부관)의 원인이 되어야 하고(원인적 관련성), 반대급부(부관)가 행정권 행사(수익적 행정행위)의 목적과 실질적 관련(목적적 관련성)이 있어야 한다.

> 예를 들면, 주택사업계획(예 아파트건설사업계획)을 승인하면서 개발사업자에게 진입도로를 개설하여 기부채납(재산을 국가나 지방자치단체에 기부(무상으로 증여)하여 국가나 지방자치단체가 그 소유권을 취득하는 것)할 것을 조건(학문상 부관)으로 붙이는 것은 그 진입도로가 대규모주택사업으로 필요하게 된 것이고, 해당 주택사업계획의 승인에 따라 건설된 주택에 입주한 자가 주로 이용하는 시설이므로 부당결부금지의 원칙에 반하지 않는다. 그러나, 주택사업과 아무런 관련이 없는 토지(예 시립도서관부지)를 기부채납하라는 조건(학문상 부관)은 부당결부금지의 원칙에 반하여 위법하다. **기부채납**이라 함은 재산을 국가나 지방자치단체에 기부(무상으로 증여)하여 국가나 지방자치단체가 그 소유권을 취득하는 것을 말한다.

10. 권한남용금지의 원칙

권한남용금지의 원칙이란 행정기관은 권한을 개인적 이익을 위해 행사해서는 안 될 뿐만 아니라 법상 정해진 공익 목적과 다른 부정한 목적(사적 목적, 정치적 목적, 전혀 다른 공익 목적)으로 행사해서는 안 된다는 것을 말한다. 권한남용금지의 원칙은 법치국가원리 내지 법치주의에 기초한 것이다(대판 2016. 12. 15, 2016두47659).

행정기본법은 권한남용금지의 원칙을 행정법의 일반원칙의 하나로 선언하고 있다. 즉, 행정청은 행정권한을 남용하거나 그 권한의 범위를 넘어서는 아니 된다(행정기본법 제11조 제2항).

11. 신의성실의 원칙

신의성실의 원칙은 민법상 인정된 법의 일반원칙이지만 민법만의 법원칙은 아니며 행정법을 포함한 모든 법의 일반원칙이다.

신의성실의 원칙이란 모든 사람은 공동체의 일원으로서 상대방의 신뢰를 헛되이 하지 않도록 성의 있게 행동하여야 한다는 원칙을 말한다.

행정기본법은 신의성실의 원칙을 행정법의 일반원칙의 하나로 선언하고 있다. 다만, **성실의무의 원칙**으로 명칭을 달리하여 규정하고 있다. 즉, 행정청은 법령등에 따른 의무를 성실히 수행하여야 한다(행정기본법 제11조 제1항).

> 행정청이 심히 부당하게 처분을 늦추고, 그 사이에 허가기준을 엄격하게 변경하는 법령개정을 하고 개정된 법령에 근거하여 거부처분을 하는 것은 신의성실의 원칙에 반한다(대판 1984. 5. 22, 84누77).
> 행정법상 신청을 할 수 없게 한 장애사유를 행정청이 만든 경우에 행정청이 원인이 된 장애사유를 근거로 그러한 신청을 인정하지 않는 것은 신의성실의 원칙에 반하여 허용될 수 없다(대판 2019. 1. 31, 2016두52019 등).

12. 그 밖에 행정법상 일반 법원칙

그 밖에 행정법의 일반 법원칙으로 **공익의 원칙**(행정권은 공익목적을 위해 행사되어야 한다는 원칙), **자기책임의 원칙**(책임주의원칙: 누구든지 자기에게 책임이 있는 경우에 한하여 책임을 지며 불가항력이나 전혀 무관한 제3자의 행위로 인한 것에 대해서는 책임을 지지 않는다는 원칙) 등이 있다.

Ⅳ. 조   리

조리란 사회 일반의 정의감에서 마땅히 그러하여야 할 것이라고 인정되는 것을 말한다.

조리는 법해석의 기본원리가 되고, 법의 흠결이 있는 경우에 최종적이고 보충적인 법원이 된다.

제 5 절 법원의 단계구조

Ⅰ. 법원의 상호관계

행정법의 법원(법원)은 다음과 같은 상하의 관계에 있다. 헌법 및 헌법적 효력을 갖는 법의 일반원칙 ― 법률, 국회의 승인을 받은 긴급명령 및 법률적 효력을 갖는 법의 일반원칙 ― 명령(대통령령―총리령 또는 부령) ― 자치법규.

명령은 제정권자의 우열에 따라 다음과 같이 상위법과 하위법의 효력관계에 있다. 대통령령 ― 총리령 또는 부령(총리령과 부령은 상하의 관계에 있지 않다). 자치법규는 다음과 같이 상위법과 하위법의 관계에 있다. 광역자치단체의 자치법규(조례―규칙) ― 기초자치단체의 자치법규(조례―규칙). 동일단계의 자치단체의 조례와 규칙 사이에는 지방의회가 제정하는 조례가 지방자치단체의 장이 제정하는 규칙보다 상위법이다.

동일한 효력을 갖는 법 상호간에 모순이 있는 경우에는 특별법우선의 원칙과 신법우선의 원칙에 따라 특별법이 일반법보다, 신법이 구법보다 우선한다. 또한, 특별법우선의 원칙이 신법우선의 원칙보다 우월하므로 구법인 특별법이 신법인 일반법보다 우선한다.

Ⅱ. 위헌·위법인 법령의 효력과 통제

상위법에 위반되는 하위법규정은 위법한 법규정이 된다.

① 헌법에 위반되는 법률은 법원의 위헌법률심판의 제청에 따라 헌법재판소의 위헌법률심사의 대상이 된다. 헌법재판소의 결정에 의해 위헌판결이 나면 그 법률은 장래에 향하여 효력을 상실한다.

② 헌법 및 상위법령에 위반하는 명령 또는 자치법규는 구체적인 사건에서 재판의 전제가 된 경우에 법원의 심사의 대상이 된다. 위헌 또는 위법이 확인된 명령 또는 자치법규는 당연히 효력을 상실하는 것이 아니며 해당 사건에 한하여 적용이 배제된다.

③ 처분적 명령이 무효확인소송의 대상이 되어 무효확인된 경우에는 처음부터 효력이 없었던 것으로 확인된다.

④ 명령에 대한 헌법소원이 인용된 경우 해당 명령의 효력은 결정의 유형 (단순위법결정, 불합치결정, 한정위법결정, 한정합법결정)에 따라 다르다.

⑤ 상위법령에 반하는 조례안은 일정한 요건하에 지방자치법상의 기관소송 (무효확인소송)의 대상이 된다.

제6절 행정법의 효력

Ⅰ. 시간적 효력

1. 효력발생시기

행정법령은 시행일로부터 그 효력을 발생한다. 법령의 제정·개정시 시행일을 규정하는 것이 통례이다. 법령에서 시행일을 규정하지 않은 경우에는 공포한 날로부터 20일을 경과함으로써 그 효력을 발생한다(법령 등 공포에 관한 법률 제13조). 헌법개정·법률·조약·대통령령·총리령 및 부령의 공포는 관보에 게재하여 이를 행하고(동법 제11조 제1항), 국회의장이 법률을 공포하고자 할 때에는 서울특별시에서 발행되는 둘 이상의 일간신문에 게재함으로써 한다(동조 제2항).

2. 소급적용금지의 원칙

소급적용금지의 원칙이란 법령은 원칙적으로 그 효력이 생긴 때부터 그 후에 발생한 사실에 대하여서만 적용된다는 원칙을 말한다.

다만, 법령을 소급적용하더라도 ① 일반 국민의 이해에 직접 관계가 없는 경우, ② 오히려 그 이익을 증진하는 경우, ③ 불이익이나 고통을 제거하는 경우 등의 특별한 사정이 있는 경우에 한하여 예외적으로 법령의 소급적용이 허용된다(대판 2005. 5. 13, 2004다8630).

Ⅱ. 지역적 효력

1. 원   칙

행정법령은 해당 행정법령을 제정한 기관의 권한이 미치는 지역 내에서만 효력을 가지는 것이 원칙이다. 즉, 국가의 법령은 대한민국의 영토 전역에 걸쳐 효력을 가지고, 지방자치단체의 조례·규칙은 지방자치단체의 구역 내에서만 효력을 가지는 것이 원칙이다.

2. 예   외

위의 원칙에는 다음과 같은 예외가 있다. ① 국제법상 치외법권이 인정되는 시설(⑩ 대사관, 영사관) 내에는 국내법령의 효력이 미치지 않는다. ② 국가의 법령이 일부 지역에만 적용되는 경우가 있다(⑩ 제주국제자유도시 특별법 등). ③ 행정법령이 그 제정기관의 권한이 본래 미치는 지역을 넘어 적용되는 경우가 있다. 국가법령이 공해상에 있는 자국의 선박에 적용되고, 지방자치단체가 다른 지방자치단체의 구역 내에 공공시설을 설치한 경우에 그 공공시설을 설치한 지방자치단체의 공공시설에 관한 조례는 그 공공시설에 적용된다.

Ⅲ. 대인적 효력

1. 원   칙

행정법령은 속지주의에 따라 원칙적으로 그 영토 또는 구역 내에 있는 모든 인(⑩ 내국인, 내국법인, 외국인, 외국법인)에게 적용된다.

2. 예   외

위의 원칙에는 다음과 같은 예외가 있다. ① 국제법상 치외법권을 가지는 외국의 국가원수 또는 외교관에 대하여는 국내법령이 적용되지 않는다. ② 국내에 거주하는 미합중국군대 구성원에 대하여는 한미행정협정에 따라 국내법령의 적용이 제한된다. ③ 외국인에 대하여 상호주의가 적용되는 경우가 있고(⑩ 국가배상책임), 외국인에 대하여 특칙을 두는 경우(⑩ 외국인의 참정권을 부인하는 경우)가 있다. ④ 국외의 자국인에 대하여 국내법령이 적용되는 경우가 있다(예 여권법).

제 7 절 행정법규정의 흠결과 보충

I. 개   설

적용할 법규정이 없다는 이유로 재판을 거부할 수는 없다. 법의 흠결이 있는 경우에는 해석을 통하여 법을 보충하여야 한다.

II. 행정법규정의 유추적용

성문의 행정법규정의 흠결이 있는 경우에는 우선 유사한 행정법규정(공법규정)을 유추적용하여야 한다. **유추적용**이란 적용할 법령이 없는 경우에 유사한 법령규정을 적용하는 것을 말한다. 행정법규정의 유추적용에 있어서는 헌법규정이 함께 고려될 수 있다.

III. 헌법규정 및 법의 일반원칙의 적용

유추적용할 행정법규정이 없는 경우에는 헌법규정 및 법의 일반원칙을 적용할 수 있다.

IV. 사법규정의 적용

행정법관계를 규율할 어떠한 공법도 존재하지 않는 경우에는 성질에 반하지 않는 한도 내에서 사법규정을 적용 또는 유추적용할 수 있다.

Ⅴ. 조리의 적용

조리는 최종적인 법원이다. 행정법관계에 적용할 어떠한 공법이나 사법도 없는 경우에는 조리를 적용한다. 법원은 적용할 법이 없다는 이유로 재판을 거부할 수 없고, 이 경우에는 조리에 따라 재판하여야 한다.

제 8 절 행정법의 집행과 행정법의 해석

행정법의 집행은 구체적인 행정문제에 일반적·추상적인 행정법을 적용하는 과정이다. 이는 삼단논법의 방식에 의한다. 행정문제를 조사하여 확인하고, 적용할 행정법을 선택하여 일반적이고 추상적인 행정법을 해석하고, 행정법을 구체적인 행정문제에 적용하는 방식에 의한다.

일반법보다 특별법을 우선 적용하고, 특별법에 규정이 없는 사항에 대해서는 일반법을 적용한다.

법령에 따라 처분을 하려면 처분요건의 충족이 사실로 인정되어야 한다. 처분요건충족사실은 관련서류만으로 인정되는 경우도 있고, 관련서류만으로 인정되지 못하는 경우에는 관련서류와 함께 사실조사를 통해 인정되어야 한다. 처분사실의 존재는 단순한 가능성만으로는 안 되고 최소한 개연성(다만, 제재처분의 경우 고도의 개연성)이 인정되어야 한다. 판결에서는 행정에서 보다 엄격한 입증(민사·행정소송에서는 고도의 개연성(통상인이라면 의심을 품지 않을 정도)의 입증, 형사소송에서는 범죄사실에 대한 합리적 의심의 여지가 없을 정도의 입증)이 행해지므로 행정기관은 확정판결에 의해 인정된 사실은 특별한 사정(고도로 전문적인 사실의 인정 등)이 없는 한 따라야 한다.

행정법의 해석은 행정법규정의 문언이나 문구의 의미를 명확히 하는 해석(**문언해석 내지 문리해석**)을 기본으로 하면서도 행정법의 입법목적에 합치하게 해석(**목적론적 해석**)하도록 노력하여야 하고, 상하 또는 동일 법규정 상호간에 모순없이 체계적이고 논리적으로 해석(**체계적·논리적 해석**)하여야 한다.

누구든지 법령등의 내용에 의문이 있으면 법령을 소관하는 중앙행정기관의 장(이하 "법령소관기관"이라 한다)과 자치법규를 소관하는 지방자치단체의 장에게 법령해석을 요청할 수 있다(행정기본법 제40조 제1항). 법령 소관 행정기관의 법령해석을 유권해석이라 한다.

법령소관기관이나 법령소관기관의 해석에 이의가 있는 자는 대통령령으로 정하는 바에 따라 법령해석업무를 전문으로 하는 기관(민사·상사·형사, 행정소송, 국가배상 관계 법령 및 법무부 소관 법령과 다른 법령의 벌칙조항에 대한 해석인 경우에는 법무부, 그 밖의 모든 행정 관계 법령의 해석인 경우에는 법제처)에 법령해석을 요청할 수 있다(행정기본법 제40조 제3항, 법제업무운영규정 제29조 제1항).

제3장

행정법관계(공법관계)와 사법관계

제1절 행정법관계의 의의 및 공법관계와 사법관계의 구별

I. 행정법관계의 의의

행정법관계란 행정상 법률관계 중 공법이 적용되는 법률관계를 말한다. 따라서 행정법관계는 공법관계와 동의어로 사용된다.

II. 공법관계와 사법관계의 구별

1. 공법관계(공법행위)와 사법관계(사법행위)의 구별실익

(1) 적용법규 및 적용법원리의 결정

행정상 법률관계가 사법관계(국고관계)로 판정된 경우에는 사법규정 및 사법원리가 적용된다. 다만, 행정사법관계에는 일부 공법원리가 적용된다.

공법관계를 적용대상으로 하는 법은 공법이 되며 공법원리에 맞게 해석되어야 한다.

(2) 소송형식 및 소송절차의 결정

① 공법관계에 관한 소송은 행정소송으로 제기하여야 하고, 사법관계에 관한 소송은 민사소송으로 제기하여야 한다. 처분에 대하여는 항고소송을 제기하고, 공법상 법률관계에 관한 분쟁에 있어서는 공법상 당사자소송을 제기하여야 한다.

② 행정소송절차는 민사소송절차와 다른 특별한 소송절차이다. 민사소송절

차는 민사소송법과 민사집행법에 의해 규율된다. 행정소송절차는 행정소송법에 의해 규율되는데, 행정소송법에 특별한 규정이 없는 사항에 대하여는 법원조직법과 민사소송법 및 민사집행법의 규정을 준용한다(행정소송법 제8조 제2항).

2. 공법관계(공법행위)와 사법관계(사법행위)의 구별기준

공법관계(공법행위)와 사법관계(사법행위)의 구별은 관련법규정과 법률관계(행위)의 성질을 고려하여 결정하여야 한다.

우선 공법규정에 의해 규율되는 법률관계는 공법관계이다.

법률관계의 성질을 기준으로 한 공법관계와 사법관계의 구별에 관하여 다음과 같이 학설이 대립하고 있다.

(1) 주체설

주체설이란 적어도 한 쪽 당사자가 행정주체인 법률관계를 공법관계로 보고, 양 당사자 모두 사인인 법률관계를 사법관계라고 보는 견해이다.

그러나 한 쪽 당사자가 행정주체라 하더라도 행정주체가 재산권의 주체인 경우에는 사법관계로 보고, 행정주체의 국고행위나 사법형식에 따른 공행정작용은 사법행위(사법관계)로 보아야 하므로 주체설은 타당하지 않다.

오늘날 주체설을 주장하는 학자는 없다.

(2) 권력설(종속설, 복종설)

권력설이란 행정주체에게 우월적 지위가 주어지는 지배복종관계인 법률관계는 공법관계이고, 양 당사자가 대등한 법률관계를 사법관계라고 보는 견해이다.

행정주체가 당사자가 되는 권력관계(권력행위)는 공법관계(공법행위)라는 점에서 그 의의가 있다. 그러나 이 견해는 오늘날 비권력적인 공법관계(행정법관계)가 널리 인정되고 있는 점에서 문제가 있다. 사법관계에도 예외적이기는 하지만 지배복종관계(⑩ 친자 관계)가 있다.

(3) 이익설

이익설이란 공익의 보호와 관계가 있는 법률관계를 공법관계로 보고, 사익의 보호와 관계가 있는 법률관계를 사법관계라고 보는 견해이다.

공법관계는 권력관계이든 비권력관계이든 모두 공익의 보호와 관련이 있고, 사법관계는 사익의 보호와 관련이 있는 법률관계인 점에서 이익설은 공법관계와 사법관계의 일반적인 구별기준이 된다는 점에 그 의의가 있다.

그러나 공익과 사익의 구별이 상대적이고, 공법관계는 공익의 보호와 함께 사익의 보호와도 관련이 있고, 사법관계도 공익과 관련이 있는 경우가 있다는 점에서 이익설의 한계가 있다. 행정사법관계는 공익과 밀접한 관련이 있지만 기본적으로 사법관계이다.

(4) 귀속설(신주체설)

귀속설이란 공권력[1]의 담당자의 지위를 갖는 자에게만 권리 또는 의무를 귀속시키는 법률관계가 공법관계이고, 누구에게나 권리 또는 의무를 귀속시키는 법률관계가 사법관계라고 보는 견해이다.

귀속설은 권력관계와 비권력관계를 포함하여 공법관계 일반과 사법관계의 통일적인 구별기준이 된다는 점에 그 의의가 있다.

그러나 귀속설의 문제점은 구체적인 법률관계에서 행정주체가 공권력주체로서의 지위를 가지는지 그렇지 않은지가 불분명한 경우가 있다는 점 및 공권력의 담당자의 지위는 공법관계를 전제로 해서 인정되는 것이므로 논리순환의 모순에 빠져있다는 점이다.

(5) 결어: 복수기준설(종합설)

공법관계과 사법관계의 구별기준으로 제시된 이익설, 종속설 및 귀속설은 모두 중요한 구별기준을 제시하고 있지만 공법관계과 사법관계의 구별에 관한 완벽한 이론이 되지 못한다. 따라서 위의 세 이론을 **종합적으로** 고려하여 문제의 법률관계(행위)가 공법관계(공법행위)인지 사법관계(사법행위)인지를 **개별적으로** 판단하여야 한다. 이를 **복수기준설**이라고 한다.

복수기준설은 일관성있는 법이론이 되지 못하는 문제점을 갖고 있지만 공법관계와 사법관계의 구별에 관한 이론 중 가장 현실적인 이론이다. **판례도 복수기준설을 취하고 있다.**

공법관계와 사법관계의 구별은 법률관계 전체에 대해 개괄적으로 하는 것이 아니라 개별적 법률관계마다 개별적으로 행하여진다. 그 이유는 오늘날 하나

---

1) 여기서 공권력은 공행정주체 일반에 부여되는 우월적 지위를 의미하며 일방적인 명령강제권을 의미하는 것은 아니다. 권력행정주체뿐만 아니라 비권력적 공행정주체도 공권력주체가 된다.

의 개괄적인 법률관계에 있어서 공법관계와 사법관계가 혼재되어 있는 경우가 적지 않기 때문이다.

Ⅲ. 2단계설

행정상 법률관계가 경우(⑩ 보조금지급관계)에 따라서는 기본적 결정과 구체화결정(발전적 결정)으로 단계적으로 형성되는 것으로 보면서 기본적 결정(⑩ 보조금지급결정)은 공법관계이고, 기본적 결정의 구체화결정(발전적 결정)(⑩ 보조금지급계약)은 사법관계로 보는 견해가 있는데, 이를 2단계설이라 한다.

일반적으로 2단계설은 2단계가 공법관계와 사법관계로 형성되는 경우만을 의미하는 것으로 보고 있는데, 성질이 다른 2개의 공법관계로 형성되는 경우(⑩ 행정행위인 우선협상대상자의 결정과 공법상 계약인 민자유치계약)도 2단계의 행정결정으로 보는 것이 타당하다.

제 2 절 행정상 법률관계의 종류

Ⅰ. 공법관계

공법이 적용되는 법률관계를 **공법관계**라 한다. 공법관계는 권력관계와 관리관계로 구별된다. 관리관계는 비권력적 공행정관계라고도 한다.

1. 권력관계

권력관계란 공권력주체로서의 행정주체가 우월적인 지위에서 국민에 대하여 일방적인 조치(법률행위 또는 사실행위)를 취하는 관계를 말한다. 권력관계의 예로는 권력적 법률행위인 행정행위(⑩ 운전면허 취소 및 정지처분)와 권력적 사실행위인 행정강제(⑩ 주차위반차량의 견인·보관조치)가 있다.

권력관계는 사인 상호간의 관계와는 그 성질이 크게 다른 관계이므로 사법과는 다른 공법원리에 의해 규율된다.

2. 관리관계(비권력적 공법관계)

관리관계란 행정주체가 사인과 대등한 관계에서 공행정을 수행함에 있어서 (공익목적을 달성하기 위하여 사업을 수행하거나 재산을 관리함에 있어서) 국민과 맺는 관계를 말한다. 관리관계의 예로는 공법상 계약관계(⑩ 공무원채용계약, 민자유치계약, 국가연구비지급계약 등) 등을 들 수 있다.

관리관계는 비권력관계라는 점에서 권력관계와 구별되고 사법관계와 유사하나 사법관계와 달리 공익성이 강하기 때문에 공익목적을 달성하기 위하여 필요한 한도에서는 특수한 공법적 규율이 행하여지는 관계이다. 그 이외에 관리관계에는 사법이 널리 적용된다.

II. 사법관계

사법관계란 행정주체가 사인과 같은 지위에서 국민과 맺는 관계를 말한다.

1. 국고관계

국고관계란 행정주체가 일반 사인과 같은 지위에서(사법상의 재산권의 주체로서) 사법상의 행위(사경제적 작용)를 함에 있어 사인과 맺는 관계를 말한다. 그 예로는 행정에 필요한 물품의 구매계약, 청사·도로·교량 등의 건설도급계약, 국유재산(일반재산)의 매각, 수표의 발행, 금전차입, 입찰계약(조달계약), 입찰보증금의 국고귀속조치 등을 들 수 있다.

국고관계는 전적으로 사법에 의해 규율된다는 것이 통설의 입장이다. 행정주체의 국고관계에서의 활동에 대하여는 「국가를 당사자로 하는 계약에 관한 법률」, 「국유재산법」, 「공유재산 및 물품관리법」 등에서 특수한 규율을 하고 있는 경우가 있는데 이들 특수한 규정은 공법규정이 아니라 사법규정이다.

2. 행정사법관계(사법형식에 의한 공행정관계)

(1) 의의와 필요성

행정사법관계란 행정주체가 사법형식에 따라 공행정(공적 임무)을 수행함에 있어서 국민과 맺는 법률관계를 말한다.

행정주체가 공법규정하에서의 여러 가지 부담과 제약에서 벗어나 사적 부문의 자율성과 창의성에 기초하여 공행정을 효율적으로 수행할 수 있도록 하기 위하여 일정한 경우에 행정주체를 공법적 제약으로부터 해방하여 공행정을 사법형식에 따라 수행하도록 하고 있다.

(2) 행정사법관계의 인정범위와 한계

사법형식에 의한 행정이 행해질 수 있는 대표적인 영역은 급부행정(⑩ 철도사업, 시영버스사업, 전기, 수도, 가스 등 공급사업, 우편사업, 하수도관리사업, 쓰레기처리사업)과 자금지원행정(⑩ 보조금의 지급, 융자)이다. 그러나 경찰, 조세 등 고권적 행정과 공익성이 강하게 요구되는 행정은 사법형식에 따른 관리가 인정될 수 없다고 보아야 한다. 다만, 수도료부과와 이에 따른 수도료의 납부관계는 공법상 권리의무관계이다(대판 1977. 2. 22, 76다2517).

(3) 행정사법관계의 법적 규율

행정사법관계는 기본적으로 사법관계이며 사법에 의해 규율된다. 다만, 공행정의 공공성을 최소한으로 보장하고, 국민의 기본권을 보장하기 위하여 행정사법관계에는 해석상 일정한 공법원리가 적용된다. 사법형식에 의한 공행정에 적용되는 공법원리에는 평등의 원칙, 비례의 원칙, 공역무(공행정)계속성의 원칙, 행정권의 기본권 보장의무 등이다.

(4) 권리구제

행정사법관계는 기본적으로 사법관계이므로 행정사법관계에 관한 법적 분

[행정상 법률관계의 종류]

행정상 법률관계	행정조직법의 관계	조직내부관계		
	행정작용법적 관계	행정주체와 행정객체간의 관계		
	공법관계 (=행정법관계)	권력관계	일반권력관계 (특별권력관계)	
		관리관계(비권력행정관계, 단순고권행정관계)		
	행정상 사법관계 (=광의의 국고관계)	협의의 국고관계	조달작용	
			영리작용	
		행정사법관계		

쟁은 민사소송의 대상이 된다.

제 3 절   행정법관계의 당사자(행정주체와 행정객체)

Ⅰ. 행정주체

행정주체란 행정을 행하는 법주체를 말한다. 행정주체에는 국가, 지방자치단체, 공공조합, 영조물법인, 공법상 재단, 공무수탁사인이 있다. 이 중 지방자치단체, 공공조합, 영조물법인, 공법상 재단을 **공공단체**라 한다.

행정주체가 법인인 경우에는 행정을 실제로 행하는 것은 행정주체가 아니라 행정주체의 기관이다. 그러나 이들 기관의 행위의 법적 효과는 법인격체인 행정주체에게 귀속된다.

공공조합이란 법정의 자격을 가진 조합원으로 구성된 공법상의 사단법인이다. 공공조합에는 농지개량조합, 토지구획정리조합, 상공회의소, 의료보험조합, 재개발조합, 재건축조합, 대한변호사협회(헌재 2019. 11. 28, 2017헌마759 ; 대판 2020. 1. 28, 2019다260197) 등이 있다.

영조물법인이란 행정법상의 영조물에 독립된 법인격이 부여된 것을 말한다. 영조물이란 특정한 국가목적에 제공된 인적·물적 종합시설을 말한다. 영조물에는 국립도서관, 국공립학교, 한국은행 등이 있다. 그런데 이 중에서 한국은행과 국립서울대학교는 독립된 법인격이 부여되어 있으므로 영조물법인이며 행정주체이다.

공법상 재단이란 국가나 지방자치단체가 공공 목적을 위하여 출연한 재산을 관리하기 위하여 설립된 공법상의 재단법인을 말한다. 그 예로는 한국연구재단, 총포·화약안전기술협회가 있다.

공무수탁사인이란 공행정사무를 위탁(협의의 위탁)받아 자신의 이름으로 처리하는 권한을 갖고 있는 행정주체인 사인을 말한다. 이에 반하여 공무수탁사인의 행정주체성을 부인하고 공무수탁사인에게 행정청의 지위만을 인정하는 견해도 있다. 공무수탁사인은 자연인일 수도 있고 사법인 또는 법인격 없는 단체일 수도 있다.

　공무수탁사인의 예로는 사립대학이 교육법에 따라 학위를 수여하는 경우, 사선(私船)의 선장 또는 해원(海員)이 일정한 경찰사무를 행하는 경우, 민간철도회사의 직원이 철도경찰사무를 수행하는 경우, 사인이 별정우체국의 지정을 받아 체신업무를 경영하는 경우, 사인이 산림 감시 또는 수렵 감시업무를 수행하는 경우, 민영교도소, 사인이 사업시행자로서 토지를 수용하고 이주대책을 수립하는 경우가 있다.

　사인이 공행정사무를 수행하는 경우에도 행정기관의 보조인에 불과한 경우(예 교통할아버지)나 행정을 단순히 대행하는 것에 불과한 경우(예 자동차검사대행)에는 공무수탁사인이 아니다. 실정법령상 대행 중에는 강학상 위탁인 경우(예 고속국도의 관리 대행)도 있고, 강학상 대행(예 자동차검사의 대행)인 경우도 있다.
　공무수탁사인, 공무대행사인, 행정보조자를 통칭하여 **공무수행사인**이라 한다.
　공적 임무의 실현을 위한 공의무를 부담하는 사인을 **공의무부담사인**이라 하는데, 공의무부담사인은 행정권을 수탁받아 행사하는 것이 아닌 점에서 공무수탁사인이 아니다. 공의무부담사인의 예로는 원천징수의무자, 석유비축의무자 등이 있다.

[행정주체의 종류]

행정주체의 종류	국가	
	공공단체	지방자치단체 공공조합 영조물법인 공법상 재단
	공무수탁사인	

Ⅱ. 행정객체

　행정의 상대방을 **행정객체**라 한다. 행정객체에는 사인, 공공단체와 지방자치단체가 있다. 국가에 대한 수도료의 부과에서와 같이 국가도 예외적이지만 행정객체가 될 수 있다.

제 4 절   사인의 공법상 행위

Ⅰ. 개   념

사인의 공법상 행위란 사인이 공법상의 권리와 의무로서 하는 행위를 말한다. 사인의 **공법행위**는 사인의 공법상 행위 중 법률행위의 성질을 갖는 것만을 지칭하는 것이다.

Ⅱ. 종   류

사인의 공법상 행위는 행위의 효과를 기준으로 그 행위 자체로서 법률효과를 완결하는 자기완결적 공법행위(ⓔ 신고, 사인 상호간의 공법행위, 투표행위)와 행정주체의 어떠한 공법행위의 요건이 되는 데 그치고 그 자체로서 완결된 법률효과를 발생시키지 못하는 행위요건적 공법행위(ⓔ 신청행위, 동의, 승낙, 사직원의 제출)로 나눈다.

1. 신   청

(1) 의   의

신청이란 사인이 행정청에 대하여 일정한 조치를 취하여 줄 것을 요구하는 의사표시를 말한다.

행정절차법은 제17조에서 처분을 구하는 신청의 절차를 규정하고 있다.

(2) 신청의 요건

신청의 요건이란 신청이 적법하기 위하여 갖추어야 할 요건을 말한다. 신청의 대상인 처분(ⓔ 허가, 등록)의 요건과는 구별하여야 한다.

신청이 적법하기 위하여는 신청인에게 신청권이 있어야 하며 신청이 법령상 요구되는 구비서류 등의 요건을 갖추어야 한다.

(3) 신청의 효과

1) 접수의무

행정청은 신청을 받았을 때에는 다른 법령 등에 특별한 규정이 있는 경우를 제외하고는 그 접수를 보류 또는 거부하거나 부당하게 되돌려 보내서는 아니 되며, 신청을 접수한 경우에는 신청인에게 접수증을 주어야 한다(행정절차법 제17조 제4항).

2) 보완조치의무

행정청은 신청에 구비서류의 미비 등 흠이 있는 경우에는 보완에 필요한 상당한 기간을 정하여 지체 없이 신청인에게 보완을 요구하여야 한다(행정절차법 제17조 제5항).

3) 처리의무(응답의무)

적법한 신청이 있는 경우에 행정청은 상당한 기간 내에 신청에 대하여 응답(가부(可否)의 처분 등)을 하여야 한다. 여기에서의 응답의무는 신청된 내용대로 처분할 의무와는 구별되어야 한다. 처분을 구하는 신청행위에 대하여 행정기관은 신청에 따른 행정행위를 하거나 거부처분을 하여야 한다. 신청을 받아들이는 처분에는 신청을 전부 받아들이는 처분과 일부 받아들이는 처분이 있다. 경우에 따라서는 신청을 일부 받아들이는 처분을 하여야 하는 경우도 있다(대판 2013. 7. 11, 2013두2402[국가유공자유족등록거부처분취소]). 신청한 내용과 다른 내용으로 행정행위를 행하는 것, 즉 변경허가는 상대방이 이를 받아들이면 그대로 유효하고, 상대방이 받아들이지 않으면 그 변경허가를 거부처분으로 보고 거부처분취소소송 등을 제기하여야 한다.

상당한 기간이 지났음에도 응답하지 않으면 부작위가 된다.

(4) 신청과 권리구제

신청에 대한 거부처분에 대하여는 의무이행심판이나 취소심판 또는 취소소송으로, 부작위에 대하여는 의무이행심판 또는 부작위위법확인소송으로 다툴 수 있다.

2. 신   고

(1) 신고의 의의

신고란 사인이 행정기관에게 일정한 사항을 알리는 것을 말한다. 협의의 신고는 신고의무에 따른 신고를 말한다. 그런데, 법적으로 신고의무가 없는 신고도 있다. 화재예방,「소방시설의 설치·유지 및 안전관리에 관한 법률」제47조의3에 따른 위반행위의 신고 등이 그에 해당한다.

등록(전형적 등록)은 공적 장부인 등록부에 등재하여 공시하는 행정행위(공증행위)의 성질을 갖는다. 전형적 등록(자동차등록, 정당등록, 선거후보자등록 등)은 신청을 전제로 하는 점에서 신고와 구별되고, 항상 금지해제의 효과를 갖는 것은 아닌 점에서 허가와 구별된다. 그런데 실정법령상 전형적 등록과 신고는 명확히 구별되지 않고 있다. 예를 들면, 주민등록은 학문상 등록으로 보아야 하는데, 실정법령상 신고로 규정되어 있다. 등록은 기속행위인 점, 오늘날 신고의 경우에도 신고된 사항을 기재하여 공시하는 경우가 늘어나고 있는 점 등에서 신고와 전형적 등록은 접근해가고 있다. 실정법령상 등록이라는 명칭을 사용하는 경우 중 요건이 완화되었을 뿐 실질은 허가인 경우(⑩ 석유판매업등록)가 많다. 이러한 등록을 **변형된 등록**이라 할 수 있는데, 변형된 등록은 허가 보다 요건이 완화되었을 뿐 실질은 허가라고 보아야 한다.

(2) 신고의 종류

1) 자기완결적 신고와 수리를 요하는 신고의 구별

행정기본법은 수리를 요하는 신고를 규정하고 있고, 행정절차법은 자기완결적 신고를 규정하고 있다.

행정절차법 제40조 제1항은 "법령등에서 행정청에 일정한 사항을 통지함으로써 의무가 끝나는 신고를 규정한 경우 신고를 관장하는 행정청은 신고에 필요한 구비서류, 접수기관, 그 밖에 법령등에 따른 신고에 필요한 사항을 게시하거나 이에 대한 편람을 갖추어 두고 누구나 열람할 수 있도록 하여야 한다."고 규정하고, 동조 제2항에서 신고요건(1. 신고서의 기재사항에 흠이 없을 것, 2. 필요한 구비서류가 첨부되어 있을 것, 3. 그 밖에 법령등에 규정된 형식상의 요건에 적합할 것)을 갖춘 신고서가 접수기관에 도달된 때에 신고 의무가 이행된 것으로 본다고 규정하고 있다.

행정기본법 제34조는 "법령등으로 정하는 바에 따라 행정청에 일정한 사항을 통지하여야 하는 신고로서 법률에 신고의 수리가 필요하다고 명시되어 있는 경우(행정기관의 내부 업무 처리 절차로서 수리를 규정한 경우는 제외한다)에는 행정청이 수리하여야 효력이 발생한다."고 규정하고 있다.

(가) 자기완결적 신고   자기완결적 신고란 신고의 요건을 갖춘 신고만 하면 신고의무를 이행한 것이 되는 신고를 말한다. 자족적 신고라고도 한다. 자기완결적 신고는 정보제공적 신고인 경우도 있고, 건축신고 등과 같이 금지해제적 신고인 경우도 있다.

자기완결적 신고의 경우에는 적법한 신고(신고요건을 갖춘 신고)만 있으면 신고의무를 이행한 것이 되고 신고의 효과가 발생한다. 따라서, 적법한 신고만 있으면 행정청의 수리가 없더라도 신고의 대상이 되는 행위를 적법하게 할 수 있고, 과태료나 벌금의 부과 등 어떠한 불이익도 받지 않는다.

자기완결적 신고의 수리행위나 수리거부행위는 원칙상 항고소송의 대상이 되는 처분이 아니다. 다만, 자기완결적 신고 중 **금지해제적 신고의 경우**에 신고가 반려될 경우 해당 신고의 대상이 되는 행위를 하면 시정명령, 이행강제금, 벌금의 대상이 되는 등 신고인이 법적 불이익을 받을 위험이 있는 경우(⑩ 착공신고)에는 **신고거부(반려)행위는 처분**이며 항고소송의 대상이 된다(대판 전원합의체 2010. 11. 18, 2008두167).

(나) 수리를 요하는 신고   수리를 요하는 신고는 신고가 수리되어야 신고의 효과가 발생하는 신고를 말한다. 수리를 요하는 신고는 금지해제적 신고이다. 행위요건적 신고, 수리행위가 있는 신고 등으로도 불린다. 수리를 요하는 신고는 규제완화를 위해 허가제를 신고제로 바꾸면서 허가와 자기완결적 신고 사이에 규제의 격차가 너무 큰 점에 착안하여 허가와 자기완결적 신고 사이에 위치하는 규제수단이 필요하다는 행정의 필요에서 탄생한 규제수단의 하나이다.

수리를 요하는 신고의 경우에는 행정청이 수리하여야 효력이 발생한다(행정기본법 제34조).

수리를 요하는 신고의 경우에 수리는 행정행위인 수리행위이고, 수리거부는 거부처분에 해당하며 항고소송의 대상이 된다.

수리를 요하는 신고를 실질적으로 허가라고 보는 견해, 실질적으로 등록이라고 보는 견해, 허가 및 등록과 구별되는 독자적 행위형식으로 보는 견해가 있다. 판례는 수리를 요하는 신고를 허가와 구별하고 있다(대판 2014. 4. 10, 2011두6998[노동조합설립신고반려처분취소]).

(다) 자기완결적 신고와 수리를 요하는 신고의 구별기준   행정기본법 제34조에 따르면 자기완결적 신고와 수리를 요하는 신고의 구별기준은 **신고를 규정한 개별법령의 규정 달리 말하면 입법자의 의사이다.** 즉, 행정기본법에 따르면 '법률에 신고의 수리가 필요하다고 명시되어 있는 경우(행정기관의 내부 업무 처리 절차로서 수리를 규정한 경우는 제외한다)에 해당 신고'는 '수리를 요하는 신고'이고, 그러한 규정이 없는 신고는 자기완결적 신고이다. 다만, '행정기관의 내부 업무 처리 절차로서 수리를 규정한 경우'(예 「가족관계의 등록 등에 관한 법률 제21조 출생·사망의 동 경우 신고 등)는 행정기본법 제34조의 수리를 요하는 신고로 보지 않는다.

입법자의 의사가 명확하지 않은 경우에 판례는 관련법규정에 따르되 기본적으로 신고요건 및 심사방식을 기준으로 자기완결적 신고와 수리를 요하는 신고를 구별하고 있다(대판 전원합의체 2011. 1. 20, 2010두14954[건축(신축)신고불가취소]). ① 자기완결적 신고와 수리를 요하는 신고는 신고요건과 심사의 내용을 구분기준으로 하여 신고요건이 형식상의 요건만이고, 따라서 행정청은 신고요건에 대한 형식적 심사권만을 갖는 신고는 자기완결적 신고이고(행정절차법 제40조 제2항), 신고요건이 형식상의 요건 이외에 실질적 심사를 할 수 있는 실질적 요건도 포함하고 있는 경우에는 수리를 요하는 신고로 보아야 할 것이다. 예외적으로 실질적 요건이 신고요건에 포함되어 있더라도 형식적 심사만 가능한 경우에는 자기완결적 신고로 보아야 한다.

형식적 요건이란 신고서, 첨부서류 등 신고서류만으로 확인되는 요건을 말한다. 실질적(실체적) 요건이란 안전 등 공익을 보장하기 위하여 요구되는 인적·물적 요건을 말한다.

형식적 심사란 신고요건의 충족 여부를 신고서류만으로 행하는 것을 말하고, 실질적 심사란 신고요건의 충족 여부를 심사함에 있어 신고서류를 심사할 뿐만 아니라 필요한 경우에는 현장조사 등을 통해 실질적으로 행할 수 있는 심사를 말한다.

신고요건 중 형식적 요건에 대한 심사는 신고서류만에 의한 형식적 심사를 행한다. 신고요건 중 실질적 요건에 대한 심사는 실질적 심사를 하는 것으로 규정하고 있는 경우가 많지만, 형식적 심사만 가능한 것으로 규정하고 있는 경우도 있다.

과거 판례는 일반 건축신고를 자기완결적 신고로 보았지만, 현재 판례는 일반 건축신고를 수리를 요하는 신고로 본다.

② 신고의 수리로 구체적인 법적 효과가 발생하는 경우에 해당 신고(예 혼인신고)는 수리를 요하는 신고이다.

2) 정보제공적 신고와 금지해제적 신고의 구별

(가) 정보제공적 신고(사실파악형신고)   행정청에게 행정의 대상이 되는 사실에 관한 정보를 제공하는 기능을 갖는 신고(예 집회신고)를 **정보제공적 신고**(사실파악형신고)라고 한다. 정보제공적 신고는 항상 자기완결적 신고이다.

(나) 금지해제적 신고(규제적 신고)   본래 자유로운 영업활동 또는 건축활동 등 사적 활동을 일반적으로 금지하고 적법한 신고가 있으면 이를 해제하는 경우에는 그 신고를 **금지해제적 신고**(신고유보부 금지)라고 한다.

금지해제적 신고의 경우에는 신고 없이 한 행위는 법상 금지된 행위로서 위법한 행위가 되므로 행정벌의 대상이 될 수 있으며 시정조치의 대상이 된다. 건축법상의 신고가 이에 해당한다. 금지해제적 신고는 자기완결적 신고인 경우도 있고 수리를 요하는 신고인 경우도 있다.

(3) 부적법한 신고와 신고요건의 보완

신고가 신고의 요건을 충족하지 못한 경우에 신고는 부적법한 신고가 된다. 행정청은 요건을 갖추지 못한 신고서가 제출된 경우에는 지체없이 상당한 기간을 정하여 신고인에게 보완을 요구하여야 한다(행정절차법 제40조 제3항).

자기완결적 신고의 경우 신고의 형식적 요건을 갖추어 신고하면 적법한 신고가 되므로 행정관청은 그 신고를 수리(접수)하여야 하며 법령에서 요구하고 있지 아니한 실체적인 사유를 내세워 신고의 수리(접수)를 거부할 수는 없다.

수리를 요하는 신고의 수리는 원칙상 기속행위이므로 적법한 신고(법령에서 정한 신고요건을 갖춘 신고)가 있으면 원칙상 그 신고를 수리하여야 한다. 다만, 판례는 사설봉안시설설치신고, 건축신고, 숙박업 영업신고 등의 경우에는 법령에 따른 적법한 신고가 있더라도 중대한 공익상 필요가 있는 경우에는 그 수리를 거부할 수 있다고 한다. 즉 예외적으로 거부재량(기속재량)을 인정하고 있다. 악취방지법상의 악취배출시설 설치·운영신고를 수리를 요하는 신고로 보고, **재량행위**로 본 판례도 있다(대판 2022. 9. 7, 2020두40327).

Ⅲ. 사인의 공법행위에 대한 법적 규율

사인의 공법행위에 대한 일반법은 없다. 다만, 행정절차법은 처분의 신청절차, 신고(자기완결적 신고)절차에 대한 일반적 규정을 두고 있다.

사인의 공법행위에 적용할 법규정이 없는 경우에는 민법상의 법원칙, 의사표시나 법률행위에 관한 규정을 원칙상 적용할 수 있다. 다만, 사인의 공법행위와 사법행위 사이에 성질상의 차이가 있는 경우에는 그 한도 내에서 사법규정을 적용할 수 없거나 수정하여 적용하여야 한다. 사인의 공법행위는 행정의 일환으로 행하여지는 행위이므로 법적 안정성과 행위의 정형화가 요청되는 경우가 있다.

제 5 절 행정법관계의 특질

Ⅰ. 행정주체의 특권 ,

1. 일방적 조치권

일방적 조치권이란 법률유보의 원칙에 비추어 원칙상 법률의 근거가 있어야 하는데, 법률상 행정주체에게 '행정결정'에 의해 일방적으로 법질서에 변경을 가할 수 있는 권한을 말한다(⑩ 전염병환자를 물리력으로 강제격리하는 경우, 화재진압에 장애가 되는 물건을 일방적으로 파괴하는 경우 등).

2. 행정행위의 공정력과 구성요건적 효력

(1) 공정력과 구성요건적 효력의 구별

전통적 견해는 공정력(公定力)과 구성요건적 효력을 구분하지 않는다. 전통적 견해에 의하면 공정력이란 일단 행정행위가 행하여지면 비록 행정행위에 하자(또는 흠)가 있다 하더라도(위법 또는 부당하더라도) 그 흠이 중대하고 명백하여 무효로 되는 경우를 제외하고는 권한 있는 기관(취소권 있는 행정기관 또는 수소법원)이 취소하기 전까지는 상대방 및 이해관계인뿐만 아니라 다른 행정청 및 법원에 대하여 일단 유효한 것으로 통용되는 힘을 말한다고 정의하고 있다. 즉, 전통적 견해는 공정력을 행정행위의 상대방 및 이해관계인뿐만 아니라 다른 국가기관에도 미치는 효력이라고 보고 있다.

  그런데 최근에 공정력과 구성요건적 효력을 구분하는 견해가 유력하게 제기되고 있다. 공정력과 구성요건적 효력을 구분하는 논거는 공정력과 구성요건적 효력은 아래 [대비표]에서와 같이 그 효력의 내용과 범위 및 이론적·법적 근거를 달리한다는 점에서 찾고 있다.

[공정력과 구성요건적 효력의 구별]

구 분	공정력	구성요건적 효력
내 용	행정행위가 무효가 아닌 한 상대방 또는 이해관계인은 행정행위가 권한있는 기관이 취소하기까지는 그 효력을 부인할 수 없는 힘	유효한 행정행위가 존재하는 이상 비록 흠(하자)이 있는 행정행위일지라도, 모든 국가기관(지방자치단체기관을 포함한 행정기관 및 법원 등)은 그의 존재, 유효성 및 내용을 존중하며, 스스로의 판단의 기초 또는 구성요건으로 삼아야 하는 구속력
범 위	상대방 또는 이해관계인에 대한 구속력	모든 국가기관(지방자치단체기관을 포함한 행정기관 및 법원)에 대한 구속력
이론적 근거	행정의 안정성과 실효성 확보	권한과 직무 또는 관할을 달리하는 국가기관이 상호 다른 기관의 권한을 존중하며 침해해서는 안 된다.
실정법상의 근거	행정소송법상의 취소소송에 대한 규정, 처분의 쟁송기간을 제한하는 규정, 처분의 집행(부)정지제도, 직권취소에 관한 규정	행정권과 사법권의 분립규정, 행정기관 상호간의 사무분장규정

(2) 공정력(행정행위의 잠정적 통용력)

1) 개   념

공정력이란 일단 행정행위가 행하여지면 비록 행정행위에 하자(또는 흠)가 있다 하더라도(위법 또는 부당하더라도) 그 흠이 중대하고 명백하여 무효로 되는 경우를 제외하고는 권한 있는 기관(취소권 있는 행정기관 또는 수소법원)이 취소하기 전까지는 상대방 및 이해관계인에 대하여 일단 유효한 것으로 통용되는 힘을 말한다.

예를 들면, 위법한 금전부과처분(⑩ 조세부과처분, 부담금부과처분)에 근거하여 금전을 납부한 경우 행정처분이 취소되거나 당연무효가 아닌 이상 공정력이 인정되므로 그 위법한 금전부과처분은 효력이 있고, 납부한 금전은 법률상 원인 없는 이득(부당이득)이라고 할 수 없다.

2) 근   거

공정력은 행정의 원활한 수행, 행정법관계의 안정성(행정의 안정성과 행정행위의 상대방이나 제3자의 신뢰보호)을 보장하기 위하여 필요하다.

행정기본법 제15조는 공정력을 규정하고 있다. 즉, 처분은 권한이 있는 기관이 취소 또는 철회하거나 기간의 경과 등으로 소멸되기 전까지는 유효한 것으로 통용된다. 다만, 무효인 처분은 처음부터 그 효력이 발생하지 아니한다(행정기본법 제15조).

3) 공정력의 한계

공정력은 행정행위등 처분에 대해 인정되는 효력이다. 행정기본법 제15조도 행정쟁송법상 처분에 대해 공정력이 인정되는 것으로 규정하고 있다.

행정행위가 무효 또는 부존재인 경우에는 공정력이 인정되지 않는다는 것이 일반적 견해이다.

(3) 구성요건적 효력

1) 개   념

구성요건적 효력이란 행정행위가 존재하는 이상 비록 흠(하자)이 있는 행정행위일지라도 무효가 아닌 한 제3의 국가기관은 법률에 특별한 규정이 없는 한 그 행정행위의 존재 및 내용을 존중하며, 스스로의 판단의 기초 또는 구성요건으로 삼아야 하는 구속력을 말한다. 예를 들면, 법무부장관이 갑에게 귀화허가를 해 준 경우 동 귀화허가는 무효가 아닌 한 모든 국가기관을 구속하므로 각부 장관은 갑을 국민으로 보고 공무원으로 임명하여야 한다.

　2) 근　　거

구성요건적 효력을 직접 인정하는 법규정은 없다. 그러나 국가기관 상호간의 권한분배에서 그 근거를 찾을 수 있다.

　3) 구성요건적 효력의 범위와 한계

일반적 견해는 행정행위가 무효인 경우에는 구성요건적 효력이 미치지 않는다고 보고 있다.

구성요건적 효력은 행정소송의 수소법원에는 미치지 않는다. 왜냐하면, 행정소송법에 행정소송사건의 심리·판단권이 명문으로 규정되어 있기 때문이다. 문제는 구성요건적 효력이 민사소송이나 형사소송을 담당하는 법원에 미치는가, 미친다면 어느 범위에서 미치는가 하는 것이다.

① 행정행위의 효력을 상실시키는(부인하는) 것이 민사소송에서 선결문제가 된 경우에 민사법원은 위법한 행정행위의 효력을 부인할 수 없다. 예를 들면, 국민이 조세부과처분의 위법을 이유로 이미 납부한 세금의 반환을 청구하는 소송(이 소송을 과오납금환급소송이라고 하는데 그 성질은 부당이득반환청구소송이다)을 제기한 경우에 해당 민사법원은 조세부과처분이 무효가 아닌 한 스스로 조세부과처분을 취소하고 납부된 세금의 반환을 명할 수 없다. 조세부과처분의 취소가 본안문제(납부한 세금이 부당이득인지의 문제)에 대해 선결문제이며 조세부과처분이 취소되지 않는 한 이미 납부한 세금은 위법하지만 유효한 조세부과처분에 따라 납부된 것이므로 부당이득이 되지 않는다.

② 구성요건적 효력은 행정행위가 무효인 경우에는 인정되지 않는다. 누구든지 행정행위의 무효를 주장할 수 있고, 어느 법원도 행정행위의 무효를 확인할 수 있다.

③ 행정행위의 효력을 부인하는 것이 아니라 행정행위의 위법성을 확인하는 것이 민사소송에서 선결문제가 된 경우(예 국가배상청구소송)에 구성요건적 효력은 행정행위의 적법성이 아니라 효력에 미치므로 민사법원은 행정행위의 위법을 확인할 수 있다. 예를 들면, 영업허가의 취소에 따라 손해를 입은 자가 국가배상을 청구한 경우에 영업허가의 취소가 위법한지의 여부가 국가배상청구

소송에서 선결문제가 된다. 왜냐하면 가해행위(손해를 발생시킨 행위)의 위법이 국가배상의 요건 중의 하나이기 때문이다. 국가배상책임을 인정하기 위하여는 영업허가의 취소의 위법만을 인정하면 되는 것이지 영업허가의 취소를 취소할 필요는 없다.

④ 형사소송에서도 민사소송에서와 동일하게 형사법원이 무효를 확인할 수 는 있지만, 행정행위의 효력을 부인할 수 없고, 행정행위의 위법성을 확인하는 것은 가능하다는 것이 다수견해이며 판례의 입장이다.

이에 대하여 형사소송에서는 피고인의 인권보장이 고려되어야 하고 신속한 재판을 받을 권리가 보장되어야 한다는 형사소송의 특수성(신속한 재판, 인권보 장 등)을 이유로 형사재판에는 공정력(또는 구성요건적 효력)이 미치지 않는다고 보는 견해가 있다.

> 예를 들면, 영업허가가 취소되었음에도 영업을 계속한 자에 대하여 무허가영업을 한 죄로 기소한 경우에 영업허가 취소처분의 효력을 부인하여야 무허가영업이 되지 않으므로 영업허가 취소처분의 효력을 부인하는 것이 형사재판에서 선결문제가 되 는데, 형사법원이 행정행위의 하자를 심사하여 행정행위의 효력을 부인하는 것은 민사소송에서처럼 공정력(또는 구성요건적효력)에 반하므로 인정될 수 없다고 보는 견해에 의하면 허가취소처분 후 영업을 하면 무허가영업이 되고, 형사법원이 허가 취소처분의 효력을 부인할 수 없으므로 형사법원은 해당 영업허가취소처분이 위법 하더라도 유죄판결을 내려야 한다. 만일 형사법원이 판결을 내리기 전에 해당 영업 허가 취소처분이 취소소송에서 취소되면 그 영업허가 취소처분은 **소급하여 효력을 상실**하여 허가취소처분 후의 영업행위는 무허가행위가 아닌 것이 되므로 형사법원 은 무죄를 선고하여야 한다. 인권보장을 위하여 형사법원이 위법한 행정행위의 효 력을 부인할 수 있다고 보는 견해에 의하면 영업허가취소처분이 위법한 경우 무죄 판결을 내려야 한다.

3. 구속력

(1) 의   의

행정행위의 구속력이란 유효한 행정행위의 내용상 구속력을 말한다. 행정 행위는 효력이 있는 한 처분청 및 관계 행정청 그리고 상대방 및 이해관계인에 대하여 미친다. 무효인 행정행위는 구속력이 없다.

구속력은 공정력과 다르다. 공정력은 위법하더라도 무효가 아닌 한 유효한
행위로 하는 효력이고, 구속력은 적법한 행위 그리고 위법한 행위에서는 공정력
을 전제로 유효한 행정행위의 내용상의 구속력이다.

행정행위가 철회 또는 취소되거나 실효되면 행정행위는 효력과 구속력을
상실한다.

(2) 종류 및 한계

행정행위의 구속력은 그 상대방에 따라 자기구속력, 구성요건적 효력, 규준
력(선행행위의 후행행위에 대한 구속력)으로 나뉜다.

1) 자기구속력

행정행위가 내용에 따라 처분행정청을 구속하는 힘을 자기구속력이라 한
다. 처분청은 자신이 한 행정행위의 내용에 구속되며 그 내용과 모순되는 결정
을 하여서는 안 된다는 효력이다. 자기구속력은 자박력(自縛力)이라고도 한다.

부분허가(예 원자로시설 부지사전승인처분(대판 1998. 9. 4, 97누19588))의 자기
구속력에 관하여는 이견이 없지만, 사전결정(예 폐기물처리사업계획서의 부적합통
보(대판 2011. 11. 10, 2011두12283))이 자기구속력을 갖는지에 관하여는 후술하는
바와 같이 긍정설과 부정설이 대립하고 있다. 잠정적 행정행위(예 소득액 등이
확정되지 아니한 경우에 과세관청이 상대방의 신고액에 따라 잠정적으로 세액을 결정
하는 것)는 자기구속력을 갖지 않는다(단계적 행정결정 참조).

2) 구성요건적 효력

구성요건적 효력이란 행정행위가 관계 행정청 및 법원 등 국가기관을 구속
하는 효력을 말한다. 이에 관하여는 전술한 바와 같다. 구성요건적 효력은 위법
하더라도 무효가 아닌 한 효력을 부인할 수 없게 하는 효력과 그 내용에 따라
관계 행정청 및 법원을 구속하는 효력이다.

3) 규준력

선행행정행위를 전제로 후행행정행위가 행해지는 경우에 선행행정행위(예
철거명령)가 후행행위(예 대집행)에 미치는 구속력을 규준력(規準力)이라 한다(하
자의 승계 참조).

4. 존속력(또는 확정력)

(1) 불가쟁력

1) 의   의

불가쟁력이란 하자 있는 행정행위라 할지라도 그에 대한 불복기간(행정불복제기기간 또는 출소기간)이 경과하거나 쟁송절차가 종료된 경우에는 더 이상 그 행정행위의 효력을 다툴 수 없게 하는 효력을 말한다.

이와 같은 불가쟁력을 인정하는 것은 행정행위의 효력을 신속히 확정하여 행정법관계의 안정성을 확보하기 위한 것이다.

2) 효   력

행정행위의 불가쟁력은 행정행위의 상대방이나 이해관계인이 행정행위의 효력을 더 이상 다투지 못하는 효력이다. 따라서 취소권을 가진 행정청(처분행정청 또는 상급감독청)이 직권으로 불가쟁력이 발생한 행정행위를 취소 또는 철회하는 것은 가능하다. 또한 국가배상청구소송은 처분의 효력을 다투는 것이 아니므로 불가쟁력이 발생한 행정행위로 손해를 입은 국민은 국가배상청구를 할 수 있다. 무효인 행정행위에 대해 무효확인소송을 제기할 수 있는 기간이 제한되고 있지 않으므로 무효인 행정행위에는 불가쟁력이 발생하지 않는다.

3) 불가쟁력의 예외: 재심사청구

불가쟁력은 일정한 불복기간이 지난 후에는 더 이상 다툴 수 없게 함으로써 행정법관계의 조속한 안정을 확보할 수 있지만, 개인의 권리구제가 크게 희생되는 문제가 있다. 더욱이 확정판결의 경우에도 일정한 경우에 재심이 인정되는데 일정한 불복기간 내에 불복을 제기하지 않았다고 하여 행정처분에 대한 재심사의 기회를 전혀 주지 않는 것은 타당하지 않다. 이러한 이유로 행정기본법 제37조는 불가쟁력이 발생한 처분에 대한 재심사청구를 인정하고 있다.

(2) 불가변력

1) 의   의

불가변력이란 행정행위의 성질상 인정되는 것으로 행정청이 해당 행정행위를 취소 또는 변경할 수 없게 하는 힘을 말한다. 불가변력을 실질적 확정력이라고도 부른다.

2) 근　　거

불가변력은 법령에 명문의 규정이 없는 경우에도 행정행위의 성질에 비추어 인정되는 효력이다.

3) 인정범위

준사법적 행정행위(옌 행정심판의 재결)에 불가변력을 인정하는 것이 일반적 견해이다. 준사법적 행정행위에는 소송법상의 확정력에 준하는 불가변력이 인정된다.

확인행위(옌 국가시험합격자결정 또는 당선인결정 등)는 성질상 처분청이 스스로 변경할 수 없고, 다만 중대한 공익상 필요가 있거나 상대방에게 귀책사유가 있는 경우에 예외적으로 취소할 수 있는 상대적 불가변력이 발생하는 것으로 보는 것이 다수 견해이다.

4) 효　　력

행정청은 불가변력이 있는 행정행위를 직권으로 취소 또는 철회할 수 없다.

불가변력이 있는 행정행위에 대하여도 그 상대방 또는 이해관계인은 행정불복기간 내에 행정쟁송수단을 통하여 해당 행정행위의 효력을 다툴 수 있다.

5. 강제력

행정결정의 실효성을 확보하기 위하여 행정결정에 강제력이라는 우월한 힘이 인정된다. 강제력에는 자력집행력과 제재력이 있다.

(1) 자력집행력

자력집행력이란 행정법상의 의무를 이행하지 아니할 경우에 행정청이 직접 실력을 행사하여 자력으로 그 의무의 이행을 실현시킬 수 있는 힘을 말한다.

자력집행력이 인정되기 위하여는 법률의 근거가 있어야 한다.

(2) 제재력

행정행위의 상대방이 행정행위에 의해 부과된 의무를 위반하는 경우에는 그에 대한 제재로서 행정벌(행정형벌 또는 행정질서벌)이나 행정적 제재(영업정지 등)가 과해지는 경우가 많다.

행정벌이나 행정적 제재(영업정지 등)가 과하여지기 위하여는 명시적인 법률의 근거가 있어야 한다.

Ⅱ. 공권과 공의무의 특수성

1. 개   설

공법상의 권리 또는 의무는 공익의 실현을 위하여 인정되는 것이므로 공법상의 권리 또는 의무에는 사익만을 위하여 인정되는 사법상의 권리 또는 의무와는 다른 특수성이 인정된다.

① 공법상의 권리는 동시에 의무의 성격을 띠는 상대적 성질을 가진다.

② 공권과 공의무는 이전성과 포기성이 제한되는 경우가 있다. 예를 들면, 공무원연금청구권이나 생활보호를 받을 권리는 양도가 금지된다.

그러나 공권 중에서도 경제적 가치를 주된 대상으로 하는 것은 사권과 같이 이전성이 인정되는 경우가 있다. 즉, 공무원 봉급청구권은 2분의 1 이하의 한도 내에서 압류의 대상이 된다.

공권의 포기와 불행사는 구별하여야 하며 공권의 포기가 인정되지 않는 경우에도 공권의 불행사는 허용된다.

일신전속적인 공의무(예 이행강제금 납부의무)는 법령상 또는 이론상 그 포기와 이전이 제한된다.

③ 공권에는 특별한 보호가 행하여지고, 공의무에는 특별한 강제가 가하여진다.

2. 공권과 공의무의 승계

사인이 지는 공의무의 승계가 가능한지는 공의무가 일신전속적인가 아니면 대체성이 있는가에 좌우된다. 일신전속적인 공의무는 이전과 승계가 인정되지 않는다(예 이행강제금 납부의무(대판 2006. 12. 8, 2006마470)). 대체적 공의무(예 유해폐기물의 처리의무)는 원칙상 승계가 가능하다.

제6절 공   권

I. 공법관계와 공권

공법관계란 공법상의 권리의무관계, 즉 공권과 공의무로 이루어지는 관계를 말한다. 공권이란 공법관계에서 직접 자기를 위하여 일정한 이익을 주장할 수 있는 법률상의 힘을 말한다. 공의무란 의무자의 의사에 가하여진 공법상의 구속을 말한다.

공권에는 국가적 공권과 개인적 공권이 있다. 국가적 공권이란 행정주체가 우월한 의사의 주체로서 행정객체에 대하여 가지는 권리를 말한다. 그 권리의 목적을 기준으로 할 때 조직권, 경찰권, 행정계획권, 공용부담특권, 공기업특권, 조세권, 전매권, 재정권으로 나누어지고, 권리의 내용을 기준으로 명령권, 강제권, 형성권, 공법상의 물권으로 나누어진다. 국가적 공권은 권한의 성격이 강하다.

개인적 공권이란 개인이 직접 자기의 이익을 위하여 행정주체에게 일정한 행위를 할 것을 요구할 수 있는 공법에 의해 주어진 법적인 힘이다. 개인적 공권에 대응하여 행정권에게는 일정한 작위 또는 부작위의 의무가 부과된다. 개인적 공권을 통하여 국민은 행정과의 관계에서 행정객체일 뿐만 아니라 주체로서의 지위도 함께 가진다.

II. 개인적 공권의 성립요건

오늘날 공권이 성립하기 위하여는 다음의 두 요건(강행법규성, 사익보호성)을 갖추어야 한다. ① 강행법규(공법)에 의해 행정주체에게 일정한 행위(작위 또는 부작위)를 하여야 할 의무가 부과되고 있어야 한다(강행법규성). ② 그 법규가 공익의 보호와 함께 사익의 보호를 목적으로 하고 있어야 한다(사익보호성).

오늘날 개인적 공권은 행정주체에 대해 가지는 법에 의해 보호된 이익을 말한다.

Ⅲ. 공권, 법적 이익 및 반사적 이익의 구별

1. 공권과 법적 이익

종래에는 공권과 법적 이익을 구별하였다. 법에 의해 보호된 이익이라도 재판을 통한 이익의 실현이 보장되지 않는 경우(청구권능이 부여되지 않은 경우)는 법적 이익(법상 보호된 이익)이지만 권리는 아니라고 보았다.

그러나 오늘날 공권의 성립에 별도의 청구권능의 부여는 요구되지 않게 되었고 공법에 의한 사익의 보호만으로 공권이 성립되는 것으로 되었으므로 공권과 법적 이익의 구별은 없어졌고 법적 이익은 공권에 포섭되었다.

2. 공권(법적 이익)과 반사적 이익의 구별

(1) 반사적 이익의 의의

반사적 이익이란 공법이 공익을 위하여 행정주체나 그 객체에게 어떠한 작위 또는 부작위의 의무를 부과하거나 또는 행정주체가 어떠한 공공시설을 운영함으로써 결과적으로 개인이 반사적으로 받게 되는 이익을 말한다. 예컨대, 의료법에서 의사에게 환자를 진료할 의무를 부과함으로써 일반인이 반사적으로 진료를 받게 되는 이익이 그 예이다.

(2) 공권과 반사적 이익의 구별실익

반사적 이익은 법에 의해 직접 보호된 이익이 아니므로 그 이익이 침해되어도 재판을 통하여 구제되지 않는다. 공권(법적 이익 포함)이 침해된 자는 재판을 통하여 권익의 구제를 청구할 수 있지만, 반사적 이익이 침해된 자는 재판을 통한 구제를 청구할 수 없고 그 이익의 침해를 감수하여야 한다. 달리 말하면 공권이 침해된 자는 행정소송에서 원고적격(소송을 제기할 자격)이 인정되지만, 반사적 이익이 침해된 자는 원고적격이 인정되지 않는다. 원고적격은 소송요건이므로 원고적격이 인정되지 않는 경우는 해당 소송은 부적법 각하된다.

국가배상에서 단순한 반사적 이익이 침해된 경우에는 손해가 발생하였다고 할 수 없다.

(3) 공권과 반사적 이익의 구별기준

공권(법적 이익)이란 처분의 근거법규와 관계법규에 의해 보호된 개인의 이익을 말한다. 보다 정확히 말하면 공익을 보호하는 법규가 개인의 이익도 아울러 보호하고 있는 경우에 그 보호된 개인의 이익(例 건축법상 건축물간 이격거리에 의해 보호된 일조의 이익)이 공권이다. 이에 반하여 실정법규가 공익의 보호만을 목적으로 하고 있고 개인은 그로 인하여 반사적으로 이익을 누리는 경우에 그 개인의 이익(例 경관의 이익)은 반사적 이익이다. 즉, 공권과 반사적 이익의 구별기준은 처분의 근거 및 관계법규의 목적이 된다.

　예를 들면, 이웃의 채광(일조)을 보호하는 건축법의 규정은 주거환경의 보호라는 공익목적과 함께 인근주민의 채광(採光)의 이익(개인적 이익)을 아울러 보호하는 것을 목적으로 하고 있다고 해석되는데 이 경우 인근주민의 채광의 이익은 공권이다. 이에 반하여 건축물의 색채의 규제는 미관의 보호라는 공익목적만을 갖는 규정이므로 건축물의 색채의 규제에 따라 주민이 향유하는 미관의 이익은 반사적 이익이다.

3. 공권의 범위: 공권(법적 이익)의 확대

(1) 반사적 이익의 보호이익(공권)화

종래 반사적 이익으로 여겨졌던 것이 법적 이익으로 인정되고 있는 경향이 있다. 그러나 법적 이익과 반사적 이익의 구별기준이 변경된 것은 아니다. 구별기준은 여전히 근거법규 또는 관계법규의 목적이다. 다만, 근거법규 또는 관계법규의 해석에 있어서 근거법규 또는 관계법규가 공익의 보호뿐만 아니라 개인의 이익을 또한 보호하고 있다는 것을 널리 인정함으로써 반사적 이익이 공권으로 발전되고 있는 것이다.

반사적 이익의 보호이익화는 주로 행정처분에 대하여 이해관계 있는 제3자의 이익(例 인근주민의 이익 및 경업자의 이익)이 반사적 이익에서 법적 이익으로 발전됨에 따라 이루어지고 있다. 종래 행정처분의 상대방이 아닌 제3자가 갖는 이익은 반사적 이익에 불과하다고 보는 경우가 많았으나 오늘날에는 법적 이익으로 보는 경향이 있다.

(2) 공권과 기본권

헌법상의 기본권도 그것이 구체적인 내용을 갖고 있어 법률에 의해 구체화되지 않아도 직접 적용될 수 있는 경우에는 재판상 주장될 수 있는 공권으로 보아야 할 것이다. 자유권, 평등권과 재산권이 그 예이다.

(3) 무하자재량행사청구권

1) 의   의

무하자재량행사청구권이란 행정청에게 재량권이 부여된 경우에 행정청에 대하여 재량권을 흠 없이 행사하여 줄 것을 청구할 수 있는 권리를 말한다.

행정청에게 재량권이 인정되는 경우에는 행정청이 처분을 함에 있어서 재량권의 한계를 준수하여 줄 것을 청구할 수밖에 없고, 어떤 특정한 행위를 하여 줄 것을 청구하는 권리가 개인에게 주어질 수 없다.

2) 무하자재량행사청구권의 독자성 인정 여부

무하자재량행사청구권을 독자적 권리로 인정할 필요가 있는가에 관하여 견해가 대립하고 있는데, 다수의 견해는 무하자재량행사청구권을 별도의 독자적인 권리로 인정하고 있다.

생각건대, 무하자재량행사청구권은 재량행위에 대한 항고소송에서 원고적격을 인정하기 위하여는 그 실익이 없으나(무하자재량행사청구권이라는 개념이 없어도 원고적격이 인정될 수 있으므로), 재량행위에서도 공권이 인정될 수 있다는 것과 인정되는 권리가 어떠한 권리인지를 설명하여 줄 수 있고, 의무이행심판이나 의무이행소송에서 적법재량행사를 명하는 재결이나 판결의 실체법적 근거가 된다는 점에서 그 인정 실익이 있다.

3) 무하자재량행사청구권의 인정범위

무하자재량행사청구권은 재량권이 인정되는 모든 행정권의 행사에 인정된다. 수익적 행정행위뿐만 아니라 부담적 행정행위에도 인정된다.

4) 무하자재량행사청구권의 성립요건

무하자재량행사청구권도 공권이므로 무하자재량행사청구권의 성립요건은 공권의 성립요건과 같다. 즉, ① 행정청에게 강행법규에 의해 재량권을 행사하여 어떠한 처분을 하여야 할 의무가 부과되어야 한다(처분의무). ② 재량권을 부여하는 법규가 공익뿐만 아니라 관계 개인의 이익도 보호하는 것을 목적으로 하여야 한다(사익보호성).

5) 무하자재량행사청구권의 내용

무하자재량행사청구권이 인정되는 경우에는 행정청에게 그의 재량권을 올바르게 행사하여 처분할 의무가 있고 이에 대응하여 관계 개인은 재량권의 올

바른 행사에 근거한 처분을 받을 권리를 갖게 된다.

재량권이 영으로 수축하는 경우에는 무하자재량행사청구권은 특정한 내용의 처분을 하여 줄 것을 청구할 수 있는 행정행위발급청구권 또는 행정개입청구권으로 전환된다.

6) 재량권의 영으로의 수축

(가) 의   의   **재량권의 영으로의 수축**이란 일정한 예외적인 경우에 재량권이 있는 행정청에게 선택의 여지가 없어지고 특정한 내용의 처분을 하여야 할 의무가 생기는 것을 말한다.

(나) 판단기준   일반적으로 다음과 같은 경우에 재량권이 영으로 수축된다고 본다: ① 사람의 생명, 신체 및 재산 등 중요한 법익에 급박하고 현저한(중대한) 위험이 존재하여야 한다. 그 예로 공장으로부터 배출기준을 초과하는 유해한 폐수가 하천으로 배출되어 식수로 사용하는 인근의 지하수를 오염시키고 있는 경우를 들 수 있다. ② 그러한 위험이 행정권의 발동(例 시정명령 또는 조업중지명령)에 의해 제거될 수 있는 것으로 판단되어야 한다. ③ 피해자의 개인적인 노력으로는 권익침해의 방지가 충분하게 이루어질 수 없다고 인정되어야 한다.

(다) 효   과   재량권이 영으로 수축하는 경우에는 행정청은 특정한 내용의 처분을 하여야 할 의무를 진다.

(4) 행정권발동청구권

행정권발동청구권이란 자신의 권익을 위하여 행정권의 적극적 발동을 청구할 수 있는 권리이다. **광의의 행정개입청구권**이라고도 한다.

1) 행정행위발급청구권

(가) 개   념   **행정행위발급청구권**이란 개인이 자기의 권익을 위하여 자기에 대하여 특정한 내용의 행정권을 발동하여 줄 것을 청구할 수 있는 권리를 말한다.

(나) 성립요건   행정행위발급청구권이 인정되기 위하여는 ① 강행법규가 행정청에게 일정한 행위를 하여야 할 의무를 부과하고 있고(강행법규성 및 발급의무), ② 그러한 법규가 공익의 보호뿐만 아니라 개인의 이익도 보호하는 것을 목적으로 하고 있어야 한다(사익보호성).

(다) 인정범위   행정행위발급청구권은 원칙적으로 기속행위에 인정되고

재량행위에는 원칙상 인정되지 않는다.

다만, 재량행위의 경우에도 재량권이 영으로 수축되는 경우에는 행정청에게 특정 행정행위를 할 의무가 생기므로 행정행위발급청구권이 인정된다.

2) 협의의 행정개입청구권

(개 개   념   **협의의 행정개입청구권**이란 어떠한 행정권의 발동(⑩ 유해한 폐수를 배출하는 기업에 대한 조업중지명령)이 그 상대방에 대하여는 침해적이고 제3자(⑩ 인근 주민)에 대하여는 수익적인 경우에 그 행정권의 발동으로 이익을 받는 제3자가 행정청에게 그 상대방에 대한 행정권의 발동을 청구할 수 있는 권리를 말한다.

(나) 성립요건   행정개입청구권이 인정되기 위하여는 ① 행정청에게 개입의무(행정권의 발동의무)가 있어야 하고(강행법규성 및 개입의무), ② 행정권의 발동에 관한 법규가 공익뿐만 아니라 제3자의 사익을 보호하고 있어야 한다(사익보호성).

(다) 인정범위   행정개입청구권은 기속행위의 경우에는 당연히 인정된다. 재량행위의 경우에는 무하자재량행사청구권이 인정되고 행정개입청구권은 원칙상 인정되지 않지만, 전술한 바와 같이 재량권이 영으로 수축하는 경우와 이익형량상 개입의무가 인정되는 경우에는 무하자재량행사청구권은 행정개입청구권으로 전환되어 행정개입청구권이 인정된다.

예를 들면, 공장으로부터 배출기준을 초과하는 유해한 폐수가 하천으로 배출되어 식수로 사용되고 있는 인근 지하수를 오염시키고 있는 경우에 지하수를 이용하는 인근주민은 공장사업자에게 공해배출의 금지를 명하도록 행정청에게 청구할 수 있는가. 달리 말하면 인근주민에게 행정개입청구권이 있는가 하는 것이 문제된다. 이 경우 인근주민의 이익은 법적 이익으로 보이고, 행정청의 공해배출금지명령은 원칙상 재량행위이나 사안에서 행정청의 재량권이 영으로 수축하는 것으로 보이므로 인근주민은 공해배출금지를 명하도록 행정청에게 청구할 수 있고, 행정청은 공해배출금지명령을 발할 의무가 있다고 할 수 있다.

(5) 절차적 공권

행정절차상 권리가 확대되고 있고, 소송법상 원고적격이 확대되고 있다.

제 7 절 특별행정법관계(종전의 특별권력관계)

Ⅰ. 개   념

특별행정법관계란 특별한 행정목적을 달성하기 위하여 특별권력기관과 특별한 신분을 가진 자와의 사이에 성립되는 특별한 법률관계를 말한다. 특별행정법관계는 행정주체와 일반 국민 사이에 성립되는 일반행정법관계에 대응하는 개념이다. 특별행정법관계의 예로는 군인의 군복무관계, 공무원의 근무관계, 교도소재소관계, 국공립학교의 재학관계 등을 들 수 있다.

특별행정법관계는 특별권력관계라는 개념을 대체하는 개념으로 사용된다.

Ⅱ. 특별권력관계이론의 성립, 발전과 소멸(특별행정법관계이론의 등장)

1. 의   의

특별권력관계란 특별한 행정목적을 달성하기 위하여 성립된 관계로서 특별권력주체에게 포괄적인 지배권이 부여되고 상대방인 특별한 신분에 있는 자는 이에 복종하여야 하는 관계를 말한다. 특별권력관계는 일반권력관계에 대응하는 개념이다.

2. 종래의 특별권력관계이론

특별권력관계이론은 19세기 후반 독일에서 성립된 독일법에 특유한 이론이다. 프랑스법에는 특별권력관계이론이 존재하지 않는다. 특별권력관계이론이란 특별권력주체와 상대방은 행정목적의 달성상 필요하므로 국가와 일반 국민 사이의 관계보다는 밀접한 관계에 있다고 보고 나아가 특별권력관계의 상대방은 행정조직에 통합된 것으로 보았다. 따라서 특별권력관계는 행정의 내부관계로 보고 그 결과 법치주의가 적용되지 않는다고 보았다.

특별권력관계는 법률에 의해 규율되어야 하는 것이 아니라 자율적인 내부규칙에 의해 규율될 영역으로 보았고, 특별권력관계의 목적상 필요한 경우에는 법률의 근거 없이도 기본권이 제한될 수 있는 것으로 보았고, 특별권력관계 내에서의 행위는 내부행위이므로 사법심사의 대상이 되지 않는다고 보았다.

3. 오늘날의 특별권력관계이론

(1) 특별권력관계 긍정설(제한적 긍정설)

오늘날 특별권력관계를 인정하는 견해도 법치주의의 적용을 완전히 배제하지는 않고, 원칙적으로 법치주의가 적용된다고 보면서 특별한 행정목적을 달성함에 필요한 한도 내에서 법치주의가 일부 제한되거나 완화되어 적용될 수 있다고 볼 뿐이다(제한적 긍정설 또는 수정설).

(2) 특별권력관계 부정설

특별권력관계 부정설은 오늘날 법치국가하에서는 법치주의의 예외를 인정하는 특별권력관계이론은 인정될 수 없다고 한다.

Ⅲ. 특별행정법관계의 성립

① 상대방의 동의 없는 법률의 규정에 의한 성립. 특별행정법관계가 법률의 규정에 근거하여 상대방의 동의 없이 성립하는 경우이다. 군입대(병역법 제4장), 수형자의 교정시설 수용(「형의 집행 및 수용자의 처우에 관한 법률」 제16조), 감염병환자의 강제입원(「감염병의 예방 및 관리에 관한 법률」 제42조), 공공조합에의 강제가입(산림조합법 제3장, 「도시 및 주거환경정비법」 제19조) 등이 그 예이다.

② 상대방의 동의에 의한 성립. 특별행정법관계가 상대방의 동의에 근거하여 성립되는 경우이다. 상대방의 동의가 그의 자유로운 의사에 기초한 경우(예 공무원의 임명, 국공립학교에의 입학, 국공립도서관의 이용)와 상대방의 동의가 법률에 의해 강제되는 경우(예 학령아동의 초등학교 취학)가 있다.

Ⅳ. 특별행정법관계와 법치주의

1. 법률유보의 원칙

특별행정법관계설에 따르면 법률유보의 원칙은 원칙상 그 관계에 적용된다.

즉, 국민의 권리를 제한하거나 의무를 부과하는 명령 또는 강제는 법률에 근거하여야 하고 법규사항을 정하는 특별명령은 법령에 근거가 있어야 제정될 수 있다.

다만, 특별한 행정목적을 효율적으로 달성할 수 있도록 하기 위하여 필요한 한도 내에서는 다소 포괄적인 수권도 가능하다.

2. 사법심사

특별권력관계를 부인하는 견해(특별행정법관계설과 일반행정법관계설)에 따르면 문제의 행위가 처분인지에 따라 사법심사의 범위를 정한다. 특별행정법관계 내에서의 행위가 외부적·법적 효과를 미치는 처분인가 아니면 순수하게 내부적인 행위로서 처분이 아닌가는 애매한 경우가 있다.

공무원관계를 예로 들면, 공무원의 임명, 해임, 정직, 감봉 및 견책은 처분이다. 이에 반하여 공무원의 훈련이나 그 방법과 관련된 행위, 단순 경고행위는 내부행위로 처분이 아니다. 서면경고는 처분이라고 보아야 한다. 공무원의 승진 또는 승진에서의 탈락도 처분으로 보아야 한다. 공무원에 대한 전보명령이 처분인가에 대하여는 논란이 있다.

제 8 절   행정법관계의 변동(발생·변경·소멸)

I. 법률요건

법률관계의 발생·변경·소멸의 원인이 되는 것을 **법률요건**이라 한다. 법률요건은 법률관계의 변동원인이다. 법률요건에는 행위, 사건 등이 있다.

행정법상의 법률관계는 행정주체의 공법행위 또는 사인의 공법행위 및 사건에 의해 발생·변경·소멸된다.

II. 행정주체의 공법행위

행정주체의 공법행위는 매우 다양하다. 행정주체의 공법행위를 성질에 따

라 유형화한 것이 행위형식인데, 행정입법, 행정행위, 공법상 계약, 사실행위 등
이 이에 속한다. 이에 관하여는 후술한다.

　　법적 행위만이 법률관계에 변동을 가져오며 사실행위는 법률관계의 변동을
가져오지 않는다.

Ⅲ. 행정법상 사건

　　사람의 정신작용과는 관계가 없는 사실로서 법률요건이 되는 것이 **사건**이
다. 행정법상 사건에는 출생, 사망, 시간의 경과, 물건의 점유, 일정한 장소에의
거주 등이 있다.

1. 기간의 경과

　　행정상 법률관계가 일정한 기간의 경과에 따라 변동되는 경우가 있다. 예를
들면 허가의 존속기간이 경과하면 허가의 효력은 상실한다.

2. 시　　효

　　시효는 일정한 사실상태가 오랫동안 계속한 경우에 그 사실상태에 따라 권
리관계를 형성(취득 또는 소멸)하는 법률요건이다. 시효에는 소멸시효와 취득시
효가 있다.

　　민법의 시효에 관한 규정은 행정법관계에도 유추적용된다.

(1) 소멸시효

　　소멸시효란 권리자가 그의 권리를 행사할 수 있음에도 불구하고 일정한 기
간 동안 그 권리를 행사하지 않은 경우에 그 권리를 소멸시키는 시효를 말한다.

　　국가재정법은 금전의 급부를 목적으로 하는 국가의 권리 또는 국가에 대한
권리는 시효에 관하여 다른 법률에 규정이 없는 한 5년간 행사하지 아니할 때
에는 시효로 인하여 소멸한다고 규정하고 있다(제96조 제1항, 제2항). 여기서 다
른 법률의 규정이란 5년의 소멸시효기간보다 짧은 기간의 소멸시효의 규정이
있는 경우를 가리키는 것으로, 이보다 긴 소멸시효를 규정하고 있는 것은 해당
하지 않는다(대판 2001. 4. 24, 2000다57856). 공법상 금전채권뿐만 아니라 사법상

금전채권도 이 규정의 적용대상이 된다. 금전의 급부를 목적으로 하는 국가의 권리 및 국가에 대한 권리의 경우 소멸시효의 중단·정지 그 밖의 사항에 관하여 다른 법률의 규정이 없는 때에는 「민법」의 규정을 적용한다(국가재정법 제96조 제3항).

소멸시효기간이 지나면 당사자의 주장이 없더라도 권리가 당연히 소멸하지만, 소송에서 소멸시효 항변은 변론주의 원칙에 따라 당사자의 주장이 있어야만 법원의 판단대상이 된다(대판 2017. 3. 22, 2016다258124).

(2) 취득시효

취득시효란 어떤 사람이 권리자인 것과 같이 권리를 행사하고 있는 상태가 일정한 기간 동안 계속한 경우에 처음부터 그 사람이 권리자이었던 것으로 인정하는 제도를 말한다.

민법상 취득시효규정이 공물(도로, 하천 등 공적 목적에 제공된 물건)에도 적용되는지에 관하여 견해의 대립이 있는데, 판례는 부정설을 취하고 있다.

3. 제척기간

제척기간이란 일정한 권리에 관하여 법률이 정한 존속기간을 말한다. 제척기간은 법률관계를 조속히 확정시키는 것을 목적으로 하는 제도이다.

제척기간이 소멸시효와 다른 점은 제척기간은 그 기간이 상대적으로 짧고, 중단제도가 없다는 점 등이다.

제척기간의 예로는 행정심판제기기간, 행정소송제기기간, 제재처분의 제척기간, 과태료 부과의 제척기간 등이 있다.

4. 공법상 사무관리

사무관리란 법률상 의무없이 타인의 사무를 관리하는 행위를 말한다. 공법분야에서도 사무관리가 인정된다는 것이 일반적 견해이다. 사무관리의 예로는 시·군·구의 행려병자의 관리, 자연재해시 빈 상점의 물건의 처분 등 관리 등이 있다. 그러나 경찰관직무집행법상 보호조치(제4조) 등 법령상 또는 조리상 보호조치의무에 근거한 행위는 사무관리가 아니다.

공법상 사무관리에는 특별한 규정이 없는 한 민법상 사무관리에 관한 규정이 준용된다. 공법상 사무관리를 행한 행정기관은 통지의무를 지고, 비용상환청구권을 갖는다.

5. 공법상 부당이득

(1) 의의 및 법적 규율

공법상 부당이득이란 공법상 원인(예 무효인 조세부과처분에 근거한 조세납부)에 따라 발생한 부당이득(법률상 원인 없이 이익을 얻고 타인에게 손해를 가하는 것)을 말한다.

부당이득반환의 법리는 공법관계에서도 인정된다. 공법상 부당이득이 있는 경우에는 특별한 규정이 없는 한 민법상 부당이득의 반환의 법리(부당이득은 이를 반환하여야 한다는 법리)에 따라 반환하여야 한다.

(2) 공법상 부당이득반환청구권의 성질

공법상 부당이득으로 손해를 입은 자는 부당이득반환청구권을 갖는다. 공법상 원인에 따른 부당이득반환청구권이 공권인지 사권인지가 권리구제수단과 관련하여 다투어진다. 부당이득반환청구권을 공권으로 보면 부당이득반환청구소송을 당사자소송으로 제기하여야 하고, 사권으로 보면 부당이득반환청구소송을 민사소송으로 제기하여야 한다.

우리 판례는 공법상 부당이득반환청구권을 사권으로 본다.

제4장

기간의 계산 등

Ⅰ. 기간의 계산

1. 행정에 관한 기간의 계산

행정에 관한 기간의 계산에 관하여는 이 법 또는 다른 법령등에 특별한 규정이 있는 경우를 제외하고는 「민법」을 준용한다(행정기본법 제6조 제1항). 민법에 따른 기간의 계산은 다음과 같다. 기간을 일, 주, 월 또는 연으로 정한 때에는 기간의 초일은 산입하지 아니한다. 그러나 그 기간이 오전 영시로부터 시작하는 때에는 그러하지 아니하다(민법 제157조). 기간을 일, 주, 월 또는 연으로 정한 때에는 기간말일의 종료로 기간이 만료한다(제159조). 기간의 말일이 토요일 또는 공휴일에 해당한 때에는 기간은 그 익일로 만료한다(제161조).

법령등 또는 처분에서 국민의 권익을 제한하거나 의무를 부과하는 경우(예 영업정지) 권익이 제한되거나 의무가 지속되는 기간의 계산은 민법과 달리 다음 각 호의 기준에 따른다. 다만, 다음 각 호의 기준에 따르는 것이 국민에게 불리한 경우에는 그러하지 아니하다. 1. 기간을 일, 주, 월 또는 연으로 정한 경우에는 기간의 첫날을 산입한다. 2. 기간의 말일이 토요일 또는 공휴일인 경우에도 기간은 그 날로 만료한다(행정기본법 제6조 제2항).

민원의 처리기간을 5일 이하로 정한 경우에는 민원의 접수시각부터 "시간" 단위로 계산하되, 공휴일과 토요일은 산입(算入)하지 아니한다. 이 경우 1일은 8시간의 근무시간을 기준으로 한다(민원처리법 제19조 제1항). 민원의 처리기간을 6일 이상으로 정한 경우에는 "일" 단위로 계산하고 첫날을 산입하되, 공휴일과 토요일은 산입하지 아니한다(제2항). 민원의 처리기간을 주·월·연으로 정한 경우에는 첫날을 산입하되, 「민법」 제159조부터 제161조까지의 규정을 준용한다(제3항).

2. 법령등 시행일의 기간 계산

법령등(훈령·예규·고시·지침 등을 포함)의 시행일을 정하거나 계산할 때에는 다음 각 호의 기준에 따른다. 1. 법령등을 공포한 날부터 시행하는 경우에는 공포한 날(훈령·예규·고시·지침 등은 발령한 날을 말한다)을 시행일로 한다. 2. 법령등을 공포한 날부터 일정 기간이 경과한 날부터 시행하는 경우 법령등을 공포한 날을 첫날에 산입하지 아니한다. 3. 법령등을 공포한 날부터 일정 기간이 경과한 날부터 시행하는 경우 그 기간의 말일이 토요일 또는 공휴일인 때에는 민법상의 원칙과 달리 그 말일로 기간이 만료한다(행정기본법 제7조).

법령 등의 공포일 또는 공고일은 해당 법령 등을 게재한 관보 또는 신문이 발행된 날로 한다(법령공포법 제12조).

Ⅱ. 행정에 관한 나이의 계산

행정에 관한 나이는 다른 법령등에 특별한 규정이 있는 경우를 제외하고는 출생일을 산입하여 만(滿) 나이로 계산하고, 연수(年數)로 표시한다. 다만, 1세에 이르지 아니한 경우에는 월수로 표시할 수 있다(행정기본법 제7조의2).

Ⅲ. 수수료 및 사용료

행정청은 특정인을 위한 행정서비스를 제공받는 자에게 법령으로 정하는 바에 따라 수수료를 받을 수 있다(행정기본법 제35조 제1항). 수수료란 행정서비스에 대한 금전적 대가를 말한다. TV수신료는 공영방송사업이라는 특정한 공익사업의 소요경비를 충당하기 위한 것으로서 수수료가 아니라 특별부담금에 해당한다(헌재 1999. 5. 27, 98헌바70). 수수료부과행위는 행정행위로서 수수료를 부과하려면 법령에 근거를 두어야 한다.

행정청은 공공시설 및 재산 등의 이용 또는 사용에 대하여 사전에 공개된 금액이나 기준에 따라 사용료를 받을 수 있다(행정기본법 제35조 제2항). 사용료란 공공시설 또는 공공재산에 대한 사용의 금전적 대가를 말한다. 사용료는 사용료(⑩ 행정재산 사용료), 이용료(⑩ 자연휴양림 등의 이용료), 점용료(⑩ 도로 점용료, 공유수면 점용료), 입장료(⑩ 자연공원 입장료) 등 다양한 명칭으로 사용되고 있다. 사용료부과행위는 행정행위로서 사용료를 부과하려면 법령에 근거를 두어야 한다. 일반재산에 대한 사용의 대가는 임대차계약으로 결정된다.

제1항 및 제2항에도 불구하고 지방자치단체의 경우에는 「지방자치법」(제153조, 제154조, 제156조)에 따른다(행정기본법 제35조 제3항).

제2부

행정조직법

제1장
행정조직법 개설

Ⅰ. 행정조직법의 의의

행정조직법은 행정주체의 조직에 관한 법을 말한다. 보다 구체적으로 정의하면 행정조직법은 행정기관의 설치, 폐지, 구성, 권한 및 행정기관 상호간의 관계를 정한 법이다.

Ⅱ. 행정조직법정주의

행정조직법정주의(行政組織法定主義)란 행정조직에 관한 사항은 기본적으로 법률로 정하여야 한다는 원칙을 말한다.

제 2 장

행정기관

Ⅰ. 행정기관의 개념

  행정기관이란 행정권한을 행사하는 행정조직의 구성단위를 말한다. 행정기관은 행정기관의 구성자인 공무원과는 구별된다. 행정기관은 그를 구성하는 공무원의 변경과 관계없이 통일적인 일체로서 존속한다.

  행정기관의 개념은 크게 나누어 행정작용법적 관점과 행정조직법적 관점에서 논해진다.

1. 행정작용법적 행정기관 개념

  행정작용법적 관점에서는 대외적으로 행정권한을 행사하는 행정기관을 중심으로 행정기관 개념을 구성한다. 즉, 스스로 의사를 결정하고 이를 자기의 이름으로 외부에 표시하는 권한을 가진 행정기관인 **행정청**을 중심으로 행정청과의 관계하에서 보조기관, 보좌기간, 자문기관, 집행기관, 지원기관 등의 행정기관이 행정청의 주위에 설치된다.

(1) 행정청

  행정청이란 행정의사를 결정하여 자신의 이름으로 외부에 표시할 수 있는 권한을 가진 행정기관을 말한다.

  행정청의 예로는 **독임제(獨任制) 행정청**으로 장관, 처장, 청장 및 외국(外局)의 장(경찰서장, 소방서장 등), 지방자치단체의 장(특별시장, 광역시장, 도지사, 시장, 군수), 권한의 위임을 받은 행정기관이 있다. **합의제(合議制) 행정청**으로 행정심판위원회, 토지수용위원회, 중앙선거관리위원회, 감사원, 배상심의회, 노동위원회, 소청심사위원회, 금융통화위원회가 있다. 위원회 중 의사를 결정하여 그 결정된 의사를 자기의 이름으로 대외적으로 표시할 수 있는 권한을 가진 위원회만 행정청이다. 대외적인 표시권이 없이 심리권이나 의결권만 갖고 있는 위원회(예 징계위원회)는 행정청이 아니다.

행정작용법상 행정청은 국가와 지방자치단체의 행정청뿐만 아니라 공공단체(이들을 본래의 행정청이라 한다) 그리고 이들 본래의 행정청으로부터 행정권한의 위임 또는 위탁을 받은 행정기관·공공단체 및 그 기관 또는 사인을 포함한다.[2]

(2) 보조기관

보조기관이란 국가와 지방자치단체의 행정청에 소속되어 행정청의 권한행사를 보조하는 것을 임무로 하는 기관을 말한다. 행정 각부의 차관, 차장, 실장, 국장, 과장, 팀장, 반장, 계장 및 지방자치단체의 부지사, 부시장, 국장, 과장 등이 이에 해당한다.

(3) 보좌기관

보좌기관이란 국가와 지방자치단체의 행정청 또는 그 보조기관을 보좌하는 기관을 말한다. 보좌기관은 참모기관 또는 막료기관이라고도 한다. 대통령실, 국무총리실, 행정 각부의 차관보, 담당관 등이 이에 해당한다.

(4) 의결기관

의결기관이란 행정주체의 의사를 결정하는 권한만을 가지고 이를 외부에 표시할 권한은 가지지 못하는 기관을 말한다. 의결기관의 예로는 각종 징계위원회, 지방의회 등이 있다.

행정청은 의결기관의 의결에 구속된다.

(5) 자문기관

자문기관이란 행정청에 의견(자문)을 제시하는 것을 임무로 하는 기관을 말한다. 자문기관은 합의제인 것이 보통이나 독임제인 것도 있다.

행정청은 자문기관의 의견에 구속되지 않는다.

---

2) 행정기본법에서 "행정청"이란 다음 각 목의 자를 말한다. 가. 행정에 관한 의사를 결정하여 표시하는 국가 또는 지방자치단체의 기관, 나. 그 밖에 법령등에 따라 행정에 관한 의사를 결정하여 표시하는 권한을 가지고 있거나 그 권한을 위임 또는 위탁받은 공공단체 또는 그 기관이나 사인(私人)(행정기본법 제2조 제2호).

(6) 심의기관

심의기관(⑩ 지역교육환경보호위원회)은 심의 및 의결을 하지만, 심의기관의 의결은 처분청에 대해 법적 구속력을 갖지 않는다. 다만, 처분청은 심의기관을 의결을 존중하는 것이 바람직하다. 그리고, 명칭이 심의기관이지만, 실질은 의결기관인 경우도 있다.

(7) 집행기관

집행기관이란 실력을 행사하여 행정청의 의사를 집행하는 기관을 말한다. 경찰공무원, 소방공무원, 세무공무원 등이 이에 해당한다.

2. 행정조직법적 행정기관 개념

행정조직법적 행정기관은 행정조직법상 권한인 행정사무를 수행하는 단위가 되는 행정주체의 기관을 말한다.

행정조직법적 관점에서는 어떻게 하면 행정업무를 적정하고 효율적으로 수행하도록 할 것인가라는 관점에서 행정기관을 구성하고 그 권한을 정한다.

행정조직법상 권한(행정사무)은 수평적으로 또한 수직적으로 배분된다.

(1) 수평적 권한배분

국가행정조직의 예를 들면 행정각부별로 권한(업무)이 수평적으로 배분되어 있다. 정부조직법은 행정 각부의 업무를 정하고 있다.

행정기관은 상호 타 기관의 권한을 존중하여야 한다. 그리고 행정기관은 업무의 처리에 있어 상호 협력하여야 한다.

(2) 수직적 권한배분

행정업무는 상하행정기관 사이에 수직적으로 배분된다. 행정기관의 장 – 국 – 과 – 계에 업무가 배분되는 것이 전형적인 예이다.

상급기관은 하급기관에 대한 지휘감독권을 갖고, 하급기관은 상급기관의 지휘명령에 복종하여야 한다.

3. 현행 실정법

정부조직법은 국가기관의 행정조직에 대하여 규율하고 있다. 정부조직법은 기본적으로 행정조직법적 행정기관 개념을 채택하고 있다. 지방자치단체의 행정조직에 대하여는 지방자치법이 규율하고 있다.

행정절차법(제2조 제1호)과 행정소송법(제2조 제2항)은 행정작용법적 행정기관 개념을 채용하고 있다.

4. 독임제 행정기관과 합의제 행정기관

행정기관은 그 구성원의 수에 따라 독임제 행정기관과 합의제 행정기관으로 나누어진다.

(1) 독임제 행정기관

독임제 행정기관이란 그 구성원이 1명인 행정기관을 말한다. 독임제 행정기관은 행정기관의 책임을 분명히 하고 신속한 행정을 할 수 있도록 하는 장점을 가지고 있다. 이러한 점 때문에 행정기관은 독임제가 원칙이다.

(2) 합의제 행정기관

1) 의   의

합의제 행정기관이란 그 구성원이 2명 이상이며 행정기관의 의사결정이 복수인 구성원의 합의에 의해 이루어지는 행정기관을 말한다. 합의제행정기관은 **위원회**라고도 한다.

합의제 행정기관은 행정기관의 독립성과 행정결정의 공정성이 요구되는 경우 또는 대립되는 이해의 공평한 조정이 요구되는 경우 등에 설치된다.

2) 종   류

합의제 행정기관에는 의결권과 함께 대외적인 표시권을 갖는 행정청인 경우(예 공정거래위원회, 노동위원회, 금융위원회, 감사원, 행정심판위원회 등), 의결권만을 갖는 의결기관인 경우(예 징계위원회), 동의기관인 경우(예 인사위원회), 심의권만을 갖는 심의기관인 경우(예 정보공개심의회)와 자문권만을 갖는 자문기관인 경우가 있다.

3) 결정의 구속력 등

의결기관의 결정은 구속력을 갖는다. 행정청이 의결기관의 결정과 다른 결정을 내리면 그 결정은 원칙상 무권한의 하자로 무효이다. 동의기관의 동의 없이 한 결정도 그러하다.

심의기관과 자문기관의 결정은 법적 구속력은 없다. 다만, 심의기관의 결정은 구속력은 없지만, 행정청에 의해 존중되어야 한다. 자문기관인 합의제행정기관에서는 통상 결정이 내려지지 않지만, 결정이 있는 경우에도 행정청은 그 결정으로부터 전적으로 자유롭다.

5. 행정주체와 행정기관

행정주체 중 국가와 지방자치단체는 스스로 행정작용을 하는 것이 아니라 행정기관을 통하여 행정작용을 행한다. 국가와 지방자치단체의 경우 국민과의 관계에서 행위를 하는 것은 행정기관이며 행정기관의 행위의 효과는 행정기관이 아니라 행정주체에게 귀속된다.

행정주체 중 지방자치단체 이외의 공공단체도 실제에 있어서는 그 기관을 통하여 행정작용을 하지만 협의의 공공단체의 기관은 행정기관이 아니며 그 기관구성은 행정조직의 문제가 아니다. 협의의 공공단체는 독립된 공법인이며 대외적인 행정작용을 할 때 공공단체 자체가 행정청이 된다. 공무수탁사인은 법인인 경우와 자연인인 경우가 있는데, 공무수탁사인이 행정작용을 행함에 있어서도 공무수탁사인 자체가 행정청이 된다. 즉, 협의의 공공단체와 공무수탁사인은 그 자신이 행정주체이면서 행정청이 된다.

Ⅱ. 국가행정기관과 지방행정기관

행정기관의 소속을 기준으로 국가행정기관과 지방행정기관으로 분류된다.

1. 국가행정기관

국가에 속하여 국가사무를 수행하는 행정기관을 **국가행정기관**이라 한다. 국가행정기관은 관할에 따라 중앙행정기관과 국가지방행정기관으로 구분된다.

중앙행정기관은 전국을 관할하는 행정기관이며 **국가지방행정기관**은 지방에 설치된 국가행정기관으로서 일정한 지역에 한하여 관할이 미치는 기관을 말한다. 「**정부조직법**」 제2조 제2항에 따르면 중앙행정기관은 정부조직법에 따라 설치된 부·처·청과 다음의 행정기관으로 한다. 방송통신위원회, 공정거래위원회, 국민권익위원회, 금융위원회, 원자력안전위원회, 개인정보보호위원회, 행정중심복합도시건설청, 새만금개발청.

국가지방행정기관은 국가의 보통지방행정기관과 국가의 특별지방행정기관으로 나눈다.

국가의 보통지방행정기관이란 관할구역 내에서 수행되는 국가의 행정사무를 일반적으로 관장하는 지방행정기관을 말한다. 우리나라에서는 국가의 보통지방행정기관을 별도로 설치하지 않고 지방자치단체의 장에게 국가사무를 기관위임하여 처리하도록 하고 있다(지방자치법 제102조). 지방자치단체의 장은 기관위임사무를 처리하는 한도 내에서는 국가기관, 즉 국가의 보통지방행정기관의 지위를 갖는다.

국가의 특별지방행정기관이란 특정 국가사무를 시행하기 위하여 지방에 설치된 국가행정기관을 말한다. 지방국토관리청, 지방환경관리청, 시·도경찰청, 세무서, 경찰서, 세관 등이 이에 해당한다.

2. 지방행정기관

지방행정기관이란 지방자치단체에 속하여 지방자치단체의 사무를 수행하는 행정기관을 말한다. 지방자치단체의 집행기관(⑩ 지방자치단체의 장, 교육감), 지방의회, 시·도경찰위원회 등이 이에 해당한다.

제 3 장
행정청의 권한

Ⅰ. 권한의 의의

행정청의 권한이란 행정청이 행정주체를 대표하여 의사를 결정하고 표시할 수 있는 범위를 말한다.

Ⅱ. 행정권한법정주의

행정권한법정주의(行政權限法定主義)란 행정청의 권한은 원칙상 법률에 의해 정해져야 한다는 원칙을 말한다. 다만, 권한에 관한 세부적인 사항은 명령에 위임할 수 있다.

Ⅲ. 권한의 한계

행정청의 권한에는 사항, 지역, 상대방, 형식에 따른 일정한 한계가 있다.

1. 사항적 한계

행정청의 소관사무의 범위는 국가에 있어서는 정부조직법에 의해 정해지고 지방자치단체의 경우에는 지방자치법에 의해 정해진다.

행정청의 대외적인 개별적 권한은 개별작용법규에 의해 정해진다. 행정법규 위반에 대한 허가의 취소권, 영업정지권 등이 그 예이다.

행정청은 법률유보의 원칙이 적용되는 경우 작용법에서 정한 권한의 범위

내에서 권한을 행사하여야 하고, 행정지도(⑩ 권고)와 같이 작용법적 법률의 근거가 필요 없는 경우에 행정청은 조직규범에 의해 정해진 사항적 한계(소관사무의 범위) 내에서 권한을 행사하여야 한다.

2. 지역적 한계

행정청의 권한은 지역적으로 미치는 범위가 한정되어 있다. 국가의 중앙행정관청의 권한은 전국적으로 미치지만 국가의 특별지방행정관청 및 지방자치단체의 행정청의 권한은 일정한 지역에 한정된다. 다만, 행정청에 의한 처분의 효과가 처분행정청의 관할구역을 넘어 미치는 경우도 있다. 예를 들면, A지방경찰청장이 부여한 운전면허는 전국적으로 효력을 갖는다.

3. 대인적 한계

행정청의 권한이 미치는 인적 범위가 한정되는 경우가 있다. 지방자치단체의 장의 권한은 원칙상 지방자치단체의 주민에 한정되고, 국공립대학교 총장의 권한은 그 소속직원과 학생에게만 행사될 수 있다.

4. 형식적 한계

행정청의 권한에 권한행사의 형식에 따른 한계가 정해져 있는 경우가 있다. 예를 들면, 법령상 문서에 의해 행정행위를 하도록 규정하고 있는 경우가 있다.

Ⅳ. 권한의 효과

1. 외부적 효과

행정청은 독립된 법인격을 갖지 않고 행정주체를 대표하는 기관이므로 행정청의 대외적인 권한행사의 법적 효과는 행정청 자신이 아니라 행정주체에 귀속된다.

법령에서 정해진 행정권한의 한계를 벗어난 행정권 행사는 주체의 하자(무권한의 하자)가 있는 위법한 행위가 되며 무권한의 하자는 원칙상 무효사유가 된다.

2. 내부적 효과

행정청의 권한은 행정청 상호간에 있어서 활동범위의 한계를 정한다. 즉, 행정청은 권한의 범위 내에서 활동할 수 있고, 다른 행정청의 권한에 속하는 행위를 할 수 없다.

이러한 제한은 대등한 행정청 사이에서뿐만 아니라 상하관계의 행정청 사이에서도 타당하다. 즉, 상급관청이라 하여도 법령의 명시적인 규정이 없는 한 하급관청의 권한 내에 속하는 행위를 할 수 없다.

V. 권한의 대리

1. 권한의 대리의 의의

권한의 대리란 행정청의 권한의 전부 또는 일부를 다른 행정기관(다른 행정청 또는 보조기관)이 대신 행사하고 그 행위가 피대리행정청의 행위로서 효력을 발생하는 것을 말한다.

2. 종   류

대리는 발생원인에 따라 수권대리(임의대리)와 법정대리로 구분된다.

수권대리란 피대리관청의 수권에 의해 대리관계가 발생하는 경우를 말한다. 임의대리라고도 한다.

법정대리는 일정한 법정사실이 발생한 경우에 수권행위 없이 법령의 규정에 의하여 대리관계가 발생하는 경우를 말한다. 직무대리규정(대통령령)은 직무대리(기관장, 부기관장이나 그 밖의 공무원에게 사고가 발생한 경우에 직무상 공백이 생기지 아니하도록 해당 공무원의 직무를 대신 수행하는 것)를 규율하고 있는데(제3조), 동규정상의 직무대리는 법정대리이다.

3. 대리권의 행사방식

권한의 대리에는 민법 제114조의 현명주의(顯名主義) 및 제125조 및 제126조의 표현대리(表見代理)에 관한 규정이 유추적용된다.

① 현명주의: 대리자는 피대리관청과의 대리관계를 표시하여 대리권을 행사하여야 한다.

② 대리자가 피대리행정청의 이름으로 대리권을 행사한 경우에도 적법하다고 보아야 할 것이다.

4. 대리권 행사의 효과

법상 권한은 여전히 수권행정청이 가지며 대리권 행사의 법적 효과는 피대리행정청이 속한 행정주체에 귀속된다.

처분청은 피대리관청이며 대리행위에 대한 항고소송은 피대리관청을 피고로 하여 제기하여야 한다.

5. 대리권 없는 대리자의 행위의 효력

대리권 없는 자가 대리자로서 행한 행위는 무권한의 행위로 원칙상 무효이다(대판 1967. 1. 29, 67다1694). 다만, 상대방이 행위자에게 대리권이 있다고 믿을 만한 상당한 이유가 있을 때에는 표현대리가 성립되어 당해 행정행위가 유효하게 된다.

표현대리라 함은 대리권이 없음에도 불구하고 마치 대리권이 있는 것과 같은 외관을 나타내는 경우에 그 외관을 신뢰한 자를 보호하기 위해 무권대리행위의 무효를 주장할 수 없게 하는 제도이다.

Ⅵ. 권한의 위임

1. 권한의 위임의 의의

권한의 위임이란 행정청이 그의 권한의 일부를 다른 행정기관(수임기관)에 이전하여 수임기관의 권한으로 행사하게 하는 것을 말한다. 광의의 권한의 위임 중 지휘감독하에 있는 행정기관에 대한 위임을 협의의 권한의 위임이라 하고, 지휘감독하에 있지 않는 행정기관이나 단체에 대한 위임을 권한의 위탁이라 한다.

촉탁이란 권한의 위탁 중에서 등기, 소송에 관한 사무를 위탁하는 것을 말한다.

권한의 위임은 다음과 같은 개념과 구별된다.

① **내부위임과의 구별:** 내부위임이란 행정청이 보조기관 또는 하급행정기관에게 내부적으로 일정한 사항의 결정권을 위임하여 수임기관이 위임청의 이름으로 그의 권한을 사실상 대리행사하도록 하는 것을 말한다. 내부위임에서는 대외적으로 권한의 이전이 없는 점에서 권한의 위임과 구별된다.

권한위임의 경우에는 수임자가 자기의 이름으로 그 권한을 행사할 수 있다할 것이나 내부위임의 경우에는 수임자는 위임청의 이름으로 이를 할 수 있을 뿐 자기의 이름으로는 할 수 없다.

② **위임전결과의 구별: 위임전결(委任專決)**이란 행정청 내의 의사결정권을 보조기관에 위임하여 당해 보조기관의 결재로써 행정청의 내부적인 의사결정이 확정되도록 하는 것을 말한다. 위임전결에서는 대외적으로 권한의 이전이 없는 점에서 권한의 위임과 구별된다.

위임전결과 내부위임은 모두 행정청의 권한이 내부적으로만 이전되는 점에서 동일하지만, 위임전결은 원칙상 결재단계에 있는 행정청의 보조기관에 대하여 부여되지만, 내부위임은 행정청의 보조기관뿐만 아니라 하급행정청에 대하여도 행하여지는 점(⑩ 서울시장의 권한을 구청장에게 내부위임하는 것)에서 차이가 있다.

③ **대결과의 구별: 대결(代決)**이란 결재권자가 휴가·출장 기타의 사유로 결재할 수 없는 때에 그 직무를 대리하는 자가 그에 갈음하여 외부에 표시함이 없이 대신 결재하는 것을 말한다. 대결에서는 권한의 이전이 없는 점에서 권한의 위임과 구별된다. 대결에 관한 사항은 행정규칙으로 정한다.

대결은 권한을 내부적으로 대신 행사한다는 점에서는 위임전결이나 내부위임과 동일하지만, 내부적으로라도 권한의 이전이 없고 결재를 대리하는 것이고, 또한 대결은 일시적으로만 행하여진다는 점에서 계속적으로 권한이 내부적으로 이전되는 위임전결 및 내부위임과 구별된다.

④ **권한의 이양과의 구별:** 권한의 위임이나 권한의 이양(移讓)이나 대외적으로 권한의 이전이 있는 점에서는 같지만, 권한의 위임의 경우에는 권한을 정하는 법령의 규정은 그대로 둔 채 별도의 위임규정에 근거하여 권한이 위임되는 경우를 말하고, **권한의 이양**이란 권한을 정하는 법령 자체를 개정하여 권한을 다른 행정

기관의 고유한 권한으로 이관시키는 것을 말한다.

예를 들면, 국가의 권한을 지방자치단체에 이전함에 있어서 국가의 권한을 지방자치단체의 장에게 이전하는 것은 협의의 권한의 위임이고, 지방자치단체에게 위임하는 것은 권한의 위탁이며 법령을 개정하여 국가사무를 지방자치단체의 고유사무(자치사무)로 변경하는 것은 권한의 이양이다.

권한의 위임의 경우에 위임기관은 수임기관의 권한행사를 지휘감독할 수 있으나, 권한의 이양의 경우에는 지휘감독관계가 성립하지 않는다.

2. 위임의 근거

권한의 위임은 법률이 정한 권한분배를 대외적으로 변경하는 것이므로 법률의 명시적 근거를 필요로 한다.

3. 수임기관

(1) 보조기관 및 하급행정청에 대한 위임

보조기관이나 하급행정청에 대한 위임은 위임에 있어 수임기관의 동의를 요하지 않는다.

(2) 지방자치단체 등의 기관에 대한 위임

행정기관의 권한의 일부를 다른 행정기관에 위임하는 것을 **기관위임**이라 하며 기관위임된 사무를 **기관위임사무**라 한다.

예를 들면, 국가사무가 지방자치단체의 장에게 위임된 경우, 광역자치단체의 사무가 기초자치단체의 장에게 위임된 경우, 지방자치단체의 사무가 국가기관에게 위임된 경우(⑩ 신호등의 관리가 지방경찰청장에게 위임된 경우) 기관위임에 해당한다.

기관위임의 경우 수임기관은 위임청이 속한 행정주체의 기관의 지위를 가지며 수임기관의 기관위임사무 처리의 법적 효과는 관리주체인 위임청이 속한 행정주체에 귀속된다.

지방자치단체의 기관은 국가의 기관위임사무를 수행함에 있어서는 국가기관의 지위에 서고 위임청의 지휘감독을 받는 하급행정기관이 된다고 보는 것이 일반적 견해이다.

4. 위임의 효과

권한이 위임되면 위임기관은 그 사무를 처리할 권한을 잃고 그 권한은 수임기관의 권한이 된다. 수임기관은 자기의 이름과 책임 아래 그 권한을 행사한다.

내부위임의 경우에 권한이 대내적으로 이전될 뿐이며 대외적으로는 이전되지 않는다. 따라서 수임기관은 수임사무의 처리를 위해 처분을 할 때에는 위임청의 이름으로 하거나 내부위임관계를 명시하여야 한다.

Ⅶ. 권한의 위탁

1. 권한의 위탁의 의의

권한의 위탁이란 국가 또는 지방자치단체가 행정권한을 독립적 지위에 있는 자(예 공공단체 또는 사인 등)에게 위탁하는 것을 말한다. 수탁받는 자는 단체(사단 또는 재단, 공공단체 또는 사법인)인 경우도 있고, 개인인 경우도 있다.

2. 법적 근거

권한의 위탁은 법률이 정한 권한을 이전하는 것이므로 행정권한을 위탁함에 있어서는 법률의 근거가 있어야 한다.

3. 위탁의 유형

위탁은 위탁기관과 수탁사인 사이의 관계를 기준으로 위탁, 대행, 보조위탁으로 구분할 수 있다. 실정법률상 대행이라는 용어를 사용하는 경우에도 실질에 있어서는 권한의 대행이 아니라 권한의 위탁인 경우(예 국토교통부장관의 고속국도에 관한 권한의 한국도로공사의 대행)도 있다.

정부조직법 제6조 제3항, 지방자치법 제104조 제3항, 행정권한의 위임 및 위탁에 관한 규정은 협의의 위탁, 대행위탁과 보조위탁을 구분함이 없이 광의의 위탁 개념을 사용하고 있다.

(1) 협의의 위탁

협의의 위탁이라 함은 행정기관의 권한이 위탁에 의해 독립적 지위에 있는 공공단체 또는 사인 등에게 법적으로 이전되는 경우를 말한다. 협의의 위탁의 경우 행정권한이 독립된 법주체인 공무수탁자에게 법적으로 이전되는 것이므로 공무수탁자는 자율적으로 의사를 결정하여 자신의 이름으로 행정권한을 행사할 수 있고, 그 행정권 행사의 법적 효과는 공무수탁자에게 귀속된다.

(2) 권한의 대행(대행위탁)

권한의 대행이란 대행자에게 행정권 행사를 사실상 독립적으로 행하는 권한이 주어지지만, 위탁기관(피대행기관)의 권한이 법적으로는 이전되지 않는 경우를 말한다. 자동차등록의 대행, 자동차검사의 대행을 그 예로 들 수 있다.

권한의 대행은 권한의 대리와 유사한 것으로 볼 수 있다.

권한의 대행에서는 권한의 행사가 사실상 대행기관으로 이전되지만, 법상의 처분권이 이전되는 것은 아닌 점에서 협의의 위탁과 구별된다. 권한의 위탁의 경우에는 수탁자가 자신의 이름으로 권한을 행사하고, 그 권한행사의 효과는 수탁자에게 귀속된다. 이에 반하여 권한의 대행에 있어서 대행기관은 자신의 이름으로 권한을 행사하지만, 대행의 법적 효과는 피대행기관이 속한 행정주체에 귀속된다.

(3) 보조위탁

보조위탁이란 위탁에 의해 행정기관의 권한이 수탁자에게 이전되지 않고, 수탁자는 위탁기관의 행정보조자로서 활동하는 경우를 말한다. 보조수탁자는 권한행사를 독립적으로 할 수 없고, 위탁기관의 지시를 받아 권한을 행사한다. 보조수탁자는 위탁기관을 보조하는 지위를 가지며 위탁기관의 도구에 불과하다. 보조위탁의 경우 행정권 행사의 법적 효과는 위탁기관이 속한 행정주체에 귀속되며 공무수탁자는 행정권한의 상대방 및 제3자와의 관계에서 권리의무의 주체가 되지 못한다.

보조위탁은 권한의 이전을 수반하지 않으므로 법률의 근거 없이도 가능하다.

제 4 장

행정기관 상호간의 관계

Ⅰ. 상하행정관청간의 관계

상급관청은 하급관청 또는 보조기관(이하 '하급기관'이라 한다)을 지휘감독하는 관계에 있다. 상급관청의 지휘감독권의 내용으로는 감시권, 지휘권(훈령권), 인가·승인권, 취소·정지권, 권한쟁의결정권 등이 있다.

1. 감시권

상급관청은 하급기관의 업무처리에 관하여 조사할 수 있다. 상급관청은 하급기관의 업무처리상황을 파악하기 위하여 보고를 받고, 서류·장부를 검사하고, 사무감사를 행할 수 있다.

2. 훈령권

(1) 훈령의 의의

훈령이란 상급청이 하급기관의 권한행사를 지휘하기 위하여 발하는 명령을 말한다. 훈령은 개별적·구체적 처분에 대하여 발령되기도 하고, 동종의 처분에 대하여 일반적·추상적 규범의 형식으로 발령되기도 한다.

훈령은 직무명령과 다음과 같이 구별된다. ① 훈령은 상급청이 하급기관에 대하여 그 소관사무에 관하여 발하는 명령인 반면에 **직무명령**은 상관이 부하인 공무원 개인에 대하여 그 직무에 관하여 발하는 명령이다. ② 훈령은 행정기관에 대하여 발령된 것이기 때문에 행정기관을 구성하는 공무원이 변경된 경우에도 계속 효력을 갖지만, 직무명령은 직무명령을 받은 공무원 개인에 대하여서만 효력을 갖기 때문에 공무원이 그 지위에서 물러나면 효력을 상실한다. ③ 훈령은 하급기관의 소관사무에 관한 권한행사를 대상으로 하는 반면에 직무명령은 공무원의 직무를 대상으로 한다. 따라서, 직무명령은 공무원의 소관사무에 관한 권한행사뿐만 아니라 공무원의 직무수행과 관련한 활동도 대상으로 한다. ④ 이와 같이 훈령과 직무명령은 구별되지만, 훈령은 하급기관을 구성하는 공무원에 대하여는 동시에 직무명령으로서의 성질도 갖는다.

(2) 훈령의 근거

상급기관의 훈령권은 특별한 법적 근거를 요하지 아니하고 감독권의 당연한 결과로서 인정된다.

(3) 훈령의 종류

훈령에는 행정규칙의 성질을 갖는 것도 있고 그렇지 않은 것도 있다. 훈령 중 일반적·추상적 규범의 형식으로 발령되는 것은 **행정규칙**에 해당한다.

(4) 훈령의 성질 및 구속력

1) 훈령의 성질과 대내적 구속력

훈령은 하급기관에 대한 지시 내지 명령의 성질을 가지며 하급기관은 훈령에 구속된다. 훈령 위반은 명령복종의무 위반이 되므로 훈령 위반자는 징계의 대상이 된다.

2) 훈령의 대외적 구속력

훈령은 대내적 구속력은 있으나 원칙상 대외적 구속력은 없다. 따라서, 훈령에 위반하여 행한 행위가 훈령에 위반하였다는 사실만으로 위법하게 되지 않는다.

훈령 중 일반적이고 추상적인 규범의 형식을 취하는 것은 행정규칙의 성질을 가지며 행정규칙의 유형(해석규칙, 재량준칙 등)에 따른 구속력을 갖는다.

(5) 훈령의 경합

둘 이상의 상급관청의 훈령이 상호 모순되는 경우에 하급기관은 주관상급관청의 훈령을 따라야 한다.

상호 모순되는 훈령을 발한 상급관청이 서로 상하의 관계에 있는 경우에는 행정조직의 계층적 질서를 보장하기 위하여 직근 상급관청의 훈령에 따라야 한다.

3. 승인권

(1) 의   의

행정청이 일정한 권한행사를 하는 경우에 상급관청 또는 감독관청의 승인을 받도록 하고 있는 경우가 있다. 이 인가는 사전적인 감독수단의 하나이다.

(2) 승인의 성질

승인은 행정조직법상의 내부행위이며 행정행위인 인가(승인)와는 성질이 다르다.

4. 주관쟁의결정권

상급행정청은 하급행정청 상호간에 권한에 관한 다툼이 있을 때에 권한 있는 기관을 결정하는 권한을 갖는데, 이 권한을 **주관쟁의결정권**이라 한다.

행정청 간에 권한에 관한 다툼이 있는 경우에는 해당 행정청을 공통으로 감독하는 상급행정청이 그 관할을 결정하며, 공통으로 감독하는 상급행정청이 없는 경우에는 각 상급행정청의 협의로 그 관할을 결정한다(행정절차법 제6조). 공통의 상급관청 사이에 협의가 이루어지지 않을 때에는 최종적으로는 행정 각 부간의 주관쟁의가 되어 국무회의의 심의를 거쳐 대통령이 결정한다(헌법 제89조 제10항).

주관쟁의를 결정할 상급기관이 없는 경우 중 일정한 경우에는 기관소송 또는 권한쟁의심판에 의해 해결된다.

5. 취소 · 정지권

상급행정청은 법적 근거가 없는 경우에도 지휘감독권에 근거하여 하급행정청의 위법 또는 부당한 행위를 취소 또는 정지할 수 있는가에 관하여 이를 긍정하는 적극설과 이를 부정하는 소극설이 대립하고 있는데, 권한법정주의의 원칙상 소극설이 타당하다.

6. 대집행권

명문의 규정이 없는 한 상급행정청에게 하급행정청의 권한을 대집행할 권한은 없다.

Ⅱ. 대등행정관청간의 관계

1. 권한의 상호 존중

대등한 행정청은 서로 다른 행정청의 권한을 존중하여야 하며 그를 침범하여서는 아니 된다. 대등 행정청 사이의 권한존중의 원칙은 행정법상 법의 일반원칙이라고 할 수 있다.

행정청의 행위는 권한존중의 원칙에 근거하여 무효가 아닌 한 구성요건적 효력(또는 공정력)을 가지므로 다른 행정청은 이에 구속된다.

2. 상호 협력관계

행정절차법은 행정청 상호간의 협조의무를 규정하고 있고(행정절차법 제7조), 대통령령인 「행정효율과 협업 촉진에 관한 규정」은 제41조 이하에서 행정 협업의 촉진에 관한 사항을 규정하고 있다.

(1) 협의 · 동의 · 공동결정
1) 협   의

관계기관의 협의의견은 원칙상 주무행정청을 구속하지 않는다. 그러나 협의의견이 실질에 있어 동의인 경우(군사기지 및 군사시설 보호구역내에서의 건축 및 토지형질의 변경에 대한 국방부장관 및 관할부대장의 협의)에는 주무행정청을 구속한다.

2) 동   의

주무행정청은 업무처리에 관한 결정을 함에 있어 동의기관의 동의를 받아야 한다. 예를 들면, 건축허가는 시장 · 군수가 권한을 갖지만 소방서장의 동의를 얻어야 한다.

처분청은 동의기관의 동의의견 또는 부동의의견에 구속된다.

동의를 받아야 함에도 동의 없이 한 처분은 무권한의 하자로 원칙상 무효로 보아야 한다.

3) 공동결정

행정업무가 둘 이상의 행정청의 권한과 관련되어 있고 관계행정청 모두 주된 지위에 있으며 동일하게 업무와 깊은 관계가 있는 경우에는 모든 관계행정청이 주무행정청이 되며 이 경우에 업무처리는 공동의 결정에 의해 공동의 명의로 하게 된다.

(2) 사무위탁(촉탁)

행정청이 사무를 스스로 처리하지 않고 그의 지휘감독하에 있지 아니하고 대등한 지위에 있는 다른 행정청에 맡기고자 하는 경우에 전술한 사무위탁의 방식에 의해 다른 행정청의 협력을 받을 수 있다. 사무위탁 중에서 등기·소송에 관한 사무의 이양을 촉탁이라 한다.

(3) 행정응원

대등한 행정청 상호간의 협력의 요청과 이에 따른 협력의 제공을 **행정응원**이라 한다.

행정응원요청에는 법적 근거가 필요 없다. 행정절차법 제8조는 행정응원에 관한 일반적 규정을 두고 있다.

제 5 장
지방자치법

제 1 절 지방자치의 의의와 근거

지방자치란 지방에 고유한 사무를 지방자치단체가 자율적으로 처리하도록 하는 것을 말한다.

헌법은 제117조 이하에서 지방자치를 보장하고 있다. 헌법 제117조 및 제118조가 보장하고 있는 지방자치의 본질적 내용은 자치단체의 존재의 보장, 자치기능의 보장 및 자치사무의 보장을 말한다.

지방자치는 헌법에 반하지 않는 한도 내에서 입법권에 의해 보장된다. 지방자치법과 여러 개별법률에 의해 지방자치제도가 형성되고 있다. 지방자치에 관한 법률로는 지방자치에 관한 기본법인 지방자치법과 지방공무원법, 주민투표법, 주민소환에 관한 법률, 지방재정법, 지방공기업법, 지방세법, 지방교부세법, 지방자치단체 기금관리기본법, 주민등록법, 서울특별시행정특례에 관한 법률, 제주도행정체제 등에 관한 특별법, 국제자유도시조성을 위한 특별법, 지방교육자치에 관한 법률, 지방교육재정교부금법, 지방분권 및 지방행정체제개편에 관한 특별법, 국가균형발전특별법 등이 있다. 이외에 도로법, 하천법 등에도 지방자치에 관한 규정이 있다.

제 2 절 지방자치단체

I. 지방자치단체의 의의

지방자치단체란 국가로부터 독립하여 자치권을 행사하는 법인격이 부여된 지역적 단체를 말한다. 지방자치단체는 구역, 주민, 자치권 및 법인격을 본질적 구성요소로 한다.

II. 지방자치단체의 종류

지방자치단체는 그 조직 및 권한의 일반성 또는 특수성에 따라 보통지방자치단체와 특별지방자치단체로 나누어진다.

1. 보통지방자치단체

보통지방자치단체로는 광역자치단체인 특별시, 광역시, 특별자치시, 도· 및 특별자치도와 기초자치단체인 시·군 및 자치구가 있다. 기초자치단체인 시 중 인구 50만 이상 대도시의 행정, 재정운영 및 국가의 지도·감독에 대해서는 그 특성을 고려하여 관계법률로 정하는 바에 따라 특례를 둘 수 있다(제198조 제2항).

제주특별자치도 내에는 자치단체인 시·군을 두지 않는다(제주도 행정체제등에 관한 특별법 제3조).

2. 특별지방자치단체

특별지방자치단체는 특별한 목적을 위하여 설립되며 하나 또는 그 이상의 일정한 분야에 한정된 권한만을 갖는다.

2개 이상의 지방자치단체가 공동으로 특정한 목적을 위하여 광역적으로 사무를 처리할 필요가 있을 때에는 특별지방자치단체를 설치할 수 있다. 이 경우 특별지방자치단체를 구성하는 지방자치단체(이하 "구성 지방자치단체"라 한다)는 상호 협의에 따른 규약을 정하여 구성 지방자치단체의 지방의회 의결을 거쳐 행정안전부장관의 승인을 받아야 한다(제199조 제1항). 특별지방자치단체는 법인으로 한다(제3항).

Ⅲ. 기초자치단체와 광역자치단체의 관계

기초자치단체와 광역자치단체는 법적으로는 대등한 지위를 갖는다. 광역자치단체는 기초자치단체의 상급기관은 아니며 광역자치단체의 지위에서 기초자치단체를 지휘감독하는 권한을 갖지 않는다.

그러나 현행 지방자치법은 다음과 같은 제도를 규정함으로써 광역자치단체가 사실상 부분적으로 기초자치단체의 상급기관의 지위를 갖는 결과를 가져오고 있다. ① 지방자치법은 광역자치단체의 장을 기초자치단체의 감독기관으로 규정하고 있다. 이 경우 광역자치단체의 장은 국가기관의 지위에서 기초자치단체를 감독하는 것이지만 이를 통하여 광역자치단체의 장이 기초자치단체의 상급기관인 것으로 잘못 인식될 수 있다. ② 지방자치법은 광역자치단체의 장의 업무를 기초자치단체의 장에게 기관위임할 수 있는 것으로 규정하고 있다(법 제117조 제2항). 기초자치단체의 장이 광역자치단체의 사무를 기관위임받아 처리하는 경우에는 광역자치단체의 장의 일반적 지휘감독을 받는다(법 제185조 제2항). ③ 지방자치법상 광역자치단체의 장은 기초자치단체 상호간 또는 기초자치단체의 장 상호간의 분쟁을 조정하는 권한을 가진다(법 제165조, 제166조).

Ⅳ. 지방자치단체의 관할 및 구성

특별시, 광역시, 특별자치시, 도, 특별자치도(이하 '시·도'라 한다)는 정부의 직할로 두고, 시는 도의 관할구역 안에, 군은 광역시, 특별자치시나 도의 관할구역 안에 두며, 자치구는 특별시와 광역시의 관할구역 안에 둔다(법 제3조 제2항).

특별시, 광역시 및 특별자치시가 아닌 인구 50만 이상의 시에는 자치구가 아닌 구를 둘 수 있고, 군에는 읍·면을 두며, 시와 구(자치구를 포함한다)에는 동을, 읍·면에는 리를 둔다(법 제3조 제3항).

시는 그 대부분이 도시의 형태를 갖추고 인구 5만 이상이 되어야 한다(법

제10조 제1항).

읍은 그 대부분이 도시의 형태를 갖추고 인구 2만 이상이 되어야 한다. 다만, 다음의 어느 하나에 해당하면 인구 2만 미만인 경우에도 읍으로 할 수 있다 (법 제10조 제3항): ① 군사무소 소재지의 면, ② 읍이 없는 도농복합형태의 시에서 그 시에 있는 면 중 1개면.

V. 지방자치단체의 기관

지방자치단체의 기관에는 의결기관(지방의회)과 집행기관(지방자치단체의 장 등)이 있다. 그런데, 비교법적 고찰을 하면 의결기관과 집행기관이 통합되어 있는 입법례도 있고, 의결기관과 집행기관이 상호 독립되어 있는 경우도 있다. 전자를 기관통합형이라 하고, 후자를 기관대립형이라 할 수 있다. 우리나라는 기관대립형을 취하고 있다.

지방의회와 지방자치단체의 장은 상호 독립되어 있으며 견제와 균형을 도모하는 관계에 있다.

제 3 절   지방자치단체의 사무

I. 의   의

지방자치단체의 사무란 지방자치단체가 사무의 관리주체가 되는 사무를 말한다. 지방자치단체의 사무는 지방자치단체가 책임을 지고 처리한다. 따라서, 지방자치단체의 사무에 대하여 지방의회가 원칙적으로 개입할 수 있으며 사무처리의 효과는 지방자치단체에 귀속된다.

지방자치단체의 사무에는 자치사무와 단체위임사무가 있다.

기관위임사무는 지방자치단체의 장이 처리하지만 그 성질은 국가 또는 시 · 도의 사무이며 지방자치단체의 사무는 아니다. 따라서, 기관위임사무의 처리효과는 국가 등 위임기관이 속한 행정주체에 귀속된다.

Ⅱ. 지방자치단체의 사무의 종류

1. 자치사무

자치사무는 지방자치단체의 존립목적이 되는 사무이다. 지방자치단체는 지역적 이해관계가 있는 지역에 고유한 사무를 자율적으로 처리하도록 창설되었다. 그러므로 자치사무는 지방자치단체에 고유한 사무이며 **고유사무**라고도 불린다.

2. 단체위임사무

단체위임사무란 국가 또는 지방자치단체 등으로부터 지방자치단체에게 위임된 사무를 말한다. 지방자치법 제13조 제1항의 '법령에 따라 지방자치단체에 속하는 사무'는 단체위임사무를 말한다.

단체위임사무는 본질적으로는(실질은) 위임자인 국가 또는 지방자치단체의 사무이지만 위임자인 국가 또는 지방자치단체 등과 수임자인 지방자치단체가 함께 이해관계를 가지는 사무인 경우도 적지 않다.

그러나 단체위임사무는 법적으로는 지방자치단체가 책임을 지고 처리하며 그 효과도 지방자치단체에 귀속되는 지방자치단체의 사무이다.

3. 기관위임사무

기관위임사무란 국가 또는 지방자치단체 등으로부터 지방자치단체의 장에게 위임된 사무를 말한다.

기관위임사무는 지방자치단체의 집행기관에 의해 행해지지만 그 사무의 성질은 국가 등의 사무이며 그 사무를 집행하는 지방자치단체의 집행기관은 기관위임사무를 수행하는 경우에는 지방자치단체의 기관이 아니라 위임자인 국가 또는 지방자치단체의 기관의 지위를 가진다.

Ⅲ. 단체위임사무와 기관위임사무의 구별기준

일반적으로 단체위임사무와 기관위임사무의 구별기준을 수임자가 지방자치단체인가 아니면 지방자치단체의 집행기관인가에 두고 있다. 단체위임사무는

지방자치단체에게 위임된 사무이고, 기관위임사무는 지방자치단체가 아닌 지방
자치단체의 기관에 위임된 사무라고 본다.

그런데 법령에서 지방자치단체의 장에게 위임하고 있는 경우에도 사무의
성질, 비용부담, 위임기관의 감독 등에 관한 관련규정들을 고려하면 실제에 있
어서는 지방자치단체에 위임된 단체위임사무라고 해석하는 것이 타당한 경우도
있다.

Ⅳ. 자치사무와 국가의 기관위임사무의 구별기준

법령에서 자치사무인가 국가사무인가를 명확히 정한 경우에는 그에 따른
다. 이에 관한 명문의 규정이 없는 경우에는 권한규정, 비용부담규정, 감독규정,
사무귀속주체 및 책임귀속주체와 함께 사무의 성질 등을 종합적으로 고려하여
당해 사무가 자치사무인가 국가사무인가를 결정하여야 한다.

사무의 성질을 보아 문제의 사무가 주로 지역적 이익에 관한 사무이며 지
역의 특성에 따라 다르게 처리되는 것이 타당한 사무인 경우에는 자치사무로
보아야 하고, 문제의 사무가 국가적 이익에 관한 사무이고 국가적으로 통일적으
로 처리될 사무이면 국가의 기관위임사무라고 보아야 한다. 이와 함께 비용부
담, 최종적인 책임귀속의 주체, 지휘감독 등에 관한 관련법규정을 고려하여 개
별사무별로 판단하여야 한다.

제 4 절   지방자치단체의 조례제정권

Ⅰ. 조례의 의의와 성질

조례는 지방자치단체가 지방의회의 의결로 제정하는 법규이다.

자치조례는 주민의 대표기관인 지방의회가 제정하는 법규범인 점에서 지방
자치단체의 자치법이며 법률에 준하는 성질을 갖는다. 따라서, 법규명령의 제정
에는 원칙상 상위 법령의 위임이 있어야 하며 그 위임은 구체적 위임이어야 하

지만 자치조례(지방자치단체의 사무에 관한 조례)의 제정에 있어서는 원칙상 법령의 근거를 요하지 않고, 법령의 수권을 요하는 경우(권리를 제한하거나 의무를 부과하거나 벌칙을 정하는 경우)에도 법률의 구체적 위임이 반드시 요구되는 것은 아니며 어느 정도 포괄적 위임도 가능하다.

Ⅱ. 위임조례와 직권조례, 자치조례

위임조례는 법령의 위임에 의해 제정되는 조례를 말하고, 직권조례는 법령의 위임 없이 제정되는 조례를 말한다.

기관위임사무에 관한 조례 및 지방자치단체의 사무에 관한 조례 중 주민의 권리를 제한하거나 의무를 부과하거나 벌칙을 정하는 조례는 법령의 위임이 있어야 한다.

자치조례는 지방자치단체의 사무에 관한 조례를 말한다. 자치조례에는 직권조례와 지방자치단체의 사무에 관한 위임조례가 있다.

Ⅲ. 조례제정권의 범위

조례는 지방자치단체의 사무, 즉 고유사무와 단체위임사무에 관하여는 법령의 위임 없이도 제정될 수 있다. 그러나 기관위임사무는 국가사무이므로 법령의 위임이 있는 경우에 한하여 조례가 제정될 수 있다.

Ⅳ. 법률유보의 문제

지방자치단체는 그 내용이 주민의 권리의 제한 또는 의무의 부과에 관한 사항이거나 벌칙에 관한 사항이 아닌 한 법률의 위임이 없더라도 그의 사무에 관하여 조례를 제정할 수 있다. 그러나 주민의 권리제한 또는 의무부과에 관한 사항이나 벌칙을 정하는 조례는 그 조례의 성질을 묻지 아니하고 법률의 위임이 있어야 하고(제28조 제1항 단서), 그러한 위임 없이 제정된 조례는 위법하다.

Ⅴ. 법률우위의 문제

조례는 국가의 법령(헌법, 법률, 명령 등 국가가 정립하는 법)에 위반할 수 없다.

Ⅵ. 기초자치단체의 조례와 광역자치단체의 조례와의 관계

시·군 및 자치구의 조례나 규칙은 시·도의 조례나 규칙을 위반하여서는 아니 된다(지방자치법 제30조).

제 5 절 지방자치단체에 대한 국가의 감독 및 통제

Ⅰ. 개   설

지방자치 실시 이전에는 지방자치단체에 대한 국가의 일반적·후견적 감독이 인정되었지만 지방자치가 실시된 지금 지방자치단체에 대한 국가의 일반적·후견적 감독은 폐지되었다. 지방자치의 실시 후에 있어서는 지방자치단체와 국가는 상하의 관계에 있는 것이 아니다.

Ⅱ. 감독기관

감독기관은 지방자치법 등에서 정하고 있다. 일반적으로 지방자치법은 시·도에 대하여는 주무부장관을 감독기관으로 정하고 있고, 시·군 및 자치구에 대하여는 1차로 시·도지사를 2차로 주무부장관을 감독기관으로 정하고 있다(제185조 제1항). 이 경우 시·도지사는 국가기관의 지위에서 감독을 행한다.

시·군 및 자치구 또는 그 장이 위임받아 처리하는 시·도의 사무에 관하여는 시·도지사가 감독기관이 된다(제185조 제2항). 이 경우 시·도지사는 지방자치단체를 대표하여 감독을 행한다.

교육감에 대한 감독기관은 교육부장관이다.

감사원은 지방자치단체의 회계검사와 지방자치단체의 사무와 그에 소속한 지방공무원의 직무의 감찰에 관한 권한을 가진다(감사원법 제22, 24조).

Ⅲ. 일반적·후견적 감독의 인정 여부

지방자치단체 또는 그 장이 위임받아 처리하는 국가사무, 즉 단체위임사무와 기관위임사무에 한하여 국가기관의 일반적·후견적 감독이 인정되고 있다.

그러나 지방자치단체의 고유사무에 대하여는 지방자치를 보장하기 위하여 국가의 일반적·후견적 감독은 인정되지 않는다.

Ⅳ. 명령·처분의 시정명령 및 취소·정지

지방자치법 제188조는 국가법질서의 통일 및 공익의 보호를 위하여 국가기관에 의한 지방자치단체의 장의 명령이나 처분에 대한 행정적 통제를 규정하는 한편, 지방자치단체의 자치행정권을 보장하기 위하여 국가기관의 통제의 한계 및 부당한 통제에 대한 불복을 규정하고 있다. 즉, 지방자치단체의 사무에 관한 지방자치단체의 장(제103조 제2항에 따른 사무의 경우에는 지방의회의 의장을 말한다. 이하 이 조에서 같다)의 명령이나 처분이 법령에 위반되거나 현저히 부당하여 공익을 해친다고 인정되면 시·도에 대해서는 주무부장관이, 시·군 및 자치구에 대해서는 시·도지사가 기간을 정하여 서면으로 시정할 것을 명하고 그 기간 내에 이행하지 아니하면 이를 취소하거나 정지할 수 있다(제188조 제1항). 이 경우 자치사무에 관한 명령이나 처분에 있어서는 법령에 위반하는 것에 한한다(제188조 제5항).

시정명령과 취소·정지의 대상이 되는 '장의 처분'은 행정소송법상의 처분보다는 넓은 개념이다(대판 2017. 3. 30, 2016추5087: 지방의회의원의 유급 보좌 인력의 채용공고를 지방자치법 제188조 제1항의 직권취소의 대상이 될 수 있는 지방자치단체의 사무에 관한 '처분'에 해당한다고 본 사례).

지방자치단체의 장은 제1항, 제3항 또는 제4항에 따른 자치사무에 관한 명령이나 처분의 취소 또는 정지에 대하여 이의가 있으면 그 취소처분 또는 정지처분을 통보받은 날부터 15일 이내에 대법원에 소를 제기할 수 있다(지방자치법 제188조 제6항).

Ⅴ. 지방자치단체의 장에 대한 직무이행명령 및 대집행

지방자치법 제189조는 지방자치단체의 장에 대한 감독기관의 직무이행명령을 규정하고 있다. 지방자치단체의 장이 기관위임사무의 관리 및 집행을 명백히 게을리하고 있다고 인정되면 감독기관(시·도에 대해서는 주무부장관, 시·군 및 자치구에 대해서는 시·도지사)은 이행명령을 내릴 수 있고, 이에 따르지 않는 경우 대집행하거나 행정·재정상 필요한 조치를 취할 수 있다.

이 규정을 둔 이유는 기관위임사무를 수행함에 있어 지방자치단체의 장은 국가의 하급행정기관이지만 민선기관으로서 국가의 상급기관에 의한 징계의 대상이 되지 않기 때문에 기관위임사무의 집행을 태만히 할 수도 있고 이 경우에는 당해 기관위임사무의 집행을 실현시킬 방법이 없기 때문에 기관위임사무의 집행의 실효성을 확보하기 위한 것이다.

지방자치단체의 장은 제1항 또는 제4항에 따른 이행명령에 이의가 있으면 이행명령서를 접수한 날부터 15일 이내에 대법원에 소를 제기할 수 있다. 이 경우 지방자치단체의 장은 이행명령의 집행을 정지하게 하는 집행정지결정을 신청할 수 있다(제189조 제6항).

Ⅵ. 지방의회에 대한 감독청의 재의요구지시, 제소지시 및 직접제소

1. 재의요구지시

지방의회의 의결이 법령에 위반되거나 공익을 현저히 해친다고 판단되면 시·도에 대해서는 주무부장관이, 시·군 및 자치구에 대해서는 시·도지사가 재의를 요구하게 할 수 있다(지방자치법 제192조 제1항). 재의의 요구를 받은 지방자치단체의 장은 의결사항을 이송받은 날부터 20일 이내에 지방의회에 이유를 붙여 재의를 요구하여야 한다(지방자치법 제192조 제1항). 시·군 및 자치구의회의 의결이 법령에 위반된다고 판단됨에도 불구하고 시·도지사가 제1항에 따라 재의를 요구하게 하지 아니한 경우 주무부장관이 직접 시장·군수 및 자치구의 구청장에게 재의를 요구하게 할 수 있고, 재의 요구 지시를 받은 시장·군수 및 자치구의 구청장은 의결사항을 이송받은 날부터 20일 이내에 지방의회에 이유를 붙여 재의를 요구하여야 한다(제2항).

이 재의요구지시는 지방의회에 대한 국가기관의 통제이며 동시에 지방자치단체의 장의 재의요구에 대한 감독의 성질을 갖는다. 이 재의요구지시는 지방자치단체의 장에 의한 재의요구에 대하여 보충적인 것이다.

재의 결과 재적의원 과반수의 출석과 출석의원 3분의 2 이상의 찬성으로 전과 같은 의결을 하면 그 의결사항은 확정된다(지방자치법 제192조 제3항). 지방자치단체의 장은 제3항에 따라 재의결된 사항이 법령에 위반된다고 판단되면 재의결된 날부터 20일 이내에 대법원에 소를 제기할 수 있다. 이 경우 필요하다고 인정되면 그 의결의 집행을 정지하게 하는 집행정지결정을 신청할 수 있다(지방자치법 제192조 제4항).

2. 감독청의 제소지시와 직접제소

① 지방의회의 의결이 법령에 위반된다고 판단되어 주무부장관 또는 시·도지사로부터 재의요구지시를 받은 지방자치단체의 장이 재의를 요구하지 아니하는 경우(법령에 위반되는 지방의회의 의결사항이 조례안인 경우로서 재의요구지시를 받기 전에 당해 조례안을 공포한 경우를 포함한다)에는 주무부장관 또는 시·도지사는 제1항 또는 제2항에 따른 기간이 지난 날부터 7일 이내에 대법원에 직접 제소 및 집행정지결정을 신청할 수 있다(제192조 제8항).

② 주무부장관 또는 시·도지사는 재의결된 사항이 법령에 위반된다고 판단됨에도 당해 지방자치단체의 장이 소를 제기하지 아니하면 시·도에 대해서는 주무부장관이, 시·군 및 자치구에 대해서는 시·도지사(제2항에 따라 주무부장관이 직접 재의 요구 지시를 한 경우에는 주무부장관을 말한다. 이하 이 조에서 같다)가 그 지방자치단체의 장에게 제소를 지시하거나 직접 제소 및 집행정지결정을 신청할 수 있다(지방자치법 제192조 제5항).

이 제소지시 및 직접 제소는 지방의회에 대한 국가기관의 통제권이며 동시에 지방자치단체의 장에 대한 감독권의 성질을 갖는다. 제192조의 권한을 행사함에 있어서 시·도지사는 국가기관의 지위를 갖는다고 보아야 한다.

이 제소지시 및 직접 제소는 지방자치단체의 장에 의한 제소에 대하여 보충적인 것으로 규정되어 있다.

Ⅶ. 승   인

지방자치법 및 각 개별법 규정에서 지방자치단체의 개별적 행위에 대하여 사전에 감독기관의 승인 또는 동의를 받도록 규정하고 있는 경우가 있다. 예를 들면, 지방자치단체조합 설립승인(지방자치법 제176조), 지방자치단체의 외채 및 일정 규모 이상의 지방채의 발행(지방재정법 제11조) 등이 있다.

Ⅷ. 감   사

1. 감사원의 감사

감사원은 지방자치단체의 회계를 검사하고, 지방자치단체의 사무와 그에 소속한 지방공무원의 직무를 감찰한다(감사원법 제22, 24조). 감사원의 감사의 결과에 따라 변상책임의 판정(제31조), 징계의 요구(제32조), 시정 등의 요구(제33조), 개선 등의 요구(제34조), 권고 등(제34조의2), 고발(제35조)을 행할 수 있다. 다만, 지방자치단체의 장에 대하여는 어떠한 징계도 할 수 없다.

감사원법은 지방자치단체의 위임사무나 자치사무의 구별 없이 합법성 감사뿐만 아니라 합목적성 감사도 허용하고 있다(헌재 2008. 5. 29, 2005헌라3[강남구청 등과 감사원간의 권한쟁의]).

2. 감독기관의 감사

지방자치법 제190조는 행정안전부장관 또는 시·도지사에게 자치사무에 대한 감사권을 부여하고 있다. 그러나 자치사무에 대한 감사권은 법령위반사항에 한한다(지방자치법 제190조 제1항).

행정안전부장관 또는 시·도지사는 제1항에 따라 감사를 실시하기 전에 해당 사무의 처리가 법령에 위반되는지 여부 등을 확인하여야 한다(지방자치법 제

190조 제2항).

　　지방자치단체의 자치사무에 대한 감독기관의 감사권은 사전적·포괄적인 감사권이 아니라 특정한 법령위반행위에 대한 사후적·개별적 감사권이다. 따라서, 감독기관이 감사에 착수하기 위해서는 자치사무에 관하여 특정한 법령위반 행위가 확인되었거나 위법행위가 있었으리라는 합리적 의심이 가능한 경우이어야 하고, 또한 그 감사대상을 특정해야 한다(판례).

　　위임사무에 대한 감사권의 소재를 직접 밝히는 규정은 지방자치법에 존재하지 않는다. 그러나 감사권은 감독권에 포함되는 것이기 때문에 위임사무에 대한 일반적인 사무감독권을 규정하고 있는 지방자치법 제185조의 규정이 동시에 위임사무에 대한 감사권에 대한 근거규정이 된다.

제3부

일반행정작용법

제1장

행정입법

제1절 개　설

Ⅰ. 의　의

넓은 의미의 행정입법은 법규명령과 행정규칙을 포함한다. 법률에 대응하여 사용되는 좁은 의미의 행정입법은 법규명령을 의미한다.

법규라는 개념은 실질적으로는 국민의 권리의무에 관한 법규범을 말하고, 형식적으로는 법규의 형식으로 제정된 규범을 말한다.

Ⅱ. 법규명령과 행정규칙의 비교

1. 유사점

① 법규명령과 행정규칙은 다같이 일반적·추상적 성질을 갖는 규범으로서 행정의 기준이 되는 규범이다.

② 행정기관은 이 둘을 모두 준수하여야 할 법적 의무를 진다.

2. 상이점

① 법규성: 법규명령은 국민, 법원 및 행정기관을 구속하는 양면적 구속력을 갖는 법규인 반면에 행정규칙은 원칙상 행정기관만을 구속하는 일면적 구속력만을 갖는다. 따라서 행정규칙은 법규가 아니라고 보는 것이 일반적 견해이다.

② 근거: 위임명령의 제정에는 개별적인 법률의 근거가 필요하다. 집행명령

에는 개별적인 법적 근거는 필요하지 않지만 헌법에서 포괄적인 근거를 두고 있다. 이에 반하여 행정규칙은 법규가 아니므로 행정규칙의 제정에는 법적 근거가 필요하지 않다.

③ 대외적 구속력: 법규명령은 일반적으로 대외적 구속력을 갖는다. 따라서 법규명령에 반하는 행정권 행사는 위법하다. 이에 반하여 행정규칙은 그 자체로서는 행정기관만을 구속하며 원칙상 대외적 구속력을 갖지 않는다.

④ 형식: 법규명령은 법규명령의 형식을 취하고 공포가 효력발생요건이다. 그러나 행정규칙은 그러하지 아니하며 공포도 의무적인 것이 아니다.

제 2 절 법규명령

Ⅰ. 의 의

법규명령이란 행정권이 제정하는 법규를 말한다. 실무에서는 통상 명령이라는 용어를 사용한다.

Ⅱ. 법규명령의 근거

1. 헌법상 근거

헌법 제76조는 대통령의 긴급명령 및 긴급재정·경제명령의 근거를, 제75조는 대통령령(위임명령과 집행명령)의 근거를, 제95조는 총리령과 부령(위임명령과 집행명령)의 근거를, 제114조는 중앙선거관리위원회규칙의 근거를 규정하고 있다.

2. 법률에 의한 행정입법 형식의 인정

감사원규칙은 헌법에 근거가 없고 감사원법에 근거하고 있다. 헌법에 근거하지 않은 행정입법의 형식을 법률로 인정할 수 있다는 것이 판례의 입장이다 (헌재 전원재판부 2004. 10. 28, 99헌바91).

3. 법규적 성질을 갖는 행정규칙

판례는 법률 또는 명령에 근거하여 행정규칙의 형식으로 법규적 성질의 규범(예 법령보충적 행정규칙)을 제정하는 것이 가능하다고 본다.

Ⅲ. 법규명령의 종류

1. 법률과의 관계에 따른 분류

헌법적 효력을 가지는 계엄조치, 법률과 같은 효력을 갖는 긴급명령 및 긴급재정·경제명령, 법률보다 하위의 효력을 갖는 종속명령이 있다.

종속명령은 위임명령과 집행명령으로 구분된다. **위임명령**이란 법률 또는 상위명령의 위임에 따라 제정되는 명령으로서 새로운 법규사항을 정할 수 있다. **집행명령**이란 상위법령의 집행을 위하여 필요한 사항(예 신고서양식 등)을 법령의 위임(근거) 없이 직권으로 발하는 명령을 말한다. 집행명령에서는 새로운 법규사항을 정할 수 없다.

2. 제정권자에 따른 분류

대통령이 제정하는 명령을 대통령령, 총리가 발하는 명령을 총리령, 행정각부의 장이 발하는 명령을 부령이라 한다. 입법실제에 있어서 대통령령에는 통상 시행령이라는 이름을 붙이고 총리령과 부령에는 시행규칙이라는 이름을 붙인다. 예외적이기는 하지만, 대통령령 중에는 '규정'이라는 명칭을 붙인 것(예 보안업무규정)도 있고, 부령에 '규칙'이라는 명칭을 붙이는 경우(예 건강보험요양급여규칙)도 있다. 독립행정위원회가 제정하는 법규명령에는 "규칙"이라는 명칭을 붙인다(예 공정거래위원회규칙, 금융위원회규칙, 중앙노동위원회규칙).

중앙선거관리위원회는 중앙선거관리위원회규칙을 발하고, 대법원은 대법원규칙을, 국회는 국회규칙을, 감사원은 감사원규칙을 발한다.

Ⅳ. 법규명령의 한계

1. 위임명령의 한계

(1) 상위 법령의 위임

위임명령은 상위 법령의 위임(수권)이 있어야 한다.

상위 법령의 위임 없는 법규명령은 일반 국민에 대하여 구속력을 가지는 법규명령으로서의 효력은 없고(대판 전원합의체 2015. 6. 25, 2007두4995[노동조합설립신고서반려처분취소]), 행정조직 내에서 적용되는 행정명령의 성격을 지닐 뿐 국민에 대한 대외적 구속력은 없다(대판 2013. 9. 12, 2011두10584[부정당업자제재처분취소]).

(2) 수권의 한계

① 법률의 명령에 대한 수권은 일반적이고 포괄적인 수권은 안 되며 구체적인 위임이어야 한다. 다만, 자치조례 또는 공법적 단체의 정관에 대한 위임 등 자치법적 사항의 위임에 있어서는 포괄위임금지의 원칙이 적용되지 않으며 포괄적인 위임도 가능하다(대판 2000. 11. 24, 2000추29).

수권의 한계를 넘는 법률은 위헌인 법률이 된다. 수권법률이 헌법재판소의 위헌법률심판에서 위헌으로 결정된 경우에 해당 수권법률에 따라 제정된 명령은 위법한 명령이 된다.

② 헌법에서 구체적이고 명시적으로 법률로 정하도록 한 사항과 본질적인 사항은 법률로 정하여야 하며 명령에 위임하여서는 안 된다(의회유보론).

(3) 위임명령의 제정상 한계

① 명령으로 새로운 법규사항을 정하기 위하여는 상위 법령의 위임이 있어야 한다.

② 위임명령은 수권의 범위 내에서 제정되어야 한다. 수권의 범위를 일탈한 명령은 위법한 명령이 된다. 어느 시행령 규정이 모법의 위임 범위를 벗어난 것인지를 판단할 때 중요한 기준 중 하나는 **예측가능성**이다(대판 2021. 7. 29, 2020두39655).

③ 위임명령은 상위법령(⑩ 헌법, 법률, 상위의 명령)에 위반하여서는 안 된다.

④ 위임받은 사항을 백지로 재위임하는 것은 수권법률에 반하여 인정되지

않고 위임받은 사항에 관하여 대강을 정하고 구체적으로 재위임하는 것은 가능하다(헌재 2002. 10. 31, 2001헌라1).

2. 집행명령의 한계

집행명령은 상위법령의 집행에 필요한 절차나 형식을 정하는 데 그쳐야 하며 새로운 법규사항을 정하여서는 안 된다.

집행명령은 새로운 법규사항을 규정하지 않으므로 법령의 수권 없이 제정될 수 있다.

V. 법규명령의 성립·효력·소멸

1. 법규명령의 성립요건

법규명령은 법규명령제정권자가 제정하여 법규명령의 형식으로 공포함으로써 성립한다.

2. 법규명령의 효력요건

법규명령은 시행됨으로써 효력을 발생한다. 시행일이 정해진 경우에는 그 날부터 효력을 발생하고, 시행일이 정하여지지 않은 경우에는 공포한 날로부터 20일을 경과함으로써 효력을 발생한다(헌법 제53조 제7항).

3. 위법한 명령의 효력

① 성립요건을 결여하는 경우에는 법규명령 자체가 성립하지 아니하므로 누구도 구속되지 않는다. 효력요건을 결여한 경우에도 성립한 법규명령이 아직 효력을 발생하지 않았으므로 그 명령은 누구에 대하여도 구속력이 없다.

② 기존의 명령과 배치되는 동위의 명령 또는 상위의 법령이 제정된 경우에 기존의 명령은 폐지된 것이 되고 따라서 누구도 구속되지 않는다.

③ 동일한 사항에 대해 하위법이 상위법에 저촉되는 경우에는 전부가 무효가 아니라 저촉되는 한도내에서만 효력이 없다. 하위법이 상위법에 저촉되는 한도내에서는 상위법을 적용하여야 한다.

④ 그 이외에 법규명령이 위법한 경우(특히 법규명령이 내용상 상위법령에 저촉되는 경우)에 판례는 위법한 법규명령을 무효로 보고 있다. 법규명령의 무효는 행정행위의 무효와는 다르다. 위법한 법규명령은 폐지되지 않는 한 잠정적으로 효력을 갖는다.

⑤ 위법한 명령을 다투는 길은 법원의 통제(항고소송, 부수적 통제)와 헌법재판소의 통제(헌법소원)가 인정되고 있다. 헌법소원으로 위헌이 확인된 경우에는 해당 명령은 효력을 상실한다. 법원이 선결문제(소송에서 본안판단을 함에 있어서 그 해결이 필수적으로 전제가 되는 법문제)에서 위헌 또는 위법으로 확인한 경우에는 그 명령은 효력을 상실하는 것은 아니며 해당 사건에 한하여 적용되지 않고, 위법한 처분적 명령에 대한 무효확인소송(취소소송)에서 무효확인(취소)된 경우에는 애초부터 무효임이 확인된다(원칙상 소급적으로 효력을 상실한다).

⑥ 행정기관은 명령의 위법성이 명백하지 않는 한 위법한 명령도 집행하여야 한다. 대법원이 위법으로 판결한 경우에는 이제는 그 위법이 명백하므로 행정기관은 그 명령을 집행해서는 안 된다. 대법원이 위법으로 확인하였음에도 불구하고 그 후 해당 명령을 적용한 처분은 무효라고 보아야 한다.

⑦ 법규명령이 형식상 위법 등의 사유로 효력이 없는 경우에 행정규칙으로서의 형식과 실질을 갖고 있으면 행정규칙으로서의 효력을 갖는다고 보아야 한다.

4. 법규명령의 소멸

법규명령은 폐지됨으로써 소멸된다.

VI. 행정입법의 통제

1. 절차적 통제

행정절차법상 행정입법에 대하여 입법예고제가 시행되고 있다. 따라서 법규명령도 입법예고절차에 따라야 한다.

2. 의회의 통제

의회의 행정입법에 대한 통제방법으로 의회에의 제출절차가 인정되고 있다. 국회법 제98조의2는 "① 중앙행정기관의 장은 법률에서 위임한 사항이나 법률을 집행하기 위하여 필요한 사항을 규정한 대통령령·총리령·부령 및 훈령·예규·고시 등이 제정·개정 또는 폐지되었을 때에는 10일 이내에 이를 국회 소관 상임위원회에 제출하여야 한다. 다만, 대통령령의 경우에는 입법예고를 할 때(입법예고를 생략하는 경우에는 법제처장에게 심사를 요청할 때를 말한다)에도 그 입법예고안을 10일 이내에 제출하여야 한다. ③ 상임위원회는 위원회 또는 상설 소위원회를 정기적으로 개최하여 그 소관중앙행정기관이 제출한 대통령령·총리령 및 부령(이하 이 조에서 '대통령령 등'이라 한다)의 법률 위반여부 등을 검토하여야 한다. ④ 상임위원회는 제3항에 따른 검토 결과 또는 총리령이 법률의 취지 또는 내용에 합치되지 아니하다고 판단되는 경우에는 검토의 경과와 처리 의견 등을 기재한 검토결과보고서를 의장에게 제출하여야 한다. ⑤ 의장은 제4항에 따라 제출된 검토결과보고서를 본회의에 보고하고, **국회는 본회의 의결로 이를 처리하고 정부에 송부한다.** ⑥ 정부는 제5항에 따라 송부받은 검토결과에 대한 처리 여부를 검토하고 그 **처리결과**(송부받은 검토결과에 따르지 못하는 경우 그 사유를 포함한다)를 국회에 **제출**하여야 한다. ⑦ **상임위원회**는 제3항에 따른 검토 결과 **부령**이 법률의 취지 또는 내용에 합치되지 아니한다고 판단되는 경우에는 소관 중앙행정기관의 장에게 그 내용을 **통보**할 수 있다. ⑧ 제7항에 따라 검토내용을 통보받은 중앙행정기관의 장은 통보받은 내용에 대한 처리 계획과 그 **결과**를 지체 없이 소관 상임위원회에 **보고**하여야 한다."라고 규정하고 있다(행정입법 제출 또는 위법통보(행정규칙 제외) 및 처리결과제출제도).

3. 행정적 통제

(1) 상급행정청의 감독권에 의한 통제

상급행정청은 감독권에 근거하여 하급행정청의 행정입법권의 행사의 기준과 방향을 지시할 수 있고, 위법한 법규명령의 폐지를 명할 수 있다.

그러나 상급행정청이라도 하급행정청의 법규명령을 스스로 개정 또는 폐지할 수 없다. 다만, 상위명령으로 하위명령을 배제할 수 있다.

(2) 법제처 등의 심사

국무회의에 상정될 법령안·조약안과 총리령안 및 부령안은 법제처의 심사를 받는다(정부조직법 제23조).

4. 사법적 통제

행정입법에 대한 사법적 통제란 사법기관인 법원 및 헌법재판소가 행하는 통제를 말한다.

(1) 법원의 통제

1) 간접적 통제(부수적 통제)

'명령·규칙'이 헌법이나 법률에 위반되는 여부가 재판에서 전제가 된 경우에 법원의 통제의 대상이 된다.

여기에서 '명령'이란 법규명령을 의미한다. 행정규칙 중 법규적 성질을 갖는 것(예 법령보충적 행정규칙)은 헌법 제107조의 구체적 규범통제의 대상이 된다. 그러나 법규적 효력이 없는 행정규칙은 헌법 제107조의 통제대상이 아니다(대판 1990. 2. 27, 88재누55).

각급 법원이 통제하고, 대법원이 최종적인 심사권을 갖는다. 명령 또는 규칙이 헌법 또는 법률에 위반함을 인정하는 경우에는 대법관 전원의 2/3 이상의 합의체에서 심판하여야 한다(법원조직법 제7조 제1항).

재판의 전제성이 인정되는 명령규정에 한정하여 위법 판단을 하여야 하고, 명령 전체가 위법하다고 판단하는 것은 위법하다(대판 2019. 6. 13, 2017두33985).

명령이 위법하다는 법원의 판결이 있는 경우에 해당 명령은 효력을 상실하는 것이 아니라 해당 사건에 한하여 적용되지 않는다.

행정소송규칙 제2조는 대법원은 재판의 전제가 된 명령·규칙이 헌법 또는 법률에 위배된다는 것이 법원의 판결(하급심의 명령·규칙심사판결도 포함)에 의하여 확정된 경우에는 그 취지를 해당 명령·규칙의 소관 행정청에 통보하도록 하여 소관 행정청이 그 명령·규칙을 개정하는데 참고하도록 하고 있다.

2) 항고소송(직접적 통제)

행정입법은 일반적·추상적 규범이므로 원칙상 처분이 아니고, 따라서 항고소송의 대상이 될 수 없다.

그러나 명령(법규명령의 효력을 갖는 행정규칙 포함) 중 처분적 성질을 갖는 명령(처분적 명령)은 항고소송의 대상이 된다. 판례는 명령이나 법규명령의 효력이 있는 행정규칙이 권리의무관계를 직접 변동시키는 경우와 "다른 집행행위의 매개 없이 그 자체로서 직접 국민의 구체적인 권리의무나 법률관계를 규율하는 성격을 가질 때"에는 행정처분에 해당한다고 본다.

두밀분교폐교조례(대판 1996. 9. 20, 95누8003) 및 항정신병 치료제의 요양급여에 관한 보건복지부 고시(대판 2003. 10. 9, 2003무23)의 행정처분성 인정.

(2) 헌법재판소의 통제: 법규명령에 대한 헌법소원

헌법재판소는 자동집행력을 갖는 법규명령(별도의 집행행위의 매개 없이 직접 국민의 권리의무를 규율하는 명령)을 헌법소원(헌법재판소법 제68조 제1항의 헌법소원)의 대상으로 보고 있다. 헌법재판소는 법령이 집행행위의 매개 없이 직접 기본권을 침해하고 있으면 널리 헌법소원을 인정하고 있다(헌재 1993. 5. 13. 92헌마80: 당구장 경영자인 청구인에게 당구장 출입문에 18세 미만자에 대한 출입금지 표시를 하게 하는 심판대상규정에 대한 헌법소원을 인정한 사례 등).

제68조 제1항에 따른 헌법소원을 인용할 때에 헌법재판소는 기본권 침해의 원인이 된 공권력의 행사를 취소하거나 그 불행사가 위헌임을 확인할 수 있다(제75조 제3항). 그런데 헌법재판소는 법규명령에 대한 헌법소원에서는 인용결정의 형식으로 통상 단순위헌결정을 내리는데, 이 경우에 해당 행정입법은 효력을 상실하게 된다(제75조 제3항).

Ⅶ. 행정입법부작위

1. 의 의

행정입법부작위란 행정권에게 명령을 제정·개정 또는 폐지할 법적 의무가 있음에도 합리적인 이유 없이 지체하여 명령을 제정·개정 또는 폐지하지 않는 것을 말한다.

2. 요 건

행정입법부작위가 인정되기 위하여는 ① 행정권에게 명령을 제정·개정·폐지할 법적 의무가 있어야 하고, ② 상당한 기간이 지났음에도 불구하고, ③ 명령이 제정 또는 개정·폐지되지 않았어야 한다.

법률의 시행에 행정입법이 필요한 경우에 삼권분립의 원칙·법치행정의 원칙상 명문의 규정이 없는 경우에도 행정권에게는 시행명령을 제정할 법적 의무가 있다(대판 2007. 11. 29, 2006다3561[임금][군법무관 보수청구 사건] ; 헌재 1998. 7. 16, 96헌마246 ; 헌재 2004. 2. 26, 2001헌마718). 시행명령의 개입 없이 법률의 규정만으로 집행될 수 있는 경우에는 행정권에게 시행명령제정의무는 없다.

정부는 권한 있는 기관에 의하여 위헌으로 결정되어 법령이 헌법에 위반되거나 법률에 위반되는 것이 명백한 경우 등 대통령령으로 정하는 경우에는 해당 법령을 개선하여야 한다(행정기본법 제39조 제1항). 법령의 위헌·위법이 명백한 대표적인 경우는 법령의 위헌·위법이 헌법재판소나 대법원에 의해 확인된 경우이다.

3. 행정입법부작위에 대한 권리구제

대법원 판례는 행정입법부작위는 성질상 부작위위법확인소송의 대상이 되지 않는다고 한다(대판 1992. 5. 8, 91누11261).

시행명령을 제정할 법적 의무가 있는 경우에 명령제정의 거부나 입법부작위도 '공권력의 행사나 불행사'이므로 헌법소원의 요건을 충족하면 헌법소원의 대상이 된다(헌재 2004. 2. 26, 2001헌마718).

행정입법부작위로 인하여 손해가 발생한 경우에 과실이 인정되는 경우에는 국가배상청구가 가능하다(대판 2007. 11. 29, 2006다3561[군법무관 보수청구 사건]).

제 3 절 행정규칙

Ⅰ. 행정규칙의 의의

행정규칙이란 행정조직 내부에서의 행정의 사무처리기준으로서 제정하는 일반적·추상적 규범을 말한다. 실무에서의 훈령·통첩·예규·고시 등이 행정규칙에 해당한다.

행정규칙의 공개는 행정규칙의 성립요건이나 효력발생요건이 아니다. 그러나, 실제에 있어서 행정규칙은 법제처 법령정보센터 등에서 대부분 공개되고 있다. 다만, 정당한 사유가 있는 경우에 공개되지 않고 있는 경우가 있다.

Ⅱ. 행정규칙의 종류

1. 행정규칙의 규율대상 및 내용에 따른 분류

(1) 조직규칙

조직규칙이란 행정조직 내부에서의 행정기관의 구성 및 권한배분 및 업무처리절차를 정하는 행정규칙을 말한다. 예를 들면, 전결권을 정하는 직무대리규정은 조직규칙이다.

(2) 영조물규칙

영조물규칙이란 영조물의 관리청이 영조물의 조직·관리 및 사용을 규율하기 위하여 제정하는 규칙을 말한다. 영조물규칙에는 조직규칙, 재량준칙, 해석규칙 등이 있다.

협의의 학칙(교육에 관한 기본규칙)의 **법적 성질**에 관하여는 행정규칙(영조물규칙 중 재량준칙)으로 보는 견해, 특별명령으로 보는 견해, 법령보충적 행정규칙으로 보는 견해, 자치법규로 보는 견해, 사립학교의 학칙은 약관으로 보는 견해 등이 있으나, 헌법상 교육의 자주성과 대학의 자율성이 보장되고 있으므로(제31조 제4항) 학교를 자치조직으로 보는 것이 타당하고 따라서 학칙을 자치권에 근거한 자치법규로 보는 견해가 타당하다. 학칙은 자치법규이므로 학칙에 대한 포괄적 수권도 가능하다. 판례는 학칙의 양면적 법적 구속력을 인정하고 있다(대판 1991. 11. 22, 91누2144).

(3) 법령해석규칙

법령해석규칙이란 법령의 해석을 규정한 행정규칙을 말한다.

(4) 재량준칙

재량준칙이란 재량권 행사의 기준을 제시하는 행정규칙을 말한다.

(5) 법률대체적 규칙

행정권 행사의 기준 및 방법에 관하여 법령에 의한 규율이 없는 영역에서 행정권 행사의 기준을 정하는 행정규칙을 말한다. 예를 들면, 법률이 특정 분야에서 단지 보조금을 지급할 수 있다라고만 규정하고 있는 경우에 제정되는 보조금의 지급기준을 정하는 행정규칙은 법률대체적 규칙이다.

가이드라인(지침)은 법령대체적 행정규칙의 성질을 갖는 것으로 볼 수 있다. 가이드라인은 엄격한 의미의 행정규칙 보다는 정책지침의 성격이 강하고, 특별한 사정이 있는 경우에 다른 규율의 가능성을 행정규칙 보다 열어놓고 있는 행정규범으로 볼 수 있다.

법률대체적 행정규칙에 근거한 처분은 법률유보의 원칙 위반으로 위법한 처분이 될 수 있다.

(6) 기술규칙

기술규칙이란 기술의 기준, 표준, 규격 등을 정한 기술규율을 말한다. 기술규칙은 기업이 정하기도 하고, 협회 등 자율규제기관이 정하기도 하고, 행정기관이 정하기도 한다. 기술규칙 중 행정기관이 정한 것은, 고시의 형식으로 정해지는 경우가 많은데, 행정규칙의 성질을 갖는다. 협회 등 자율규제기관이 정한 기술규칙은 자율규제규범의 성질을 갖는다. 기업이 정한 기술규칙은 기업의 내부규범의 성질을 갖는다. 기술규칙 중 법령(⑩ 식품위생법 제7조)에 근거하여 제정되는 것(⑩ 식품공전)은 법령보충적 행정규칙의 성질을 갖는다.

인공지능에서의 알고리즘이나 프로그램은 기술규칙에 준하는 것으로 볼 수 있다.

2. 법령상 및 실무상의 분류

행정규칙은 **실무상** 훈령, 예규, 고시, 규정, 규칙, 지시, 지침, 통첩 등의 명칭으로 제정된다. 행정규칙은 **법령상** "훈령·예규 등" 또는 "훈령·예규·고시"라는 명칭으로 표시된다(「훈령·예규 등의 발령 및 관리에 관한 규정」(대통령 훈령) 제2조).

(1) 훈   령

훈령이란 상급기관이 하급기관에 대하여 상당히 장기간에 걸쳐서 그 권한의 행사를 지시하기 위하여 발하는 명령을 말한다.

훈령 중 일반적·추상적 성질을 갖는 것만이 행정규칙이다.

(2) 예   규

법규문서 이외의 문서로서 반복적 행정사무의 기준을 제시하는 것을 말한다.

(3) 고   시

고시(告示)가 행정사무의 처리기준이 되는 일반적·추상적 규범의 성질을 갖는 경우에는 행정규칙이다. 이 행정규칙인 고시는 행정기관이 일정한 사항을 불특정 다수인에게 통지하는 방법인 고시(⑩ 특정사업자를 납세병마개 제조자로 지정하였다는 행정처분의 내용을 모든 병마개 제조자에게 알리는 통지수단인 국세청고시(헌재 1998. 4. 30, 97헌마141))와 구별되어야 한다.

고시가 일반적·구체적 성질을 가질 때에는 '일반처분'에 해당한다.

법령보충적 고시는 법령(법규명령)이고, 행정규칙이 아니다.

Ⅲ. 행정규칙의 법적 성질 및 구속력

1. 행정규칙의 법적 성질과 법규개념

행정법에서 법규라는 개념은 협의로 사용될 때에는 행정주체와 국민의 권리의무에 관한 사항을 정하는 일반적·추상적인 구속력 있는 규범(실질설) 또는 법령의 형식으로 제정된 일반적·추상적 규범(형식설)을 말한다.

협의의 법규개념을 취하면 행정규칙은 원칙상 법규라고 할 수 없다.

2. 행정규칙의 대내적 구속력(효력)

행정규칙(특히 훈령)은 상급행정기관의 감독권에 근거하여 하급행정기관에 대하여 발해지는 것이므로 행정규칙은 하급행정기관에 대한 상급행정기관의 직무명령의 성격을 아울러 가지므로 하급행정기관은 공무원법상의 복종의무(예 국가공무원법 제57조)에 따라 행정규칙을 준수할 법적 의무를 진다. 그리하여 하급행정기관이 행정규칙에 따르지 않고 처분을 한 것은 징계사유가 된다. 그러나, 법령에 반하는 위법한 행정규칙은 무효이므로 위법한 행정규칙을 위반한 것은 징계사유가 되지 않는다(대판 2020. 11. 26, 2020두42262).

행정규칙은 행정규칙을 제정한 행정기관에 대하여는 대내적으로 법적 구속력을 갖지 않는다.

3. 행정규칙의 외부적 구속력과 법적 성질

판례는 원칙상 행정규칙의 대외적 구속력을 부정한다. 처분이 행정규칙을 위반하였다고 해서 그러한 사정만으로 곧바로 위법하게 되는 것은 아니고, 처분이 행정규칙을 따른 것이라고 해서 적법성이 보장되는 것도 아니다. 처분이 적법한지는 행정규칙에 적합한지 여부가 아니라 상위법령의 규정과 입법 목적 등에 적합한지 여부에 따라 판단해야 한다(대판 2019. 7. 11, 2017두38874 ; 대판 2021. 10. 14, 2021두39362).

법이론상 행정규칙의 외부적 구속력 및 법적 성질은 행정규칙의 유형에 따라 다르다고 보는 것이 타당하다.

(1) 조직규칙

조직규칙에 대하여 외부적 구속력을 인정할 것인가에 관하여 견해가 대립하고 있다.

(2) 법령해석규칙

법령해석규칙은 대외적 구속력을 갖지 않는다. 법령을 해석하는 권한은 최종적으로 법원에 있으므로 행정기관의 법령해석이 법원을 구속할 수 없다.

(3) 재량준칙

대법원 판례는 원칙상 재량준칙의 대외적 구속력을 인정하지 않지만, 재량준칙이 객관적으로 보아 합리적이 아니라거나 타당하지 않다고 볼 만한 특별한 사정이 없는 이상 행정청의 의사는 가능한 한 존중되어야 한다고 하고, 이러한 재량준칙에 따른 처분은 적법하다고 본다(대판 2011. 1. 27, 2010두23033[국제멸종위기종용도변경승인신청반려처분취소]). 또한 그러한 재량준칙을 따르지 않은 처분은 특별한 사정이 없는 한 재량권의 일탈·남용에 해당하는 위법한 처분으로 본다(대판 2010. 1. 28, 2009두19137). 또한, 판례는 재량준칙이 되풀이 시행되어 행정관행이 성립한 경우 해당 재량준칙에 자기구속력을 인정한다(대판 2009. 12. 24, 2009두7967).

학설의 일반적 견해는 재량준칙은 평등원칙을 매개로 하여 대외적인 구속력을 갖는다고 한다(간접적 대외적 구속력설). 이 견해에 따르면 특별한 사정이 있는 경우에는 재량준칙을 따르지 않을 수 있다.

Ⅳ. 위법한 행정규칙의 효력

행정규칙의 내용이 상위법령이나 법의 일반원칙에 반하는 것이라면 법치국가원리에서 파생되는 법질서의 통일성과 모순금지 원칙에 따라 그것은 법질서상 **당연무효**이고, 행정내부적 효력도 인정될 수 없다. 이러한 경우 법원은 해당 행정규칙이 **법질서상 부존재**하는 것으로 취급하여 행정기관이 한 조치의 당부를 상위법령의 규정과 입법 목적 등에 따라서 판단하여야 한다(대판 2020. 5. 28, 2017두66541).

Ⅴ. 행정규칙의 시행일

행정규칙(훈령·예규·고시·지침 등)은 고시·공고 등의 방법으로 **발령한 날**부터 시행한다(행정기본법 개정안 제7조 제1호).

Ⅵ. 법규명령형식의 행정규칙과 법규적 성질(효력)을 갖는 행정규칙

1. 법규명령형식의 행정규칙

(1) 의   의

법규명령의 형식을 취하고 있지만 그 내용이 행정규칙의 실질을 가지는 것을 '법규명령형식의 행정규칙'이라 한다.

법규명령형식의 행정규칙은 재량권 행사의 기준(재량준칙, 특히 제재적 처분의 기준)을 법규명령의 형식으로 제정한 경우가 보통이다.

법령의 위임에 따라 제정되는 경우가 많지만, 그렇지 않은 경우도 있다.

(2) 성질과 효력

판례는 부령의 형식(시행규칙)으로 정해진 제재적 처분(예 영업허가의 취소 또는 정지, 과징금부과 등)기준(재량기준)은 그 규정의 성질과 내용이 행정청 내의 사무처리기준을 규정한 것에 불과하므로 행정규칙의 성질을 가지며 대외적으로 국민이나 법원을 구속하는 것은 아니라고 본다. 다만, 판례는 제재적 행정처분의 기준이 부령의 형식으로 규정되어 있는 경우에는 해당 제재처분기준을 존중하여야 한다고 본다(대판 2007. 9. 20, 2007두6946[과징금부과처분취소]).

판례는 대통령령의 형식으로 정해진 제재처분기준을 법규명령으로 보면서 재량권 행사의 여지를 인정하기 위하여 제재처분기준(과징금 처분기준)을 최고한도(최고한도액)를 정한 것으로 보고 있다(대판 2001. 3. 9, 99두5207).

2. 법규적 성질(효력)을 갖는 행정규칙

(1) 의   의

법규적 성질(효력)을 갖는 행정규칙이란 행정규칙의 형식으로 제정되었지만 법규적 성질과 효력을 갖는 것을 말한다.

(2) 법령보충적 행정규칙

1) 의   의

법령보충적 행정규칙이란 법령의 위임에 따라 법령을 보충하는 법규사항을 정하는 행정규칙을 말한다. 행정기본법은 '법령보충적 행정규칙'을 행정기본법상 '법령'의 하나로 규정하고 있다(제2조 제1호 가목의 3).

법령의 위임에 따라 행정규칙(고시)의 형식으로 재량권 행사의 기준을 정한
경우에도 당해 행정규칙(고시)은 재량준칙에 해당한다. 달리 말하면 법령의 위
임이 있어도 재량권 행사의 기준을 정하는 형식상 '행정규칙'은 법령보충적 행
정규칙이 아니라 행정규칙(재량준칙)이다(대판 2020. 11. 12, 2017두36212: 조사방해
를 과징금 가중사유로 규정한 공정거래위원회의 구「과징금부과 세부기준 등에 관한
고시」를 행정규칙인 재량준칙으로 본 사례).

2) 법적 효력

판례에 따르면 법령보충적 행정규칙은 수권법령 규정과 결합하여 대외적으
로 구속력이 있는 법규명령으로서의 효력을 가진다.

3) 법령보충적 행정규칙의 한계

① 법령보충적 행정규칙은 법령의 수권에 근거하여야 하고, 그 수권은 포
괄위임금지의 원칙상 구체적·개별적으로 한정된 사항에 대하여 행하여져야 한
다(헌재 2004. 10. 28, 99헌바91).

행정규제기본법 제4조 제2항 단서는 "법령이 전문적·기술적 사항이나 경
미한 사항으로서 업무의 성질상 위임이 불가피한 사항에 관하여 구체적으로 범
위를 정하여 위임한 경우에는 고시 등으로 정할 수 있다"라고 법령보충적 행정
규칙의 일반적 근거를 규정하고 있다. 그 밖에도 개별법령이 법령보충적 행정규
칙의 근거를 규정하는 경우가 있다.

법령을 보충하는 행정규칙이 위임없이 제정된 경우에 단순한 행정규칙에
불과하며 법령보충적 행정규칙이라고 할 수 없다.

② 법령보충적 행정규칙이 법령의 위임의 범위를 벗어난 경우 법규명령으로
서의 대외적 구속력이 인정되지 않는다(대판 1999. 11. 26, 97누13474 ; 대결 2006. 4.
28, 2003마715). 이 경우 해당 법령보충적 행정규칙은 위법한 법규명령의 효력
을 갖는 것이 아니라 행정규칙에 불과한 것이 된다. 판례는 구체적인 규범형식
을 지정하지 않고 수권한 경우(법령에서 법규사항 위임시 형식을 지정하지 않고 '장
관이 따로 정한다'라고만 규정한 경우) 수권의 범위내에서 법규명령 또는 행정규칙
의 형식으로 법규사항을 정할 수 있다고 본다. 그렇지만, 상위법령에서 세부사
항 등을 시행규칙으로 정하도록 위임하였음에도 이를 고시 등 행정규칙으로 정
한 경우, 대외적 구속력을 가지는 법규명령으로서 효력을 인정할 수 없다.

③ 판례는 원칙상 법령보충적 행정규칙의 효력발생요건으로 공포나 공표를 요구하고 있지 않지만, 적당한 방법으로 이를 일반인 또는 관계인에게 표시 또는 통보함으로써 그 효력이 발생한다고 한 판례(형사판례)가 있다.

④ 판례는 법령보충적 행정규칙의 재위임도 가능한 것으로 본다(대판 2004. 5. 28, 2002두4716).

제 2 장
행정계획

I. 의   의

행정계획이란 행정주체 또는 그 기관이 일정한 행정활동을 행함에 있어서 일정한 목표를 설정하고 그 목표를 달성하기 위하여 필요한 수단을 선정하고 그러한 수단들을 조정하고 종합화한 것을 말한다.

행정계획의 예로는 도시관리계획, 경제개발계획, 환경계획 등을 들 수 있다.

II. 행정계획의 법적 성질

① 행정계획은 독자적인 행위형식의 하나이다. 행정계획은 행정목표와 그 행정목표를 달성하기 위한 행정활동의 기준을 제시하는 성격의 행위인 점에서 행정행위와는 다르다.

법령의 형식을 취하지 않는 행정계획은 행정의 지침이 되는 점에서 행정규칙과 유사한 성질을 갖지만, 행정규칙과 달리 규범의 형식과 성질을 갖지 않는 점 등에서 **행정규칙과 구별**된다. 도시관리계획과 같이 대외적 구속력을 갖는 구속적 행정계획은 대외적인 법적 구속력을 갖는 점에서 법규명령과 유사하지만, 법령이 아닌 점에서 **법규명령과 구별**된다.

② **법령의 형식을 취하는 행정계획**은 해당 법령으로서 법적 구속력을 갖는다. 법률의 형식으로 수립되는 행정계획은 법률의 성질을 가지고, 법규명령의 형식으로 수립된 행정계획은 법규명령의 성질을 가지며 조례의 형식으로 수립되는 계획은 조례의 성질을 갖는다.

③ 행정계획이 특정의 행위형식을 취하지 않는 경우에 항고소송의 대상이 되는 처분인지 아닌지가 문제된다. 행정쟁송법(행정절차법)상 처분은 국민의 권익(권리·의무)에 직접 구체적인 영향을 미치는 공권력 행사 또는 그 거부이므로 국민의 권익에 아무런 영향을 미치지 않는 행정계획은 처분이라고 할 수 없다. 국민이나 행정기관에 대해 거의 구속력을 갖지 않거나, 행정기관에 대해 구속력을 갖지만 국민의 권익에 아무런 영향을 미치지 않는 행정계획도 처분으로 볼 수 없다. 또한, 법적 구속력이 있는 행정계획이라 하더라도 일반성과 추상성을 갖고 처분의 매개 없이는 국민의 권익에 직접 구체적인 영향을 미치지 않는 것은 처분이라고 할 수 없다. 그러나, 구속적 행정계획 또는 비구속적인 행정계획이라도 사실상 구속력을 갖는 것으로서 집행처분의 매개 없이 직접 국민의 권익에 구체적인 영향을 미치는 행정계획은 행정쟁송법상 처분으로 볼 수 있다. 판례는 도시관리계획의 처분성을 인정하고 있다(대판 1982. 3. 9, 80누105).

Ⅲ. 행정계획절차

행정계획의 절차는 개별법에서 다양하게 규정되어 있다.

행정청은 행정청이 수립하는 계획 중 국민의 권리·의무에 직접 영향을 미치는 계획을 수립하거나 변경·폐지할 때에는 관련된 여러 이익을 정당하게 형량하여야 한다(행정절차법 제40조의4). 그리고, 국민생활에 매우 큰 영향을 주거나 많은 국민의 이해가 상충되는 행정계획은 예고하고 국민의 의견을 수렴하도록 하고 있다(제46조, 제47조).

Ⅳ. 계획재량과 통제

1. 계획재량의 개념

계획재량이란 행정계획을 수립·변경함에 있어서 계획청에게 인정되는 재량을 말한다. 계획재량은 행정목표의 설정이나 행정목표를 효과적으로 달성할 수 있는 수단의 선택 및 조정에 있어서 인정된다. 따라서 일반적으로 행정계획을 수립함에 있어서 행정권에게 일반 행정결정에서보다 훨씬 넓은 재량권이 부여된다.

2. 형량명령

(1) 의   의

형량명령이란 행정계획을 수립·변경함에 있어서 관련된 이익을 정당하게 형량하여야 한다는 원칙을 말한다.

행정절차법에 따르면 행정청은 행정청이 수립하는 계획 중 국민의 권리·의무에 직접 영향을 미치는 계획을 수립하거나 변경·폐지할 때에는 관련된 여러 이익을 정당하게 형량하여야 한다(행정절차법 제40조의4).

(2) 내   용

① 행정계획결정에 있어서는 관련된 이익을 형량하여야 한다. 행정계획과 관련된 이익을 형량하기 위하여 계획청은 행정계획과 관련이 있는 이익을 조사하여야 한다.

② 계획청은 관련된 이익을 이익형량에 모두 포함시켜야 한다. 공익과 사익이 모두 포함되어야 한다. 이익형량은 공익상호간, 공익과 사익 상호간 및 사익 상호간에 행하여진다.

③ 관련된 공익 및 사익의 가치를 제대로 평가하여야 한다. 달리 말하면 개개의 이익이 과소평가되거나 과대평가되어서는 안 된다.

④ 관련되는 이익의 형량은 개개의 이익의 객관적 가치에 비례하여 행하여져야 한다. 또한 목표를 달성할 수 있는 여러 안 중에서 공익과 사익에 대한 침해를 최소화할 수 있는 방안을 선택하여야 한다.

(3) 형량하자와 그 효과

행정계획결정이 형량명령의 내용에 반하는 경우에 **형량하자**가 있게 된다.

① 행정계획의 수립 또는 변경에 있어서 이익형량을 전혀 하지 않은 경우(형량의 불행사)에는 행정계획은 위법하다. 행정계획과 관련이 있는 이익을 전혀 조사하지 않은 것(조사의 결함)은 위법하다. 조사가 미흡한 경우에는 형량의 결과에 영향을 미칠 정도의 미흡인 경우에 한하여 위법하다.

② 고려하여야 할 이익을 빠뜨린 형량의 흠결(형량의 누락)의 경우에는 형량결과에 영향을 미치지 않을 정도의 가치가 적은 이익이 형량에서 고려되지

않은 경우에는 행정계획은 위법하다고 볼 수 없다.

③ 평가의 과오는 사소한 이익에 대한 가치평가상의 과오가 아닌 한 위법사유가 된다고 보아야 한다.

④ 형량불비례(이익형량이 상당한 정도 균형을 잃은 것)는 위법사유가 된다.

V. 행정계획과 신뢰보호(계획보장청구권)

계획보장청구권이란 행정계획에 대한 관계국민의 신뢰를 보호하기 위하여 관계국민에 대하여 인정된 행정계획주체에 대한 권리를 총칭하는 개념이다. 계획보장청구권은 행정계획분야에 있어서의 신뢰보호의 원칙의 적용례라고 할 수 있다.

계획보장청구권이 구체적 공권이 되기 위해서는 공권의 성립요건(강행법규성과 사익보호성)을 갖추어야 한다.

계획보장청구권에 포함되는 권리로는 계획존속청구권, 계획이행청구권, 경과조치청구권, 손해배상청구권 및 손실보상청구권이 들어지고 있다.

일반적으로 말하면 공익목적을 달성하기 위한 행정계획의 변경의 필요성과 관계국민의 신뢰보호의 가치를 조화시키는 한도 내에서 계획보장청구권이 인정된다.

VI. 행정계획과 권리구제제도

① 위법한 행정계획의 수립·변경 또는 폐지로 인하여 손해를 받은 자는 국가배상을 청구할 수 있다.

② 적법한 행정계획의 수립·변경 또는 폐지로 인하여 손실을 받은 경우에는 손실보상의 요건(적법한 공용침해+특별한 희생+손해발생 예견)을 갖춘 경우에 손실보상을 청구할 수 있다.

③ 처분성이 있는 행정계획(⑩ 도시관리계획)은 항고소송의 대상이 된다.

④ 행정계획이 공권력 행사이지만 처분이 아닌 경우(⑩ 국민의 기본권에 직접적인 영향을 끼치는 비구속적 행정계획)에는 헌법소원의 대상이 된다.

제 3 장

행정행위

제 1 절 행정행위의 개념

행정행위란 행정청이 구체적인 사실에 대한 법집행으로서 행하는 외부에 대하여 직접적·구체적인 법적 효과를 발생시키는 권력적 단독행위인 공법행위이다.

행정행위라는 개념은 학문상의 필요에 따라 만들어진 강학상 개념이며 실정법에서나 실무상 사용되는 개념이 아니다. 실무상으로는 '처분', '행정처분'이라는 개념이 사용되고 있다. 행정절차법 및 행정쟁송법상 처분 개념은, 행정행위를 포함하는, 행정행위 보다 넓은 개념이다.

행정행위라는 개념은 행정소송법상의 처분과 구별하여야 한다. 행정소송법상의 처분개념은 소송법상 인정된 개념이고 행정행위라는 개념은 실체법(법률관계의 실체를 정한 법)상의 개념이다. 행정소송법상 처분 개념은 행정행위를 포함하는 행정행위보다 넓은 개념이다.

행정행위의 특수성으로는 공정력, 구성요건적 효력, 존속력(불가쟁력, 불가변력), 강제력(자력집행력, 제재력), 권리구제수단의 특수성이 있는데, 이에 관하여는 전술하였다.

제 2 절 행정행위의 종류

Ⅰ. 법률행위적 행정행위와 준법률행위적 행정행위의 구분

법률행위적 행정행위는 행정행위의 효과의사(행정청이 내심으로 바라고 있는 의사)를 구성요소로 하고 그 법적 효과가 그 효과의사의 내용에 따라 발생하는 행위인 데 대하여, 준법률행위적 행정행위는 효과의사 이외의 정신작용(例 판단, 인식, 관념)을 구성요소로 하고 그 법적 효과가 행위자의 의사와는 무관하게 법규범에 의해 부여되는 행위이다.

Ⅱ. 행정행위의 법적 효과의 내용에 따른 분류

법률행위적 행정행위는 법률효과의 내용에 따라 명령적 행위와 형성적 행위로 구분된다.

명령적 행위는 인간이 본래 가지는 자연적 자유를 규율하는 행위인 반면에 형성적 행위는 상대방에게 권리나 능력을 창설하는 행위라는 점에서 양자를 구분하고 있다.

명령적 행위로는 하명, 허가, 면제가 있다. 형성적 행정행위로는 특허, 인가, 대리 등이 있다.

준법률행위적 행정행위는 법률효과의 내용에 따라 확인행위, 공증행위, 통지행위, 수리행위로 구분된다.

Ⅲ. 기속행위와 재량행위

기속행위란 행정권 행사의 요건과 효과가 법에 일의적으로 규정되어 있어서 행정청에게 판단의 여지가 전혀 인정되지 않고 행정청은 법에 정해진 행위를 하여야 하는 의무를 지는 행위를 말한다.

재량행위란 행위의 요건이나 효과의 선택에 관하여 법이 행정권에게 판단의 여지 또는 재량권을 인정한 경우에 행해지는 행정청의 행정행위를 말한다.

Ⅳ. 침해적 행정행위, 수익적 행정행위, 이중효과적 행정행위(복효적 행정행위)

수익적 행정행위란 행위의 상대방에게 이익을 부여하는 행정행위(예 보조금지급처분)를 말한다.

침해적 행정행위란 행정행위의 상대방의 권익을 침해하는(권익을 제한하거나 의무를 부과하는) 행정행위(예 영업정지처분, 과징금부과처분)를 말한다. 불이익처분은 상대방에게 불이익이 되는 처분인데, 침해적 처분뿐만 아니라 신청에 대한 거부처분을 포함한다. 침해적 처분 중 법위반사실에 대해 제재로서 과하는 처분을 **제재처분**이라 한다.

이중효과적 행정행위(복효적 행정행위)란 하나의 행정행위가 이익과 불이익을 동시에 발생시키는 행정행위를 말한다. 이중효과적 행정행위는 제3자효 행정행위와 혼합효 행정행위를 포함한다. **제3자효 행정행위**는 상대방에게는 이익을 주고 제3자에게는 불이익을 주거나(예 건축허가) 상대방에게는 불이익을 주고 제3자에게는 이익을 주는(예 공해배출시설조업중지명령) 행정행위를 말한다. **혼합효 행정행위**는 상대방에 대하여 동시에 수익적 효과와 침해적 효과를 발생하는 행정행위(예 부담부 행정행위)를 말한다.

Ⅴ. 일방적 행정행위와 쌍방적 행정행위

성립에 상대방의 어떠한 협력도 필요 없는 행정행위를 일방적 행정행위(또는 단독적 행정행위)라 하고, 상대방의 협력이 성립요건인 행정행위를 쌍방적 행정행위라고 한다. 쌍방적 행정행위는 허가, 특허 및 인가와 같이 상대방의 신청을 요하는 행정행위와 공무원의 임명행위와 같이 상대방의 동의를 요하는 행정행위가 있다.

Ⅵ. 대인적 행정행위, 대물적 행정행위 및 혼합적 행정행위

이 구별의 실익은 행정행위의 효과의 이전성에 있다.

대인적 행정행위(예 의사면허, 운전면허 등)는 행위의 상대방의 주관적 사정에 착안하여 행해지는 행정행위이며 그 효과는 일신전속적인 것이므로 제3자에게 승계되지 않는다.

대물적 행정행위는 행위의 상대방의 주관적 사정을 고려하지 않고 행위의 대상인 물건이나 시설의 객관적 사정에 착안하여 행해지는 행정행위이다. 대물적 행정행위의 예로는 건축허가, 건축물사용승인, 차량검사합격처분, 문화재지정처분, 공중위생업소폐쇄명령(대판 2001. 6. 29, 2001두1611), 채석허가(대판 2003. 7. 11, 2001두6289), 환지처분, 법위반행위를 이유로 한 업무정지처분 등이 있다. 대물적 행정행위는 그 효과가 승계된다.

혼합적 행정행위(ⓔ 가스사업허가, 총포·도검·화약류판매허가 등)는 행위의 상대방의 주관적 사정과 함께 행위의 대상인 물건이나 시설의 객관적 사정에 착안하여 행해지는 행정행위를 말한다. 혼합적 행정행위의 이전은 명문의 규정이 있는 경우에 한하여 인정되며 통상 행정청의 승인 또는 허가 등을 받도록 규정하고 있다. 혼합적 행정행위의 양도시에 승인 대신 신고만을 요하는 경우도 있다.

Ⅶ. 적극적 행정행위와 소극적 행정행위

적극적 행정행위란 허가 또는 특허 등 적극적으로 현재의 법률상태에 변동을 초래하는 행위(ⓔ 건축허가, 공기업특허)를 말하고 소극적 행정행위란 현재의 법률상태에 변동을 가져오지 않으려는 행위를 말하며 거부처분이 이에 해당한다.

신청에 대한 거부행위가 행정행위인 거부처분이 되기 위하여는 다음의 요건을 갖추어야 한다. ① 신청인에게 법령상 또는 조리상 신청권이 있어야 하며(후술 '행정소송' 참조) 그에 대응하여 행정청에게 처분의무가 있어야 한다. ② 신청의 대상이 된 행위가 공권력 행사이어야 한다. ③ 신청에 대해 거부행위가 있어야 한다. ④ 신청에 대한 거부행위가 신청인의 권리의무에 직접 영향을 미쳐야 한다.

Ⅷ. 일반처분과 개별처분

행정행위의 상대방이 불특정 다수인인가 특정되어 있는가에 따른 구별이다.

개별처분이란 행정행위의 상대방이 특정되어 있는 행정행위를 말한다. 개별처분의 상대방은 1명인 것이 보통이지만 다수일 수도 있다.

일반처분이란 불특정 다수인을 상대방으로 하여 불특정 다수인에게 효과를 미치는 행정행위를 말한다. 예를 들면, 일정한 장소에 대한 출입을 금지하는 행정행위이다.

일반처분은 그 처분의 직접적 규율대상이 사람인가 물건인가에 따라 대인적 일반처분과 물적 행정행위로서의 일반처분으로 나누어진다.

대인적 일반처분이란 일정한 기준에 따라 결정되는 불특정 다수인을 대상으로 하는 행정행위를 말한다. 일정장소에서의 집회금지처분이나 통행금지처분은 대인적 일반처분의 예이다.

물적 행정행위란 행정행위의 직접적 규율대상이 물건이고, 사람에 대해서는 물건과의 관계를 통하여 간접적으로 규율하는 행정행위를 말한다. 공물의 공용개시행위, 교통표지판, 개별공시지가결정은 물적 행정행위의 예이다.

일반처분은 행정행위이므로 일반처분에 따라 법률상 이익이 침해된 자는 항고소송을 제기할 수 있다.

제 3 절   재량권과 판단여지

Ⅰ. 재량권과 재량행위의 개념

재량권이란 행정기관이 행정권을 행사함에 있어서 둘 이상의 다른 내용의 결정 또는 행태 중에서 선택할 수 있는 권한을 말한다. 재량권은 구체적 타당성(합목적성)이 있는 행정을 위하여 입법자가 행정권에 부여한다.

그리고 재량권의 행사에 의해 행해지는 행정행위를 재량행위라고 한다.

재량권이 행정기관에게 부여되는 경우에 행정기관이 행정권을 행사함에 있어 어떠한 행정결정을 하거나 하지 않을 수 있는 권한을 갖는 경우와 둘 이상의 조치 중 선택을 할 수 있는 권한을 갖는 경우가 있다. 전자를 **결정재량권**이라 하고 후자를 **선택재량권**이라 한다. 또한 결정재량권과 선택재량권을 모두 갖는 경우가 있다. 예를 들면, 공무원이 직무상 과실로 잘못을 저지른 경우에 행정기관은 해당 공무원에 대하여 징계처분을 하는 결정과 해당 공무원의 과거의 성실한 직무수행, 해당 공무원의 건강상태 등과 같은 사정을 고려하여 징계처분을 하지 않는 결정 사이에 선택권을 갖고(결정재량), 행정기관이 징계처분을 하기로 결정한 경우에도 해당 공무원의 과실의 중대성을 고려하여 징계처분을 내림에 있어서 여러 종류의 징계처분(파면·해임·정직·감봉·견책)의 종류 사이에 선택권을 갖는다(선택재량).

Ⅱ. 기속재량행위(거부재량행위)의 개념

판례는 원칙상 기속행위이지만 예외적으로 허가 등을 거부할 중대한 공익상 필요가 있는 경우 공익을 고려하여 거부할 수 있는 행위(기속재량행위 또는 거부재량행위)를 인정하고 있다(◉ 개발행위허가를 의제하지 않거나 토지형질변경을 수반하지 않는 **일반 건축허가**(대판 전원합의체 2012. 11. 22, 2010두22962), 사설납골시설(현행법상 봉안당)의 설치신고의 수리행위(대판 2010. 9. 9, 2008두22631)).

Ⅲ. 판단여지

불확정개념이란 그 개념 자체로서는 그 의미가 명확하지 않고 해석의 여지가 있는 개념을 말한다. '공공의 안녕과 질서', '중대한 사유', '식품의 안전', '환경의 보전' 등을 그 예로 들 수 있다.

판단여지란 요건을 이루는 불확정개념의 해석·적용에 있어서 이론상 하나의 판단만이 가능한 것이지만, 둘 이상의 판단이 모두 적법한 판단으로 인정될 수 있는 가능성이 있는 것을 말한다.

일반적으로 불확정개념은 법개념이라고 보고 따라서 법원에 의해 논리법칙 또는 경험법칙에 따라 그 개념이 일의적으로 해석될 수 있는 개념으로 본다. 따라서 행정기관이 불확정개념으로 된 행위의 요건을 판단함에 있어 재량권을 가질 수는 없고, 원칙상 판단여지도 인정되지 않는다.

다만, 고도로 전문적이거나 정책적인 판단이 요청되는 경우에는 판단여지가 인정된다. 행정기관에게 판단여지가 인정되는 경우에는 판단의 여지 내에서 이루어진 행정기관의 판단은 법원의 통제의 대상이 되지 않는다. 법원은 행정기관이 판단의 여지 내에서 내린 결정을 수용하여야 한다. 이러한 주장을 하는 학설을 판단여지설이라 한다.

Ⅳ. 재량과 판단여지의 구분

판단여지를 재량과 구별하는 견해와 그 구별을 부인하고 모두 재량의 문제로 보는 견해가 대립하고 있다.

판례는 판단여지설의 논리를 일부 수용하면서도 재량권과 판단여지를 구분하지 않고, 판단여지가 인정될 수 있는 경우도 재량권이 인정되는 것으로 본다. 판례는 요건 판단에도 재량을 인정한다(대판 2021. 3. 25, 2020두51280 ; 국토의 계획 및 이용에 관한 법률상 개발행위허가의 요건에 해당하는지 여부는 행정청의 재량판단의 영역에 속한다고 한 사례).

생각건대 재량과 판단여지는 그 개념, 필요성, 인정근거, 그 내용, 인정기준 및 범위 등에서 차이가 있으므로 양자를 구별하는 것이 타당하다.

[재량과 판단여지의 차이점]

차이점	재 량	판단여지
필요성	구체적으로 타당한 행정 보장	행정의 책임과 전문성 보장
인정근거	입법자의 수권	입법자의 수권(판단수권설) 법원에 의한 행정의 책임성, 전문성의 존중
내 용	행정청의 선택의 자유	행정청의 판단의 여지
인정기준	법률규정, 행위의 성질 및 기본권 관련성	고도의 전문적·기술적 판단 또는 고도의 정책적 판단
인정범위	효과의 선택	행위요건 중 일정한 불확정개념의 판단

V. 재량행위와 기속행위의 구별

1. 재량행위와 기속행위의 구별실익

(1) 행정소송에 있어서의 구별실익

재량행위는 재량권의 한계를 넘지 않는 한(재량권의 행사에 일탈 또는 남용이 없는 한) 재량을 그르친 경우에도 위법한 것이 되지 않고 부당한 행위가 되는 데 불과하므로 재량권의 한계를 넘지 않는 한 법원이 통제하지 않는다(제한심사방식).

기속행위의 경우에 법원은 전면적 통제를 행한다. 행정청의 판단과 결정 모두를 심사대상으로 하여 행정청의 판단이 법원의 판단과 다른 경우에는 법원의 판단을 행정청의 판단에 대체하여 행정청의 행위를 위법한 것으로 판단할 수 있다(완전심사 및 판단대체방식). 판단여지에 있어서는 행정청의 판단이 심히 부당한 경우가 아니면 행정청의 판단은 존중되어야 한다.

(2) 부관과의 관계

재량행위의 경우에는 재량권의 범위 내에서 법적 근거 없이도 행정행위의 법률효과를 일부 제한하거나 상대방에게 특별한 부담을 지우는 부관을 붙일 수 있지만, 기속행위의 경우에는 법상 요건이 충족되면 일정한 행위를 하여야 하므로 행위의 효과를 제한하는 부관을 붙일 수 없는 점에서 기속행위와 재량행위를 구별할 실익이 있다. 기속행위에도 행정행위의 요건을 충족시키는 의미의 부관 및 철회권의 유보는 붙일 수 있다.

(3) 공권과의 관계

기속행위뿐만 아니라 재량행위에도 공권이 인정될 수 있다. 다만, 재량행위와 기속행위에 있어 인정되는 공권의 내용에는 차이가 있다. 기속행위에 있어서는 행정청에 대하여 특정한 내용의 행위를 청구할 공권이 인정되지만, 재량행위에 있어서는 그러한 공권은 인정되지 않으며 무하자재량행사청구권이라는 공권이 인정된다.

(4) 요건의 충족과 효과의 부여

행정청은 기속행위에 있어서는 요건이 충족되면 반드시 법에 정해진 효과를 부여하여야 하지만, 재량행위에 있어서는 요건이 충족되어도 환경상 이익 등 공익과의 이익형량을 통하여 법에 정해진 효과를 부여하지 않을 수도 있다(대판 2005. 4. 15, 2004두10883 ; 대판 2007. 5. 10, 2005두13315).

또한, 경원관계(특허나 허가가 오직 1명에게만 내려지는 경우에 이를 신청한 여러 사람간의 관계)에 있어 기속행위의 경우에는 선원주의(요건을 충족한 자가 여러 명인 경우 먼저 신청한 자에게 효과를 부여하여야 한다는 원칙)가 적용되지만(예 발명특허 등), 특허 등 재량행위의 경우에는 선원주의가 적용되지 않고 가장 적정하게 공익을 실현할 수 있는 자에게 효과(예 특허 등)가 부여된다.

요건을 갖추지 못한 경우에는 기속행위뿐만 아니라 재량행위에서도 요건 충족적 부관부 행정행위를 할 수 있는 경우를 제외하고는 거부처분을 하여야 한다.

2. 재량행위와 기속행위의 구별기준

재량행위와 기속행위의 구별에 있어 법률규정이 일차적 기준이 된다. 다만, 법률규정의 문리적 표현뿐만 아니라 관련규정, 입법취지 및 입법목적을 아울러 고려하여야 한다.

> 도로교통법 제78조 제1항 단서 제8호의 규정에 따르면, 술에 취한 상태에 있다고 인정할 만한 상당한 이유가 있음에도 불구하고 경찰공무원의 측정에 응하지 아니한 때에는 필요적으로 운전면허를 취소하도록 되어 있어 처분청이 그 취소 여부를 선택할 수 있는 재량의 여지가 없음이 그 법문상 명백하므로, 위 법조의 요건에 해당하였음을 이유로 한 운전면허취소처분에 있어서 재량권의 일탈 또는 남용의 문제는 생길 수 없다(대판 2004. 11. 12, 2003두12042).

그리고 법령의 규정이 명확하지 않은 경우에는 해당 법령의 규정과 함께 문제가 된 행위의 성질, 기본권 관련성 및 공익관련성을 종합적으로 고려하여야 한다.

① 일반적으로 불법행위에 대한 제재조치는 재량행위에 친숙한 행위이다. 그러나 특별한 사회상황하에서 일정한 불법행위에 대하여 특별히 엄중한 제재조치를 가하고자 하는 입법자의 결단이 선 경우에는 예외적으로 해당 제재조치를 기속행위로 규정할 수도 있을 것이다. 실제로 중대한 법규 위반의 경우에 취

소하여야 하는 것으로 규정하고 있는 경우(⑩ 도로교통법상 음주측정 불응시 필요적 운전면허 취소(대판 2004. 11. 12, 2003두12042))가 있다.

② 새로이 권리를 설정하여 주는 특허는 재량행위로 해석될 가능성이 있는 반면에 인간이 본래 가지고 있는 자연적 자유의 회복을 내용으로 하는 허가는 기속행위로 해석될 가능성이 크다. 왜냐하면 허가의 요건이 충족된 경우에도 허가를 해 주지 않는 것은 신청자의 자연적 자유를 제한하는 결과가 되기 때문이다. 이에 반하여 특허에 있어서는 공익의 실현을 고려하여야 하므로 통상 재량행위로 보아야 한다. 허가의 경우도 환경보호, 문화재보호 등 이익을 형량하여야 하는 경우에는 그 한도 내에서 기속재량행위 또는 재량행위로 볼 수 있다.

③ 자유권 등 국민의 중대한 기본권이 관련되는 경우에는 기속행위 쪽으로 해석하여야 한다.

④ 인허가요건이 아니라 인허가기준을 열거하여 정하고 있는 경우에는 그 인허가기준을 종합적으로 고려하여 이익형량을 거쳐 인허가를 하라는 것이므로 통상 그 해당 인허가(⑩ 개발행위허가)는 재량행위로 볼 여지가 크다.

VI. 재량권 행사의 문제

행정청은 재량이 있는 처분을 할 때에는 관련 이익을 정당하게 형량하여야 하며, 그 재량권의 범위를 넘어서는 아니 된다(행정기본법 제21조).

행정권은 재량권을 행사함에 있어서 구체적 사정을 고려하여 합목적적인 처분을 행하고 개개인에 대하여 구체적 타당성이 있는 처분을 내려야 한다.

그런데 재량권의 행사가 개별적인 사안마다 행하여지는 경우에는 재량권 행사가 자의적으로 행해질 위험이 있기 때문에 재량준칙이라는 재량권 행사의 기준을 정하여 이 기준에 따라 재량권을 행사하도록 하는 경우가 많다. 이 경우에 특별한 이유 없이 재량준칙에 위반하여 상대방에게 불리한 처분을 내리면 그 처분은 평등원칙에 위반하는 결과가 되어 위법하게 된다. 구체적 타당성있는 처분이 될 수 있도록 특별한 사정이 있는 경우에는 예외적으로 재량준칙을 적용하지 않을 수 있다.

Ⅶ. 재량권의 한계

재량처분이 적법하기 위해서는 처분사유가 존재하고, 재량권의 한계를 넘지 않아야 한다.

재량권의 한계란 재량권의 일탈 또는 남용을 말한다. 재량권이 이 법적 한계를 넘은 경우에는 그 재량권의 행사는 위법한 것이 된다.

재량권의 한계를 넘은 재량권 행사에는 일의적으로 명확한 법규정의 위반, 사실오인, 평등원칙 위반, 자기구속의 원칙 위반, 비례원칙 위반, 절차 위반, **재량권의 불행사 또는 해태**(행정청이 재량처분을 하면서 조사·고려하여야 할 구체적 사정(공익과 사익의 형량, 감경사유 등)을 전혀 조사·고려하지 않았거나 충분하게 조사·고려하지 않은 것), 목적 위반, 명백히 불합리한(사회통념상 현저히 타당성을 잃은) 재량권 행사 등이 있다.

Ⅷ. 재량권의 영으로의 수축

일정한 경우에 재량권이 영으로 수축하게 된다. 이 경우에 행정청은 재량권을 갖지 못하며 특정한 행위를 하여야 할 의무를 지게 되고, 재량행위에 있어서 국민이 가지는 권리인 무하자재량행사청구권은 행정행위발급청구권이나 행정개입청구권으로 전환된다.

제4절 행정행위의 법적 효과의 내용

[행정행위의 내용]

법률행위적 행정행위	명령적 행정행위	하 명	작위명령(예 시정명령) 부작위명령(=금지)(예 통행금지) 급부명령(예 조세부과처분) 수인명령(예 강제입원명령)	
		허 가(예 영업허가, 운전면허)		
		면 제(예 조세면제)		
	형성적 행정행위	직접 상대방을 위한 행위	설권행위(광의의 특허) 변경행위 탈권행위	권리설정행위(협의의 특허) 능력설정행위 포괄적 신분설정행위
		제3자를 위한 행위	인가(보충행위) 공법상 대리	
준법률행위적 행정행위	확인, 공증, 통지, 수리			

I. 법률행위적 행정행위

1. 명령적 행위

(1) 하   명

하명이란 행정청이 국민에게 공법상 의무(작위, 부작위, 급부 또는 수인의무)를 명하는 행정행위를 말한다. 이 중 부작위의무를 명하는 행위를 금지라 한다.

하명의 내용에 따라 상대방에게 일정한 공법상 의무가 발생한다.

하명에 의해 부과된 의무(예 위법건축물의 철거의무)를 이행하지 않는 자에 대해서는 행정상 강제집행이 행해지고, 하명에 의해 부과된 의무(예 미성년자에게 담배를 팔지 말아야 할 의무)를 위반한 때에는 행정벌이 과하여진다. 그러나 원칙상 하명에 위반하여 행해진 행위의 사법상의 효력이 부인되지는 않는다. 예를 들면, 방문판매가 금지되는 경우에 방문판매를 한 자는 처벌받지만 판매행위는 유효하다. 다만, 하명위반에 대한 처벌만으로는 하명의 목적을 달성할 수 없을 때에는 법률이 처벌과 함께 행위 자체를 무효로 규정하는 경우가 있다.

(2) 허　가

1) 허가의 개념

허가란 법령에 의한 일반적인 상대적 금지(허가조건부 금지)를 일정한 요건을 갖춘 경우에 해제하여 일정한 행위를 적법하게 할 수 있게 하는 행정행위를 말한다. 영업허가, 건축허가, 어업허가, 주류판매업면허, 기부금품모집허가, 운전면허, 은행업의 인가, 신탁업의 인가가 대표적인 예이다.

허가는 학문상의 개념이다. 허가라는 개념은 실정법상으로도 사용되나 허가 이외에 면허, 인허, 승인 등의 용어가 실무상 사용되고 있다. 또한 실정법상 사용되는 허가라는 용어 중에는 학문상의 특허(예 광업허가) 또는 인가(예 토지거래허가)에 해당하는 것도 있다.

2) 허가의 법적 성질

(가) 허가는 명령적 행위인가 형성적 행위인가　　종래의 통설 및 판례는 허가를 명령적 행위에 해당한다고 본다. 오늘날에는 허가를 명령적 행위와 형성적 행위의 양면성을 갖는다고 보거나 형성적 행위로 보는 견해가 유력하다. 다만, 허가를 형성적 행위라고 보더라도 허가에서의 형성은 특허와 달리 새로운 권리를 창설하여 주는 것이 아니라 상대방이 본래 가지고 있었던 일정할 행위를 할 수 있는 자유를 회복시켜 주는 것을 내용으로 한다.

(나) 기속행위인가 재량행위인가　　① 허가는 법령에 특별한 규정이 없는 한 기속행위라고 보아야 한다. 그 이유는 허가는 인간의 자유권을 공익목적상 제한하고 일정한 요건을 충족시키는 경우에 회복시켜 주는 행위이므로 허가요건을 충족하였는데도 허가를 거부하는 것은 정당한 사유 없이 헌법상 자유권을 제한하는 것이 되므로 허용되지 않는다고 보아야 하기 때문이다.

② 다만, 예외적으로 행정청에게 판단여지가 인정될 수 있는 경우가 있다.

③ 예외적으로 명문의 규정이 없더라도 근거법령 내지 관계법령의 규정에 비추어 허가시 중대한 공익(예 환경의 이익 등)의 고려가 필요하여 이익형량이

요구되는 경우 허가는 재량행위라고 보아야 한다.

판례는 산림형질변경허가(대판 1997. 9. 12, 97누1228 ; 2000. 7. 7, 99두66), 산림내에서의 토사채취허가(대판 2007. 6. 15, 2005두9736), 토지형질변경허가(대판 1999. 2. 23, 98두17845), 입목의 벌채·굴채허가(대판 2001. 11. 30, 2001두5866)를 재량행위로 해석하고 있다.

④ 판례는 건축허가 등 일정한 허가를 기속행위라고 보면서도 예외적으로 중대한 공익상 필요가 있는 경우에는 그 한도내에서 재량권을 인정하고 있다. 즉, 허가를 기속재량행위로 보는 경우가 있다.

⑤ 법령에서 일정한 경우에 허가를 재량행위로 규정하고 있는 경우가 있고, 그 경우에는 허가도 재량행위가 된다. 예를 들면, 건축법 제11조 제4항은 "허가권자는 위락시설 또는 숙박시설에 해당하는 건축물의 건축을 허가하는 경우 해당 대지에 건축하려는 건축물의 용도·규모 또는 형태가 주거환경이나 교육환경 등 주변환경을 고려할 때 부적합하다고 인정되는 경우에는 이 법이나 다른 법률에도 불구하고 건축위원회의 심의를 거쳐 건축허가를 하지 아니할 수 있다"라고 규정하고 있으므로 이 경우 건축허가는 재량행위이다. 이 건축법규정은 주거지역이나 학교 근처에 러브호텔 등이 들어서는 것을 막기 위하여 신설된 규정이다.

⑥ 인허가의제에서 의제되는 인·허가가 재량행위인 경우에는 그 한도 내에서는 재량권이 인정되는 것으로 보아야 한다(인허가의제 참조).

⑦ 기속행위인 허가(⑩ 개발행위허가)가 재량행위인 허가(⑩ 토지형질변경허가)를 포함하는 경우에는 그 한도내에서 재량행위가 된다.

⑧ 기속행위인 허가에 조건을 붙일 수 있는 것으로 규정하고 있는 경우에는 허가 여부는 기속행위이지만 조건을 붙일지 여부 및 조건의 선택에 있어서는 재량이 인정된다.

3) 허가의 신청

허가는 신청을 반드시 전제로 하지는 않는다. 신청을 전제로 하지 않는 허가도 있다(⑩ 통행금지의 해제).

4) 허가의 효과

(가) 자유권의 회복 허가가 주어지면 금지가 해제되고 본래 가지고 있던

자유권이 회복된다. 그리하여 허가를 받은 자는 적법하게 일정한 행위(⑩ 영업 또는 건축)를 할 수 있게 된다.

　　(나) 이익의 향유　　① 허가를 받으면 상대방은 적법하게 허가의 대상이 된 일정한 행위를 할 수 있는 권리 또는 법률상 이익을 향유하게 된다. 따라서 정당한 사유 없이 철회를 당한 경우에는 취소소송을 통하여 철회의 취소를 청구할 수 있다.

　　② 일반적으로 말하면 허가(⑩ 영업허가)로 인하여 누리는 영업상 이익은 반사적 이익에 불과하다.

　　다만, 허가요건규정이 공익뿐만 아니라 개인의 이익도 보호하고 있다고 해석되는 경우에는 허가로 인한 영업상 이익은 법적 이익이 된다. 예를 들면, 허가요건 중 거리제한 또는 영업구역제한 규정이 두어지는 경우에 이 거리제한 또는 영업구역제한 규정에 따라 기존업자가 독점적 이익을 누리고 있는 경우에 그 이익은 법률상 이익에 해당하는 것으로 인정될 수 있는 경우가 있다.

　　(다) 다른 법상의 제한　　허가가 있으면 해당 허가의 대상이 된 행위에 대한 금지가 해제될 뿐 다른 법에 의한 금지까지 해제되는 것은 아니다. 예를 들면, 공무원이 영업허가를 받아도 공무원법상의 금지는 여전히 행해진다.

　　5) 무허가행위의 효과

　　무허가행위는 위법한 행위가 되고 통상 법률에서 그에 대하여 행정형벌을 부과한다. 그러나 해당 무허가행위의 사법상의 법적 효력이 부인되는 것은 아니다.

　　다만, 처벌만으로는 무허가행위를 막을 수 없다고 보이는 경우에 법률에서 처벌 이외에 무허가행위를 무효로 규정하는 경우가 있다.

　　6) 예외적 승인(허가)

　　예외적 허가란 사회적으로 바람직하지 않은 일정 행위를 법령상 원칙적으로 금지하고 예외적인 경우에 이러한 금지를 해제하여 해당 행위를 적법하게 할 수 있게 하여 주는 행위를 말한다. 그 예로는 공익사업을 위한 토지 등의 취득 및 보상에 관한 법률 제9조상의 타인의 토지에의 출입허가, 교육환경법 제9조 단서의 상대보호구역(구 학교환경위생정화구역) 내 금지해제조치, 개발제한구역 내의 건축허가나 용도변경(대판 2001. 2. 9, 98두17593), 사행행위영업허가 등을 들 수 있다.

예외적 허가는 사회적으로 바람직하지 않은 일정한 행위를 공익상 원칙적
으로 금지하고 그 금지목적을 해하지 않는 한도 내에서 예외적으로 허가하는
것이고, 공익 보호의 필요가 크므로 원칙상 재량행위이다(대판 1996. 10. 29, 96누
8253).

(3) 면   제

면제란 법령에 의해 정해진 작위의무, 급부의무 또는 수인의무를 해제해 주
는 행정행위를 말한다. 예를 들면, 예방접종면제를 들 수 있다.

2. 형성적 행위

(1) 특   허

1) 의   의

특허란 상대방에게 직접 권리, 능력, 법적 지위, 포괄적 법률관계를 설정하
는 행위를 말한다.

권리를 설정하는 행위의 예로는 특허기업의 특허(例 버스운송사업면허, 전기
사업허가, 도시가스사업허가, 국제항공운송사업면허, 통신사업허가, 폐기물처리업허가
등), 광업허가, 도로점용허가(도로의 일부에 대한 특정사용(배타적 사용)의 허가),
공유수면점용·사용허가, 어업면허 등을 들 수 있고, 능력을 설정하는 예로는
공법인을 설립하는 행위(例 재건축정비조합설립인가)를 들 수 있고, 포괄적 법률
관계를 설정하는 예로는 공무원임명, 귀화허가를 들 수 있다.

이 중에서 권리를 설정하는 행위를 협의의 특허라 한다.

특허란 학문상의 개념이다. 실정법에서는 허가(例 광업허가) 또는 면허(例
어업면허)라는 용어를 사용한다. 특허법상의 특허는 학문상의 특허가 아니고 준
법률행위적 행정행위의 하나인 확인행위이다.

2) 특허의 성질

(가) 형성적 행위　　특허는 상대방에게 권리 등을 설정하여 주는 행위이므
로 형성적 행위이다. 특허는 허가와 달리 상대방이 본래 가지고 있지 않았던 권
리 등을 새롭게 설정하여 준다.

(나) 원칙상 재량행위　　특허는 상대방에게 권리나 이익을 새로이 설정하
는 형성적 행위이고, 특허에 있어서는 공익목적의 효과적인 달성을 고려하여야

하므로 원칙상 재량행위로 본다. 다만, 법령상 특허를 기속행위로 규정할 수도
있다.

판례도 원칙상 특허를 재량행위로 본다. 다만, 법령규정, 중대한 기본권
관련성 등을 고려하여 기속행위로 보아야 하는 경우도 있다.

3) 특허의 신청

특허는 상대방의 신청을 요하는 행정행위이다.

4) 특허의 효과

특허는 상대방에게 새로운 권리, 능력 그 밖의 법률상의 힘을 발생시킨다.
특허에 따라 창설되는 권리는 배타적 권리로서 공권(例 사업경영권)인 것이 보통
이나 사권(例 광업권, 어업권)인 경우도 있다.

5) 특허와 허가의 구별

특허와 허가를 구별하는 것이 일반적 견해인데, 오늘날 허가와 특허의 구별
은 상대화하고 있고 양자는 상호 접근하는 경향이 있다고 본다. 나아가 영업의
자유라는 관점에서는 허가와 특허를 구별할 필요가 없으므로 허가와 특허를 구
별하지 않는 것이 타당하다는 견해(구별부정설)도 있다.

(2) 인   가

1) 인가의 개념

인가란 타인의 법률적 행위를 보충하여 그 법률적 효력을 완성시켜 주는 행정
행위를 말한다. 예를 들면, 협동조합의 임원의 선출에 관한 행정청의 인가, 사립학
교법인임원(이사, 감사)의 선임행위에 대한 승인, 자동차관리사업자단체인 조합
또는 협회 설립인가, 토지거래허가 등을 들 수 있다. 인가 중 사법상 법률행위에
대한 인가는 사법상 법률행위의 효력을 완성시켜주어 사법관계에 변경을 가져
오므로 '사법관계 형성적 행정행위'라고도 한다.

인가도 허가나 특허처럼 학문상의 개념이다. 실무상 인가라는 개념이 사용
되기도 하지만, 승인, 허가(민법 제32조)나 인허라는 개념도 사용된다.

2) 인가의 성질

(가) 형성적 행정행위   인가는 인가의 대상이 되는 기본행위의 효력을 완
성시켜 주는 행위인 점에서 형성적 행정행위이다.

(나) 재량행위 여부   인가는 기속행위인 경우도 있지만, 재량행위인 경우

도 적지 않다.

3) 인가의 대상

인가의 대상이 되는 행위는 제3자의 행위이며 법률적 행위에 한한다. 인가
의 대상이 되는 행위는 공법상 행위(⑩ 재건축조합의 사업시행계획결의)일 수도
있고 사법상 행위(⑩ 비영리법인 설립, 사립학교법인이사의 선임행위)일 수도 있다.

4) 인가의 효과

인가가 행해져야 인가의 대상이 된 제3자의 법률적 행위가 법적 효력을
발생한다. 인가는 기본행위가 효력을 발생하기 위한 효력요건이다.

무인가행위는 효력을 발생하지 않는다. 그러나 허가와 달리 강제집행이나
처벌의 대상은 되지 않는다.

무인가행위는 특별한 규정이나 사정이 없는 한 유동적 무효(효력이 없지만
후에 인가가 있으면 효력이 발생하는 경우)의 상태에 있다.

> **[판례]** 학교법인이 용도변경이나 의무부담을 내용으로 하는 계약을 체결한 경우 반
> 드시 계약 전에 사립학교법 제28조 제1항에 따른 관할청의 허가를 받아야만 하는
> 것은 아니고 계약 후라도 관할청의 허가를 받으면 유효하게 될 수 있다. 이러한 계
> 약은 관할청의 불허가 처분이 있는 경우뿐만 아니라 당사자가 허가신청을 하지 않
> 을 의사를 명백히 표시하거나 계약을 이행할 의사를 철회한 경우 또는 그 밖에 관
> 할청의 허가를 받는 것이 사실상 불가능하게 된 경우 무효로 확정된다(대판 2022.
> 1. 27, 2019다289815). <해설> 사립학교법 제28조 제1항에 따른 관할청의 허가는
> 학문상 인가이다. 확정적으로 무효가 되지 않은 관할청의 허가를 받지 않은 해당
> 계약은 유동적 무효의 상태에 있는 것이라고 할 수 있다.

(3) 공법상 대리행위

공법상 대리행위란 제3자가 하여야 할 행위를 행정기관이 대신하여 행함으
로써 제3자가 스스로 행한 것과 같은 효과를 발생시키는 행정행위를 말한다.

여기에서의 대리는 행정기관이 국민을 대리하는 것을 말하므로 행정조직
내부에서의 행정기관간의 권한의 대리와 구별되어야 한다.

대리행위의 예로는 체납처분절차에서의 압류재산의 공매처분, 감독청에 의한
공법인의 정관작성 또는 임원 임명, 토지수용위원회의 수용재결, 행려병자(나그네

로 떠돌아다니다가 병이 든 사람) 또는 사자(死者)의 유류품처분 등을 들 수 있다.

3. 영업허가의 양도와 제재처분의 효과 및 제재사유의 승계

(1) 영업허가 양도의 가능성

영업허가 양도의 가능 여부는 양도의 대상이 되는 허가의 성질에 따라 다르다. 대물적 허가(⑩ 건축허가)는 명문의 규정이 없는 경우에도 양도가 가능하다. 대인적 허가(⑩ 운전면허)는 이론상 양도가 가능하지 않다. 혼합적 허가(⑩ 총포류 제조허가)는 이론상 양도가 가능하나 법령의 근거를 요한다.

(2) 영업허가의 양도와 제재처분의 효과의 승계

양도인의 위법행위로 양도인에게 이미 제재처분이 내려진 경우에 그 제재처분(⑩ 허가취소, 영업정지처분 또는 과징금부과처분)의 효과는 이미 양도인의 영업자의 지위에 포함된 것이고 물적 상태이므로 양수인에게 당연히 이전된다. 영업허가가 취소되었거나 정지된 사실을 모르고 영업을 양수한 자는 양도인에게 민사책임을 물을 수 있을 뿐 제재처분의 효과를 부인할 수 없다.

일신전속적 의무(⑩ 이행강제금 납부의무)는 승계되지 않는다.

(3) 영업허가의 양도와 제재사유의 승계

판례는 영업양도의 경우에 양도인의 위법행위로 인한 제재사유(⑩ 영업정지처분사유)가 양도되는 허가자의 법적 지위에 포함되는 것으로 보고 명문의 규정이 없는 경우에도 양도인의 위법행위를 이유로 양수인에 대해 제재처분을 할 수 있다고 본다.

Ⅱ. 준법률행위적 행정행위

1. 확인행위

확인행위란 특정한 사실 또는 법률관계의 존부(存否) 또는 정부(正否)에 관하여 의문이 있거나 다툼이 있는 경우에 행정청이 이를 공권적으로 확인하는 행위를 말한다. 당선인 결정, 장애등급결정, 도산등사실불인정, 국가유공자등록, 퇴직연금결정, 민주화운동관련자결정, 국가시험합격자의 결정, 교과서의 검정, 발명특허, 도로구역 또는 하천구역의 결정, 이의신청의 재결, 행정심판의 재결,

소득금액의 결정 등이 그 예이다.

당연퇴직의 통보, 국세환급거부결정 통보 등 기존의 다툼이 없이 명확한 법률관계를 단순히 확인하는 행위는 단순한 사실행위이며 행정행위인 확인행위와 구별하여야 한다.

확인행위는 사실 또는 법률관계를 확인하는 행위이므로 원칙상 행정청에게 재량권이 인정될 수 없고 따라서 기속행위이다. 다만, 판단여지가 인정될 수 있다(예 교과서의 검정).

확인행위는 사실 또는 법률관계의 존부 또는 정부를 공적으로 확인하는 효과를 갖는다. 확인행위에 따라 별도의 법적 효과(예 발명특허권의 취득)가 발생하는 경우가 있는데 이는 법률의 규정에 따른 효과이지 확인행위 자체의 효과는 아니다.

2. 공증행위

공증행위란 특정의 사실 또는 법률관계의 존재를 공적으로 증명하는 행정행위를 말한다. 부동산등기, 선거인명부에의 등록, 광업원부에의 등록 등이 그 예이다.

공증행위의 효력은 사실 또는 법률관계의 존재에 대하여 공적 증거력을 부여하는 것이다.

3. 통지행위

통지행위란 특정인 또는 불특정 다수인에게 특정한 사실을 알리는 행정행위를 말한다. 통지행위는 그 자체가 일정한 법률효과를 발생시키는 행정행위이다. 통지행위의 예로는 특허출원의 공고, 귀화의 고시, 대집행의 계고, 납세의 독촉 등을 들 수 있다.

통지행위는 행정행위의 효력발생요건인 통지와 구별되어야 한다. 단순한 사실의 통지(예 당연퇴직의 통보, 법률효과를 발생시키지 않는 경고)도 통지행위가 아니다.

4. 수리행위

수리행위란 법상 행정청에게 수리의무가 있는 경우에 신고, 신청 등 타인의 행위를 행정청이 적법한 행위로서 받아들이는 행위를 말한다. 사직서의 수리, 행정심판청구서의 수리, 혼인신고서의 수리 등이 그 예이다.

수리행위는 행정청의 수리의무를 전제로 하여 행해지는 행정행위이다. 따라서 수리행위(⑩ 수리를 요하는 신고에서의 수리)는 내부적 사실행위인 단순한 접수행위(⑩ 자기완결적 신고에서의 수리)와 구별되어야 한다.

수리에 따른 법적 효과는 법률이 정하는 바에 따른다. 예를 들면, 혼인·출생신고에 따라 신분상 법적 지위에 변동이 일어난다.

제 5 절 행정행위의 부관

Ⅰ. 부관의 개념

행정행위의 부관이란 행정청이 주된 행정행위에 부가한 종된 규율을 말한다. 행정행위의 부관은 학문상 개념이며 실정법에서는 오히려 '조건'으로 표시되고 있다.

부관은 주된 행정행위에 부가된 종된 규율로서 부종성(附從性)을 가지므로 명문의 규정이나 명문의 약정이 없는 한 주된 행정행위가 효력을 상실하면 부관도 효력을 상실한다.

Ⅱ. 부관의 종류

1. 조   건

조건이란 행정행위의 효력의 발생 또는 소멸을 장래의 불확실한 사실에 의존시키는 부관을 말한다.

조건이 성취되어야 행정행위가 비로소 효력을 발생하는 조건을 정지조건이라 하고(例 조건부 학교설립인가), 행정행위가 일단 효력을 발생하고 조건이 성취되면 행정행위가 효력을 상실하는 조건을 해제조건이라 한다(例 일정한 기간 내에 공사에 착수할 것을 조건으로 하는 공유수면매립면허).

2. 기   한

(1) 의   의

기한이란 행정행위의 효력의 발생 또는 소멸을 장래의 발생이 확실한 사실에 의존시키는 부관(例 2014년 1월 1일부터 2016년 12월 31일까지의 영업허가 발급)을 말한다.

기한이나 조건은 행정행위의 시간상의 효력범위를 정하는 점에서 같다. 그러나 기한은 사건의 발생이 확실하다는 점에서 사건의 발생 자체가 불확실한 조건과 구별된다.

(2) 종   류

기한이 도래함으로써 행정행위의 효력이 발생하는 기한을 시기라 하고(例 2014년 1월 1일), 기한이 도래함으로써 행정행위가 효력을 상실하는 기한을 종기라 한다(例 2016년 12월 31일). 기한 중 도래시점이 확정된 기한을 확정기한이라 하고, 도래시점이 확정되지 않은 기한을 불확정기한이라 한다.

(3) 행정행위 자체의 존속기간과 행정행위 조건의 존속기간의 구별

1) 구별기준

행정행위(例 영업허가)가 그 내용상 장기간에 걸쳐 계속될 것이 예상되는데, 유효기간이 허가 또는 특허된 사업의 성질상 부당하게 단기로 정해진 경우에는 그 유효기간을 행정행위 조건의 존속기간으로 보아야 한다(대판 1995. 11. 10, 94누11866). 행정행위 조건의 존속기간이 아닌 유효기간은 행정행위 자체의 존속기간이다.

2) 행정행위 조건의 존속기간의 효과

행정행위 조건의 존속기간의 경우 유효기간이 지나기 전에 당사자의 갱신신청이 있는 경우에는 그 조건의 개정을 고려할 수 있으나 특별한 사정이 없는 한 행정행위의 유효기간을 갱신 또는 연장하여 주어야 한다.

갱신허가시 허가요건의 변경 등 사정변경이 있는 경우에는 신뢰보호이익과 공익(법률적합성원칙 등)을 비교형량하여야 한다(대판 2000. 3. 10, 97누13818).

갱신기간 내에 적법한 갱신신청이 있었음에도 갱신 가부의 결정이 없는 경우에는 유효기간이 지나도 주된 행정행위는 효력이 상실되지 않는다. 그러나 갱신신청 없이 유효기간이 지나면 주된 행정행위는 효력이 상실되므로 갱신기간이 지나 신청한 경우에는 기간연장신청이 아니라 새로운 허가신청으로 보아야 하며 허가요건의 충족 여부를 새로이 판단하여야 한다(대판 1995. 11. 10, 94누11866 ; 대판 2007. 10. 11, 2005두12404).

3) 행정행위 자체의 존속기간의 효과

행정행위 자체의 존속기간인 경우에는 종기의 도래로 주된 행정행위는 당연히 효력을 상실한다. 또한 당사자는 기간연장에 있어 어떠한 기득권도 주장할 수 없다. 기간연장신청은 새로운 행정행위의 신청이다. 그러나, 행정청이 관계 법령의 규정이나 또는 자체적인 판단에 따라 처분상대방에게 특정한 권리나 이익 또는 지위 등을 부여한 후 일정한 기간마다 심사하여 그 갱신 여부를 판단하는 이른바 '갱신제'를 채택하여 운용하는 경우에는, 처분상대방은 합리적인 기준에 의한 공정한 심사를 받아 그 기준에 부합되면 특별한 사정이 없는 한 갱신되리라는 기대를 가지고 갱신 여부에 관하여 합리적인 기준에 의한 공정한 심사를 요구할 권리를 가진다고 보아야 한다(대판 2020. 12. 24, 2018두45633).

4) 행정행위 갱신의 효과

행정행위 자체의 존속기간이든 행정행위 조건의 존속기간이든 허가 등 행정행위의 갱신으로 갱신전의 허가 등 행정행위는 동일성을 유지하면서 효력을 유지한다.

3. 부   담

부담이란 행정행위의 주된 내용에 부가하여 그 행정행위의 상대방에게 작위, 부작위, 급부, 수인 등의 의무를 부과하는 부관을 말한다.

부담은 다른 부관과 달리 그 자체가 행정행위이다. 따라서 부담만이 독립하여 항고소송의 대상이 될 수 있다.

부담에 의해 부과된 의무의 불이행이 있는 경우에 해당 의무의 불이행은 독립하여 강제집행의 대상이 된다. 부담에 의해 부과된 의무의 불이행으로 부담

부행정행위가 당연히 효력을 상실하는 것은 아니며 해당 의무불이행은 부담부
행정행위의 철회사유(대판 1989. 10. 24, 89누2431)가 될 뿐이며 철회시에는 철회
의 일반이론에 따라 이익형량의 원칙이 적용된다.

그러나 부담은 주된 행정행위에 부가된 부관이므로 부담의 효력은 주된 행
정행위의 효력에 의존한다.

부담과 조건의 구별이 애매한 경우에는 부담으로 추정함이 바람직하다. 그
이유는 부담이 조건보다 상대방에게 유리하기 때문이다.

예를 들면, 부관부 영업허가(또는 등록)의 경우에 해당 부관이 부담이라면 부담
의 이행 없이 영업을 하여도 무허가영업이 아니지만, 해당 부관이 정지조건이라면
조건의 성취 없이 영업을 하면 무허가영업이 된다. 부관이 해제조건이라면 조건이
성취되면 영업허가가 효력을 잃는다.

부담과 기한의 구별이 애매한 경우에도 부담이 기한보다 상대방에게 유리
하므로 부담으로 추정하는 것이 바람직하다.

[판례] 사도개설허가에서 정해진 공사기간 내에 사도로 준공검사를 받지 못한 경
우, 이 공사기간을 사도개설허가 자체의 존속기간(유효기간)으로 볼 수 없고 부담
이라는 이유로 사도개설허가가 당연히 실효되는 것은 아니라고 한 사례(대판 2004.
11. 25, 2004두7023[사도개설허가취소신청거부처분취소]).

4. 사후부담의 유보 또는 부담의 사후변경의 유보

사후부담의 유보란 행정행위를 발하면서 사후에 부담을 부가할 수 있는 권
한을 유보하는 부관을 말한다.

부담의 사후변경의 유보란 행정행위를 발하면서 이미 부가된 부담의 내용
을 사후에 변경할 수 있는 권한을 유보하는 부관을 말한다.

5. 철회권의 유보

철회권의 유보란 행정행위를 행함에 있어 일정한 경우에는 행정행위를 철
회할 수 있음을 정한 부관(⑩ 인근에 주택이 많이 들어서는 경우에는 학교환경위생

정화구역(상대정화구역) 내에서의 갑의 유흥주점에 대한 금지해제조치를 취소(강학상 철회)한다는 조건을 붙여 유흥주점허가를 해 준 경우)을 말한다.

철회권이 유보된 경우에도 철회의 제한이론인 이익형량의 원칙이 적용되지만, 행정행위의 상대방은 해당 행정행위의 철회시 신뢰보호의 원칙을 원용할 수 없다.

철회시 인정되어야 하는 신뢰보호에 근거한 손실보상도 철회권이 유보된 경우에는 원칙상 인정되지 않는다.

[부관의 종류]

구 분	의 의
조 건	행정행위의 효력을 발생이 불확실한 장래 사실에 의존시키는 부관 정지조건: 조건성취시 효력 발생 해제조건: 조건성취시 효력 소멸
기 한	행정행위의 효력을 도래 확실한 장래 사실에 의존시키는 부관 시기: 기한 도래시 효력 발생 종기: 기한 도래시 효력 소멸 확정기한: 도래시기 확정 불확정기한: 도래시기 불확정
부 담	행정행위의 주된 내용에 부가하여 상대방에게 의무를 부과하는 부관
철회권의 유보	행정행위를 행함에 있어 일정한 경우에는 행정행위를 철회할 수 있음을 정한 부관
사후부담의 유보 또는 부담의 사후변경의 유보	행정행위를 발하면서 사후에 부담을 부가할 수 있는 권한을 유보하는 부관(사후부담의 유보), 행정행위를 발하면서 이미 부가된 부담의 내용을 사후에 변경할 수 있는 권한을 유보하는 부관(부담의 사후변경의 유보)
법률효과의 일부 배제	법령이 행정행위에 부여하고 있는 일반적인 법률효과의 일부를 배제시키는 행정기관의 행위
수정부담(변경허가)	당사자가 신청한 내용과 다른 내용으로 행정행위를 행하는 것

※주의 ① 법정부관은 부관이 아님
② 법률효과의 일부배제, 수정부담은 부관이 아니라는 견해가 있음
③ 사후부담의 유보 또는 부담의 사후변경의 유보는 학자에 따라 부담권의 유보, 행정행위의 사후변경의 유보, 부담의 추가·변경·추가의 유보라고도 부름

Ⅲ. 부관의 한계

1. 부관의 가능성

(1) 재량행위, 기속행위, 기속재량행위(거부재량행위)

행정청은 처분에 재량이 있는 경우에는 개별법령에 근거가 없더라도 부관 (조건, 기한, 부담, 철회권의 유보 등을 말한다)을 붙일 수 있다(행정기본법 제17조 제 1항).

기속행위 및 기속재량행위(거부재량행위)에 있어서는 법률에 근거 없이 부관을 붙일 수 없지만, 기속행위 및 기속재량행위에 있어서도 법률에 부관을 붙일 수 있다는 명시적인 근거가 있는 경우에는 그 한도 내에서 부관을 붙일 수 있고(행정기본법 제17조 제2항, 대판 1995. 6. 13, 94다56883), 부관의 법적 근거가 없는 경우에도 요건을 충족하는 것을 정지조건으로 하는 부관은 붙일 수 있다.

(2) 사후부관 및 부관의 사후변경

행정청은 부관을 붙일 수 있는 처분이 다음 각 호의 어느 하나에 해당하는 경우에는 그 처분을 한 후에도 부관(사후부관)을 새로 붙이거나 종전의 부관을 변경(부관의 사후변경)할 수 있다. 1. 법률에 근거가 있는 경우, 2. 당사자의 동의 가 있는 경우, 3. 사정이 변경되어 부관을 새로 붙이거나 종전의 부관을 변경하지 아니하면 해당 처분의 목적을 달성할 수 없다고 인정되는 경우(행정기본법 제 17조 제3항).

2. 부관의 내용상 한계

부관은 다음 각 호의 요건에 적합하여야 한다. 1. 해당 처분의 목적에 위배되지 아니할 것, 2. 해당 처분과 실질적인 관련이 있을 것, 3. 해당 처분의 목적을 달성하기 위하여 필요한 최소한의 범위일 것(행정기본법 제17조 제4항).

① 부관은 법령에 위반되어서는 안 된다.

② 부관은 주된 행정행위의 목적에 반하여서는 안 된다.

③ 부관은 주된 행정행위와 실질적 관련성이 있어야 하며 그렇지 못한 것 (⑩ 주택단지건설사업계획의 승인에 일정한 토지의 기부채납을 부담으로 붙인 경우에, 기부채납의 대상이 된 토지가 주택단지의 건설과 전혀 관계가 없는 토지인 경우)은 부

당결부금지의 원칙에 반하여 위법한 부관이 된다.

　④ 부관은 평등원칙, 비례의 원칙 등 법의 일반원칙에 반하여서는 안 된다.

　⑤ 부관은 이행가능하여야 한다.

　⑥ 주된 행정행위의 본질적 효력을 해하지 아니하는 한도의 것이어야 한다
(대판 1990. 4. 27, 89누6808: 기선선망어업의 허가를 하면서 운반선, 등선 등 부속선을
사용할 수 없도록 제한한 부관의 경우에는 어업허가의 목적달성을 사실상 어렵게 하여
그 본질적 효력을 해치는 것이다).

제 6 절　행정행위의 성립요건, 효력발생요건, 적법요건, 유효요건

Ⅰ. 성립요건

　행정행위의 성립요건이란 행정행위가 성립하여 존재하기 위한 최소한의 요
건을 말한다. 행정행위가 성립(존재)하기 위하여는 어떤 행정기관의 행정의사가
내부적으로 결정되고(내부적 성립), 외부적으로 표시되어야 한다(외부적 성립).

　이러한 행정행위의 성립요건을 결여하면 행정행위는 부존재하는 것이 되며
부존재확인청구소송의 대상이 된다.

Ⅱ. 효력발생요건

　행정행위의 효력발생요건이란 행정행위가 상대방에 대하여 효력을 발생하
기 위한 요건을 말한다. 효력발생요건이 충족되지 않으면 해당 행정행위는 상대
방에 대하여 효력을 발생하지 못한다.

　행정행위는 상대방에게 통지되어 도달되어야 효력을 발생한다. 제3자에 대
한 통지는 효력발생요건은 아니다. 상대방이 존재하지 않는 행정행위(⑩ 망인에
대한 서훈취소)에 있어서는 처분권자의 의사에 따라 상당한 방법으로 대외적으
로 표시됨으로써 행정행위로서 성립하여 효력이 발생한다.

　통지의 방식으로는 송달과 공고 또는 고시가 있다. '도달'이란 상대방이 알

수 있는 상태에 두어진 것을 말하고 상대방이 처분의 내용을 현실적으로 안 것을 의미하지 않는다. 처분서가 처분상대방의 주민등록상 주소지로 송달되어 처분의 상대방 또는 처분상대방의 사무원 등 또는 그 밖에 우편물 수령권한을 위임받은 사람이 수령하면 처분상대방이 알 수 있는 상태가 되었다고 할 것이다(대판 2017. 3. 9, 2016두60577). 예를 들면, 갑(구치소에 수감중)의 처가 갑의 주소지에서 갑에 대한 정부인사발령통지를 수령한 때에 알 수 있는 상태에 있었다고 볼 수 있다(대판 1989. 9. 26, 89누4963).

우편물이 등기취급의 방법으로 발송된 경우 그것이 도중에 유실되었거나 반송되었다는 등의 특별한 사정에 대한 반증이 없는 한 그 무렵(발송일로부터 수일 내) 수취인에게 배달되었다고 추정할 수 있다(대판 2017. 3. 9, 2016두60577).

행정행위의 상대방이 특정되어 있는 행정행위의 상대방에 대한 통지는 원칙상 송달의 방법에 따른다(행정절차법 제15조 제1항).

일반처분에서와 같이 통지의 상대방이 불특정 다수인인 경우 또는 행정행위의 상대방의 주소 또는 거소가 불분명하여 송달이 불가능하거나 심히 곤란한 경우 고시 또는 공고의 방법으로 통지하도록 규정하고 있다(개별법령 및 행정절차법 제15조 제3항).

Ⅲ. 적법요건

행정행위가 행해짐에 있어 법에 따라 요구되는 요건을 적법요건이라 한다.

1. 주체에 관한 적법요건

행정행위는 해당 행정행위를 발할 수 있는 권한을 가진 자가 행하여야 한다.

2. 절차에 관한 적법요건

행정행위를 행함에 있어 일정한 절차, 예를 들면 청문, 다른 기관과의 협의 등을 거칠 것이 요구되는 경우에는 그 절차를 거쳐야 한다.

3. 형식에 관한 적법요건

행정청이 처분을 할 때에는 다른 법령등에 특별한 규정이 있는 경우를 제외하고는 문서로 하여야 하며, 전자문서로 하는 경우에는 당사자등의 동의가 있어야 한다. 다만, 신속히 처리할 필요가 있거나 사안이 경미한 경우에는 구술 그 밖의 방법으로 할 수 있다. 이 경우 당사자가 요청하면 지체 없이 처분에 관한 문서를 주어야 한다(행정절차법 제24조 제1항).

처분은 처분권자의 이름으로 처분권자의 관인(전자이미지관인을 포함한다)을 날인하거나 서명(전자문서서명 및 행정전자서명을 제외한다)하여 행한다.

4. 내용에 관한 적법요건

행정행위는 그 내용에 있어 적법하여야 하며 법률상이나 사실상으로 실현 가능하고 관계인이 인식할 수 있을 정도로 명확하여야 한다.

5. 적법요건을 결여한 행정행위의 효력

행정행위가 적법요건을 충족시키지 못한 경우에는 위법하다. 적법요건을 충족하지 못한 행정행위는 흠 있는 행정행위가 되며 흠 있는 행정행위의 효력은 후술하는 바와 같이 부존재, 무효 및 취소할 수 있지만 취소되기 전까지는 유효한 것으로 나누어진다.

Ⅳ. 유효요건

유효요건이란 행정행위가 무효가 되지 않고 효력을 갖기 위한 요건을 말한다. 행정행위의 유효요건은 행정행위의 무효요건에 대립되는 것으로 행정행위의 위법이 중대하고 명백하지 않을 것이다. 행정행위는 위법하더라도 그 위법이 중대하고 명백하여 무효가 되지 않는 한 공정력에 따라 권한 있는 기관이 취소하지 않는 한 유효하다.

제 7 절 행정행위의 하자(흠)와 그 효과

Ⅰ. 행정행위의 하자(흠)의 개념

위법 또는 부당과 같이 행정행위의 효력의 발생을 방해하는 사정을 **행정행위의 하자**(흠)라 한다.

위법이란 법의 위반을 의미하며 **부당**이란 법을 위반함이 없이 공익 또는 합목적성 판단을 잘못한 것(목적 위반)을 말한다. 행정기관이 재량권의 한계를 넘지 않는 한도 내에서 재량권의 행사를 그르친 행정행위가 부당한 행정행위가 된다.

위법한 행정행위는 행정심판이나 행정청의 직권으로 취소할 수 있을 뿐만 아니라 법원도 취소할 수 있다. 그러나 부당한 행정행위는 행정심판이나 행정청의 직권으로 취소할 수 있을 뿐 법원이 취소할 수는 없다.

행정처분에 있어 수개의 처분사유 중 일부가 적법하지 않다고 하더라도 다른 처분사유로써 그 처분의 정당성이 인정되는 경우에는 그 처분을 위법하다고 할 수 없다.

행정행위의 위법 여부는 원칙상 행정행위시의 법령 및 사실상태를 기준으로 판단한다(후술 행정소송 참조). 당사자(처분의 상대방)의 신청에 따른 처분도 법령등에 특별한 규정이 있거나 처분 당시의 법령등을 적용하기 곤란한 특별한 사정이 있는 경우를 제외하고는 처분 당시의 법령등에 따른다(행정기본법 제14조 제2항). 다만, 개정 전 법령의 존속에 대한 국민의 신뢰가 개정 법령의 적용에 관한 공익상의 요구보다 더 보호가치가 있다고 인정되는 경우에는 그러한 국민의 신뢰를 보호하기 위하여 신청 후의 개정 법령의 적용이 제한될 수 있다(대판 2000. 3. 10, 97누13818). 달리 말하면 개정 전 법령의 존속에 대한 국민의 신뢰이익이 개정 법령의 적용에 의한 공익보다 더 큰 경우에는 개정법령을 적용한 처분은 위법하다.

처분시법 적용의 원칙에는 다음과 같은 예외가 인정된다. ① 경과규정(법령의 제정·개정·폐지가 있는 경우에 종전의 규정과 새 규정의 적용관계 등 구법에서 신법으로 이행하는 데 따르는 여러 가지 조치의 규정)에서 신청시의 법령을 적용하도록 규정하는 경우가 있고, 이 경우에는 신청시의 법령을 적용하여 신청에 대한 처분을 하여야 한다. ② 행정청이 심히 부당하게 처분을 늦추고, 그 사이에 허가기준을 변경한 경우와 같이 신의성실의 원칙에 반하는 경우에는 개정전의 법령을 적용하여 처분하여야 한다(대판 1984. 5. 22, 84누77). ③ 사건의 발생시 법령에 따라 이미 법률관계가 확정되고, 행정청이 이를 확인하는 처분(예 장애 등급결정)을 하는 경우에는 일정한 예외적인 경우를 제외하고는 원칙상 처분시의 법령을 적용하는 것이 아니라 해당 법률관계의 확정시(지급사유발생시)(예 장애발생시, 치료등으로 장애등급변경시)의 법령을 적용한다. ④ 법령등을 위반한 행위의 성립과 이에 대한 제재처분은 법령등에 특별한 규정이 있는 경우를 제외하고는 법령등을 위반한 행위 당시의 법령등에 따른다. 다만, 법령등을 위반한 행위 후 법령등의 변경에 의하여 그 행위가 법령등을 위반한 행위에 해당하지 아니하거나 제재처분 기준이 가벼워진 경우로서 해당 법령등에 특별한 규정이 없는 경우에는 변경된 법령등을 적용한다(행정기본법 제14조 제3항). 질서위반행위의 성립과 과태료 처분은 질서위반행위 시의 법률에 따르지만, 질서위반행위 후 법률이 변경되어 그 행위가 질서위반행위에 해당하지 아니하게 되거나 과태료가 변경되기 전의 법률보다 가볍게 된 때에는 법률에 특별한 규정이 없는 한 변경된 법률을 적용한다(질서위반행위규제법 제3조). ⑤ 시험에 따른 합격 또는 불합격처분은 원칙상 시험일자의 법령을 적용한다. ⑥ 새로운 법령등은 법령등에 특별한 규정이 있는 경우를 제외하고는 그 법령등의 효력 발생 전에 완성되거나 종결된 사실관계 또는 법률관계에 대해서는 적용되지 아니한다(행정기본법 제14조 제1항). 이 규정은 법령의 소급적용을 금지한 규정이다. 그러나, 법령을 소급적용 하더라도 일반 국민의 이해에 직접 관계가 없는 경우, 오히려 그 이익을 증진하는 경우, 불이익이나 고통을 제거하는 경우 등의 특별한 사정이 있는 경우에 한하여 예외적으로 법령의 소급적용이 허용될 여지가 있을 따름이다(대판 2005. 5. 13, 2004다8630 ; 대판 2021. 3. 11, 2020두49850).

Ⅱ. 행정행위의 하자의 효과: 행정행위의 부존재, 무효, 취소

위법 또는 부당한 처분은 권한이 있는 기관이 취소하거나 기간의 경과 등으로 소멸되기 전까지는 유효한 것으로 통용된다. 다만, 무효인 처분은 처음부터 그 효력이 발생하지 아니한다(행정기본법 제15조, 제18조 제1항).

1. 행정행위의 부존재

행정행위의 부존재란 행정행위라고 볼 수 있는 외관이 존재하지 않는 경우를 말한다.

행정행위의 성립요건이 충족되지 못한 경우 및 행정행위의 외관을 갖추지 못한 경우에는 행정행위는 부존재이며 행정행위가 성립하여 행정행위의 외관은 갖추었으나 행정행위의 위법이 중대하고 명백하여 행정행위가 애초부터 효력을 발생하지 않는 경우가 무효이다.

2. 행정행위의 무효

행정행위의 무효란 행정행위가 외관상 성립은 하였으나 그 하자의 중대·명백(例 부동산을 양도한 사실이 없음에도 세무당국이 부동산을 양도한 것으로 오인하여 양도소득세를 부과한 경우(대판 1983. 8. 23, 83누179))으로 인하여 행정행위가 애초부터 아무런 효력을 발생하지 않는 경우를 말한다. 행정행위가 무효인 경우에는 누구든지 그 효력을 부인할 수 있다.

행정행위의 일부에 무효사유인 하자가 있는 경우에는 무효부분이 본질적이거나(처분청이 무효부분이 없이는 행정행위를 발하지 않았을 경우) 불가분적인 경우에는 행정행위 전부가 무효가 되고, 무효부분이 본질적이지 않고 가분적인 경우에는 무효부분만이 무효가 된다.

3. 행정행위의 취소

행정행위의 취소란 위법한 행정행위의 효력을 그 위법(例 교육환경법상 상대보호구역에서의 금지행위 및 시설의 해제 여부에 관한 행정처분을 함에 있어 지역교육환경보호위원회의 심의절차를 누락한 경우(대판 2007. 3. 15, 2006두15806))을 이유로 상실시키는 것을 말한다. 행정행위의 취소에는 쟁송취소와 직권취소가 있다.

쟁송취소는 취소심판에 따른 취소재결과 취소소송에 따른 취소판결이 있다.

직권취소는 처분청 또는 감독청이 취소하는 것을 말하며 행정행위의 성질을 갖는다.

4. 무효와 취소의 구별

(1) 무효와 취소의 구별실익

1) 행정쟁송에 있어서의 구별실익

(가) 행정쟁송의 방식과의 관계   취소할 수 있는 행정행위의 경우에는 취소심판과 취소소송으로 취소를 구할 수 있고, 무효인 행정행위에 대하여는 무효확인심판과 무효확인소송으로 무효확인을 구할 수 있다.

무효인 행정행위에 대하여 무효선언을 구하는 취소소송을 제기할 수 있다. 다만, 이 경우에도 소송의 형식이 취소소송이므로 취소소송의 제소요건을 구비하여야 한다(대판 1984. 5. 29, 84누175). 또한, 무효인 행정행위에 대해 단순히 취소를 구하는 취소소송을 제기할 수 있고, 이 경우 법원은 취소소송으로서의 소송요건이 충족된 경우에는 취소판결을 한다.

(나) 행정불복제기기간과의 관계   취소쟁송은 단기의 제기기간 내에 제기되어야 하나, 무효확인쟁송을 제기함에는 그러한 제한을 받지 아니한다. 무효선언을 구하는 취소소송에는 행정불복제기기간이 적용된다는 것이 판례의 입장이다.

(다) 행정심판전치주의와의 관계   행정심판전치주의는 취소소송(무효선언을 구하는 취소소송 포함)에는 적용되지만, 무효확인소송에는 적용되지 않는다.

(라) 선결문제와의 관계   취소할 수 있는 행정행위(예 위법한 조세부과처분)는 당사자소송이나 민사소송(예 조세과오납금환급소송)에서 선결문제로서 그 효력을 부인할 수 없지만, 무효인 행정행위(예 위법한 조세부과처분)는 민사소송(예 조세과오납금환급소송)에서 그 선결문제로서 무효를 확인할 수 있다.

(마) 사정재결 및 사정판결과의 관계   취소할 수 있는 행정행위에 대하여서만 사정재결, 사정판결이 인정된다.

2) 행정행위의 효력

무효인 행정행위는 행정행위가 애초부터 효력을 발생하지 않는다. 무효인 행정행위에는 공정력, 불가쟁력이 인정되지 않는다.

취소할 수 있는 행정행위는 공정력이 인정되어 권한 있는 기관이 취소하기 전까지는 유효하다. 취소할 수 있는 행정행위에 대하여 일정한 불복기간 내에 행정심판이나 행정소송을 제기하지 않으면 불가쟁력이 발생한다.

(2) 무효사유와 취소사유의 구별기준

통설·판례는 행정행위의 하자가 내용상 중대하고, 외관상 명백한 경우에 무효인 하자가 되고, 이 두 요건 중 하나라도 충족하지 않는 경우에는 취소사유로 보는 중대명백설(또는 외관상 일견명백설)을 취하고 있다.

이와 같은 통설·판례의 중대명백설에 대하여는 이 견해의 엄격성을 비판하며 무효사유를 보다 완화하려는 조사의무위반설, 명백성보충요건설, 중대설이 주장되고 있고, 그 견해의 경직성을 비판하며 무효사유와 취소사유의 구별을 구체적인 경우마다 관계되는 구체적인 이익과 가치를 고려하여 결정하려는 구체적 가치형량설이 제기되고 있다.

판례는 원칙상 중대명백설을 취하면서도 구체적 상황의 고려의 여지를 남기고 있다(대판 전원합의체 1995. 7. 11, 94누4615).

Ⅲ. 행정행위의 하자(위법사유)

행정행위의 하자에는 주체에 관한 하자, 절차에 관한 하자, 형식에 관한 하자 및 내용에 관한 하자가 있는데, 전 3자를 '광의의 형식상(절차상) 하자'라 하고 후자는 '내용상 하자'라 한다.

형식상 하자와 내용상 하자를 구별하는 실익은 취소소송에서 행정행위가 형식상 하자로 인하여 취소된 경우에 행정청은 동일한 내용의 행정처분을 다시 내릴 수 있지만 내용상 하자를 이유로 취소된 경우에 행정청은 원칙상 동일한 내용의 행정처분을 다시 내리지 못한다는 것인데, 이는 취소판결의 효력인 기속력 때문이다.

1. 주체에 관한 하자

행정행위는 정당한 권한을 가진 행정기관이 그의 권한 내에서 정상적인 의사에 기하여 행하여야 한다.

무권한의 행위는 원칙적으로 무효이다. 왜냐하면, 무권한은 중대한 하자이고, 행정권한법정주의에 따라 행정권한은 법령에 규정되어 있으므로 무권한의 하자는 원칙상 명백하기 때문이다. 다만, 무권한의 행위라도 취소할 수 있는 행정행위 또는 유효인 행위로 보아야 할 경우가 있다.

2. 절차의 하자

절차의 하자란 행정행위가 행해지기 전에 거쳐야 하는 절차 중 하나를 거치지 않았거나 거쳤으나 절차상 하자가 있는 것을 말한다(⑩ 청문절차를 거치지 아니한 영업허가취소처분).

절차의 하자는 독립된 취소사유가 된다는 것이 판례의 입장이다. 절차의 하자는 그 중요도에 따라 무효사유 또는 취소사유가 되며 경미한 하자는 효력에 영향을 미치지 않는다.

판례는 원칙상 절차의 하자를 중요한 하자로 보지 않으면서 취소할 수 있는 하자로 본다. 다만, 환경영향평가절차를 거치지 않은 하자는 통상 중대명백한 하자이므로 원칙상 당연무효로 본다.

3. 형식에 관한 하자

법령상 문서, 그 밖의 형식이 요구되는 경우에 이에 따르지 않으면 해당 행정행위는 형식의 하자가 있는 행위가 된다.

법령상 문서로 하도록 되어 있는 행정행위를 문서로 하지 아니한 때(⑩ 독촉장에 의하지 아니한 납세의 독촉)에 해당 행정행위는 원칙상 무효이다(대판 1970. 3. 24, 69도724).

법률이 행정청의 서명날인을 요구하고 있는 경우에 이를 결여한 행위는 원칙적으로 무효이다. 판례는 내부위임을 받은 행정기관이 자신의 이름으로 행정처분을 한 경우 이를 권한의 하자로 보면서 무효인 하자로 보고 있다(내부위임을 받은 행정기관이 자신의 이름으로 행정처분을 한 경우(대판 1986. 12. 9, 86누569)).

4. 내용에 관한 하자

행정행위가 완전한 효력을 발생하기 위하여는 행정행위의 내용이 법에 위반하지 아니하고 공익에 적합하여야 하며 실현불가능하지 않아야 하며 불명확하지 않아야 한다.

법령의 규정에 관한 법리가 아직 명백하게 밝혀지지 않아 해석에 다툼의 여지가 있었을 경우 처분청이 그 규정을 잘못 해석하여 한 처분은 당연무효라고 할 수 없다(판례).

대법원은 무효와 취소의 구별에 관한 학설 중 중대명백설에 입각하여 위헌인 법률에 근거하여 발하여진 행정처분은 특별한 사정이 없는 한 취소할 수 있는 행위에 불과하다고 보고 있다. 왜냐하면 일반적으로 법률이 헌법에 위반된다는 사정이 헌법재판소의 위헌결정이 있기 전에는 객관적으로 명백한 것이라고 할 수는 없기 때문이다(대판 1994. 10. 28, 93다41860 등). '특별한 사정이 있는 경우'란 법률의 위헌성이 명백한 경우를 의미한다고 볼 것이다.

이에 대하여 헌법재판소의 다수의견은 위헌인 법률에 근거한 행위를 원칙상 취소할 수 있는 행위로 보지만 예외적으로 행정처분을 무효로 보더라도 법적 안정성을 크게 해치지 않는 반면에 그 하자가 중대하여 권리구제가 필요한 경우에는 위헌으로 선고된 법률에 근거한 처분을 무효로 볼 수 있다고 보고 있다.

Ⅳ. 하자의 승계

선행행위의 위법을 이유로 후행행위의 위법을 주장하거나 후행행위를 취소할 수 있는지에 관하여 하자의 승계론과 선행행위의 후행행위에 대한 구속력론(이하 '구속력론'이라 한다)이 대립하고 있다.

1. 하자의 승계론

(1) 하자의 승계의 의의

하자(위법성)의 승계란 행정이 여러 단계의 행정행위를 거쳐 행해지는 경우에 선행 행정행위의 위법을 이유로 적법한 후행 행정행위의 위법을 주장할 수 있는 것을 말한다.

(2) 하자의 승계의 전제조건

하자의 승계가 인정되기 위하여는 우선 다음의 전제조건을 충족하여야 한다. ① 선행행위와 후행행위가 모두 항고소송의 대상이 되는 처분이어야 한다. ② 선행행위에 취소할 수 있는 위법이 있어야 한다. 선행행위가 무효인 경우에는 후행행위도 당연히 무효이므로 하자의 승계문제가 제기되지 않는다. ③ 선행행위에 대해 불가쟁력이 발생하여야 한다. 왜냐하면, 선행행위에 대한 취소기간이 지나지 않은 경우에는 선행행위를 다투어 권리구제를 받을 수 있기 때문이다. ④ 후행행위가 적법하여야 한다. 후행행위가 위법하면 후행행위의 위법을 다투어 권리구제를 받을 수 있기 때문에 하자의 승계를 인정할 필요가 없다.

(3) 하자의 승계의 인정기준 및 인정범위

1) 원 칙

하자의 승계의 인정범위는 행정법관계의 안정성의 보장이라는 요청과 국민의 권리구제의 요청을 조화하는 선에서 결정되어야 한다.

통설 및 판례는 기본적으로 선·후의 행정행위가 결합하여 하나의 법적 효과를 달성시키는가 아니면 선·후의 행정행위가 서로 독립하여 별개의 법적 효과를 발생시키는가에 따라 하자의 승계 여부를 결정한다. 즉 전자의 경우에 한하여 하자의 승계를 인정한다.

판례는 하명처분(⑩ 철거명령, 부과처분)과 집행처분(⑩ 대집행처분(계고, 통지, 비용납부명령)) 또는 징수처분(납세고지, 압류처분, 공매처분, 환가처분) 사이에는 하자의 승계를 인정하지 않고, 집행처분(계고, 통지, 대집행의 실행, 비용납부명령)사이나 징수처분 사이에는 하자의 승계를 인정하고 있다. 이행강제금은 시정명령 자체의 이행을 목적으로 하므로 시정명령과 이행강제금부과처분 사이에서는 하자가 승계된다고 보아야 한다(대판 2020. 12. 24, 2019두55675).

〈하자의 승계를 인정한 사례〉

계고처분과 대집행영장발부통보처분 사이(대판 1996. 2. 9, 95누12507), 계고처분과 대집행비용납부명령 사이(대판 1993. 11. 9, 93누14271), 표준공시지가결정과 수용재결(보상금 산정) 사이(대판 2008. 8. 21, 2007두13845[토지보상금]), 일정한 경우 개별공시지가와 과세처분 사이(대판 1994. 1. 25, 93누8542).

〈하자의 승계를 인정하지 않은 사례〉

선행 과세처분과 후행 체납처분 사이(대판 1961. 10. 26, 4292행상73), 건물철거명령과 대집행(계고처분) 사이(대판 1998. 9. 8, 97누20502), 선행 직위해제처분과 후행 직권면직처분 사이(대판 1971. 9. 29, 71누96), 선행 변상판정과 후행 변상명령 사이(대판 1963. 7. 25, 63누65), 선행 사업인정과 후행 수용재결 사이(대판 1993. 6. 29, 91누2342), 표준공시지가와 개별공시지가 사이(대판 1995. 3. 28, 94누12920), 표준지공시지가결정과 재산세부과처분 사이(대판 2022. 5. 13, 2018두50147), 일정한 경우 개별공시지가와 과세처분 사이(대판 1998. 3. 13, 96누6059: 개별토지가격 결정에 대한 재조사 청구에 따른 감액조정에 대하여 더 이상 불복하지 아니한 경우, 이를 기초로 한 양도소득세 부과처분 취소소송에서 다시 개별토지가격 결정의 위법을 해당 과세처분의 위법사유로 주장할 수 없다고 한 사례).

2) 예   외

예측가능성과 수인가능성이 없는 경우에는 선행행위와 후행행위가 서로 독립하여 별개의 효과를 목적으로 하는 경우에도 선행행위의 위법을 후행행위에 대한 취소소송에서 독립된 취소사유로 주장할 수 있다(대판 1994. 1. 25, 93누8542: 선행행위인 개별공시지가결정의 위법을 후행행위인 과세처분 취소소송에서 취소사유로 주장할 수 있다고 한 사례).

이에 반하여 수인가능성이나 예측가능성이 있는 경우에는 선행행위의 위법을 후행행위의 위법사유로 주장할 수 없다(대판 1998. 3. 13, 96누6059: 개별토지가격 결정에 대한 재조사 청구에 따른 감액조정에 대하여 더 이상 불복하지 아니한 경우, 선행처분인 개별공시지가 결정의 불가쟁력이나 구속력이 수인한도를 넘는 가혹한 것이거나 예측불가능하다고 볼 수 없어, 이를 기초로 한 양도소득세 부과처분 취소소송에서 다시 개별토지가격 결정의 위법을 당해 과세처분의 위법사유로 주장할 수 없다고 한 사례).

(4) 하자의 승계의 효과

하자의 승계가 인정되는 경우 선행행위의 위법을 후행행위의 위법사유로 주장할 수 있고, 취소권자는 선행행위의 위법을 이유로 후행행위를 취소할 수 있다.

2. 선행 행정행위의 후행 행정행위에 대한 구속력론

선행행위의 후행행위에 대한 구속력(규준력, 기결력)이란 후행 행정행위의 단계에서 후행 행정행위의 전제가 되는 선행 행정행위에 배치되는 주장을 하지 못하는 효력을 말한다.

일부 학설은 선행 행정행위의 후행 행정행위에 대한 구속력을 하자의 승계를 대체하는 이론으로 주장한다. 즉, 판례에서와 같이 하자의 승계를 널리 인정하는 것은 타당하지 않으며 선행행위의 후행행위에 대한 구속력의 한계가 인정되는 경우(예측가능성과 수인가능성이 없는 경우)에 한하여 선행행위의 위법을 후행행위에서 주장할 수 있다고 한다.

구속력의 예외가 인정되는 경우(예측가능성과 수인가능성이 없는 경우) 선행행위의 후행행위에 대한 구속력이 인정되지 않고, 그 결과 선행행위의 위법을 이유로 후행행위를 취소할 수 있다.

3. 하자의 승계론과 구속력론의 관계 및 적용

판례는 원칙상 하자의 승계론에 따라 선행행위의 위법의 후행행위에의 승계 여부를 판단하고 있다.

다만 전술한 바와 같이 판례는 선행처분의 하자를 이유로 후행처분의 효력을 다툴 수 없게 하는 것이 당사자에게 수인한도를 넘는 불이익을 주고 그 결과가 당사자에게 예측가능한 것이라고 할 수 없기 때문에 선행처분의 후행처분에 대한 구속력을 인정할 수 없다고 보고, 그러므로 선행처분의 위법을 이유로 후행처분의 효력을 다툴 수 있다고 보고 있다(대판 1994. 1. 25, 93누8542 ; 대판 2013. 3. 14, 2012두6964[독립유공자법적용배제결정처분취소]). 이 판례의 해석과 관련하여 이 판례가 하자의 승계를 확대하였다는 견해(하자의 승계확대설)와 이 판례가 구속력이론에 입각하여 선행행위의 위법을 이유로 후행행위의 위법을 주장할 수 있다고 보았다는 견해(구속력설)가 대립하고 있다. 생각건대, 판결문에서 구속력이라는 용어를 사용하고 있고, 설시한 법리도 구속력론의 법리인 점에 비추어 구속력설이 타당하다. 그리고, 하자의 승계론과 구속력론은 별개의 이론이므로 중첩적으로 적용될 수 있는 것으로 보는 것이 타당하다(중첩적용설).

V. 흠 있는 행정행위의 치유와 전환

1. 하자의 치유

하자의 치유란 성립당시에 적법요건을 결한 흠 있는 행정행위라 하더라도 사후에 그 흠의 원인이 된 적법요건을 보완하거나 그 흠이 취소사유가 되지 않을 정도로 경미해진 경우에 그의 성립 당시의 흠에도 불구하고 하자 없는 적법한 행위로 그 효력을 그대로 유지시키는 것을 말한다.

하자 있는 행정행위의 치유는 행정행위의 성질이나 법치주의의 관점에서 볼 때 원칙적으로 허용될 수 없는 것이고, 예외적으로 행정행위의 무용한 반복을 피하고 당사자의 법적 안정성을 위해 이를 허용할 수 있는 것인데 이 때에도 다른 국민의 권리나 이익을 침해하지 않는 범위에서 구체적 사정에 따라 합목적적으로 인정하여야 할 것이다(대판 1983. 7. 26, 82누420 ; 대판 2002. 7. 9, 2001두10684). 절차의 하자는 이해관계인의 절차적 권리가 침해되지 않는 한도내에서만 치유가 가능하다.

하자의 치유가 인정되는 사유로는 흠결된 요건의 사후보완이 있다. 예를 들면, 무권대리의 사후추인, 처분의 절차 또는 형식의 사후보완, 불특정목적물의 사후특정, 이유의 사후제시가 있다. 치유의 대상이 되는 하자는 절차법상의 하자(형식의 하자 포함)뿐만 아니라 실체법상(내용상)의 하자도 포함하지만, 하자의 치유가 주로 인정되는 것은 절차와 형식의 하자의 경우이다. 판례는 내용상 하자는 치유가 가능하지 않은 것으로 본다.

판례는 이유제시의 하자를 치유하려면 늦어도 처분에 대한 불복 여부의 결정 및 불복신청에 편의를 줄 수 있는 상당한 기간 내에 달리 말하면 행정심판이나 행정소송 제기 전에 하여야 한다고 판시하고 있다.

행정행위의 하자가 치유되면 해당 행정행위는 처분시부터 하자가 없는 적법한 행정행위로 효력을 발생하게 된다.

2. 하자 있는 행정행위의 전환

행정행위의 전환이란 행정행위가 본래의 행정행위로서는 무효이나 다른 행정행위로 보면 그 요건이 충족되는 경우에 흠 있는 행정행위를 흠 없는 다른 행정행위로 인정하는 것을 말한다. 사망자에 대한 귀속재산의 불하처분을 상속인에 대한 처분으로 전환하는 것을 그 예로 들 수 있다.

무효의 전환이 인정되면 새로운 행정행위가 발생한다. 즉, 하자있는 행정행위는 송달된 날에 전환된 행정행위로서 효력이 발생한다.

제 8 절 행정행위의 취소, 철회와 변경

일단 유효하게 성립한 행정행위의 효력을 상실(폐지)시키는 것으로 행정행위의 취소와 철회가 있다.

행정행위의 취소에는 쟁송취소와 직권취소가 있다. 쟁송취소는 행정쟁송을 통한 행정행위의 취소이다. 쟁송취소는 행정심판법과 행정소송법의 문제이므로 쟁송취소에 관한 것은 후술하기로 한다. 여기에서는 행정행위의 직권취소를 주로 고찰하기로 한다.

처분에 대한 취소·철회·변경의 신청권은 원칙상 인정되지 않지만, 명문의 규정에 따라 또는 조리상 취소·철회·변경의 신청권이 인정되는 경우가 있다. 다만, 불가쟁력이 발생한 처분에 대한 취소·철회·변경의 신청권은 특히 제한적으로 인정된다.

Ⅰ. 행정행위의 취소

행정기본법 제18조 제1항은 위법 또는 부당한 처분의 직권취소를 규정하고 있다.

1. 취소의 개념

행정행위의 취소란 위법 또는 부당한 행정행위의 효력을 상실시키는 것을 말한다.

행정행위의 취소에는 직권취소와 쟁송취소가 있다.

2. 직권취소와 쟁송취소의 구별

직권취소와 쟁송취소는 모두 하자 있는 행정행위의 효력을 상실시킨다는 점에서는 공통점을 갖지만 취소의 본질, 목적, 내용 및 효과 등에서 상이하므로 오늘날 쟁송취소와 직권취소를 구별하는 것이 일반적이다.

(1) 취소의 목적 또는 본질

쟁송취소는 위법한 행정행위로 인하여 권익침해를 받은 국민의 권익구제와 함께 행정의 적법성 회복을 목적으로 행해진다. 쟁송취소는 권익을 침해당한 자의 쟁송의 제기에 따라 심판기관이 쟁송절차를 거쳐 행정행위의 효력을 상실시키는 사법적 성질의 행위이다.

이에 반하여 직권취소는 적법성의 회복과 함께 장래에 향하여 행정목적을 적극적으로 실현하기 위하여 행해진다. 직권취소는 행정청이 쟁송의 제기와 관계없이 직권으로 위법한 행정행위의 효력을 상실시키는 행위로서 그 자체가 독립적인 행정행위이다.

(2) 취소권자

직권취소는 처분행정청 또는 법률에 근거가 있는 경우에 상급행정청이 행하지만, 쟁송취소는 권익침해를 받은 처분의 상대방 또는 제3자의 청구에 따라 행정심판의 경우에는 행정심판기관인 행정심판위원회가, 행정소송의 경우에는 법원이 행한다.

행정처분을 직권취소할 수 있는 권한은 해당 행정처분을 한 처분청에게 속하고, 해당 행정처분을 할 수 있는 적법한 권한을 가지는 행정청에게 그 취소권이 귀속되는 것이 아니다(대판 1984. 10. 10. 84누463).

(3) 취소의 대상

직권취소의 대상은 모든 행정행위이다. 즉, 부담적 행정행위, 수익적 행정행위 및 제3자효 행정행위 모두 직권취소의 대상이 된다.

이에 반하여 쟁송취소에 있어서는 부담적 행정행위와 제3자효 행정행위가 취소의 대상이 되며 수익적 행정행위는 소의 이익(권리보호의 필요)이 없으므로 취소의 대상이 되지 않는다.

불가변력이 발생한 행정행위(예 행정심판의 재결)에 대하여는 쟁송취소만이 가능하다.

(4) 취소사유

직권취소에 있어서는 위법뿐만 아니라 부당도 취소사유가 된다.

쟁송취소에 있어서 행정심판을 통한 취소에 있어서는 부당도 취소사유가 되지만, 취소소송을 통한 취소에 있어서는 위법만이 취소사유가 된다.

(5) 취소의 제한

직권취소에 있어서는 취소로 인하여 상대방 또는 이해관계인이 받게 되는 불이익과 취소로 인하여 달성되는 공익 및 관계이익을 비교형량하여야 한다. **행정기본법 제18조 제2항** 단서에 따르면 당사자에게 동조의 귀책사유가 있는 경우 이익형량 없이 취소처분을 하는 것이 가능하다.

그러나 쟁송취소에 있어서는 위법한 경우에는 이익형량의 필요 없이 원칙상 취소하여야 한다. 다만, 쟁송취소의 경우에 취소로 인하여 공익이 심히 해를 입는다고 판단되는 경우에는 취소하지 않을 수 있다(사정재결 또는 사정판결).

(6) 취소기간

직권취소의 경우에는 실권의 경우(예 행정청이 가진 취소권, 철회권, 영업정지권 등 권한의 상실)를 제외하고는 취소기간의 제한이 없다.

이에 대하여 쟁송취소의 경우에는 단기의 쟁송기간이 정해져 있어서 이 기간을 지나면 더 이상 행정행위의 취소를 청구할 수 없다(불가쟁력).

(7) 취소절차

쟁송취소는 행정심판법, 행정소송법 등이 정한 쟁송절차에 따라 행해진다.

이에 대하여 직권취소는 개별법 또는 행정절차법에 정해진 행정절차에 따라 행해진다.

(8) 취소의 형식

쟁송취소는 재결 또는 판결의 형식에 의해 행해지지만, 직권취소는 그 자체가 하나의 행정행위로서 특별한 형식을 요하지 않는다.

(9) 취소의 효과(소급효 여부)

쟁송취소는 원칙적으로 소급효가 인정된다.

직권취소의 경우 행정청은 위법 또는 부당한 처분의 전부나 일부를 소급하여 취소할 수 있지만, 당사자의 신뢰를 보호할 가치가 있는 등 정당한 사유가

있는 경우에는 **장래를 향하여** 취소할 수 있다(행정기본법 제18조 제1항). 직권취
소의 경우에 그 대상이 수익적 행정행위인 경우에는 상대방에게 귀책사유가 있
을 때를 제외하고는 상대방의 신뢰를 보호하기 위하여 취소의 효과가 소급하지
않는 것이 원칙이다. 상대방에게 귀책사유가 있는 경우에는 처분시까지 또는 처
분시 이후 일정 시점까지 소급효 있는 취소가 가능하다.

(10) 취소의 내용(또는 범위)

직권취소는 처분의 적극적 변경을 내용으로 할 수 있지만, 쟁송취소는 행정
심판에 따른 취소의 경우에는 적극적 변경이 가능하다고 보이지만, 행정소송에
따른 취소의 경우에는 원칙적으로 소극적 변경(일부취소)만이 허용된다.

[쟁송취소와 직권취소와의 구별]

구 분	쟁송취소	직권취소
기본적 성격	회고적 적법상태의 회복	미래지향적 행정목적의 실현
취소권자	행정심판위원회, 법원	처분청, 감독청
취소사유	추상적 위법성	위법사유의 구체적 내용이 개개의 구체적 행정목적 위반
취소의 대상	주로 침해적 행위	주로 수익적 행위
취소권의 제한	원칙적으로 제한이 없음	신뢰보호의 원칙상 제한되는 경우 있음
취소 절차	엄격한 절차 적용	엄격한 절차 적용 없음
취소 기간	법정되어 있음	법정되어 있지 않음
취소의 내용	적극적 변경 불가, 다만 행정심판의 재결에 의한 취소의 경우에는 가능	적극적 변경 가능
취소의 효과	원칙적으로 소급효가 있음	원칙상 소급효 없음. 다만, 상대방에게 귀책사유가 있는 경우 소급적으로 취소가능

3. 직권취소의 법적 근거 및 취소권자

행정기본법 제18조 제1항은 행정청은 위법 또는 부당한 처분의 전부나 일
부를 취소할 수 있는 것으로 규정하고 있다.

감독청이 법적 근거가 없는 경우에도 감독권에 근거하여 피감독청의 처분을 취소할 수 있는가에 대하여는 견해가 대립되고 있다.

4. 취소사유

행정행위의 흠, 즉 위법 또는 부당이 취소사유가 된다.

흠이 있으나 이미 치유된 경우(⑩ 처분의 형식 또는 절차의 사후보완, 불특정목적물의 사후특정)에는 취소의 대상이 되지 않는다.

5. 취소의 제한

행정행위의 취소에 있어서는 행정행위를 취소하여 달성하고자 하는 이익과 행정행위를 취소함으로써 야기되는 신뢰에 기초하여 형성된 이익의 박탈을 형량하여 전자가 큰 경우에 한하여 취소가 인정된다고 보아야 한다. 이 원칙을 **이익형량의 원칙**이라 한다.

행정청은 제18조 제1항에 따라 당사자에게 권리나 이익을 부여하는 처분(수익적 처분)을 취소하려는 경우에는 취소로 인하여 당사자가 입게 될 불이익을 취소로 달성되는 공익과 비교·형량(衡量)하여야 한다. 다만, 다음 각 호의 어느 하나에 해당하는 경우에는 그러하지 아니하다. 1. 거짓이나 그 밖의 부정한 방법으로 처분을 받은 경우, 2. 당사자가 처분의 위법성을 알고 있었거나 중대한 과실로 알지 못한 경우(행정기본법 제18조 제2항). "취소로 인하여 당사자가 입게 될 불이익"이란 "취소로 인하여 당사자가 입게 될 기득권과 신뢰보호 및 법률생활의 안정의 침해 등 불이익"을 말한다(대판 2014. 11. 27, 2013두16111).

행정기본법 제18조 제2항 단서에 따르면 당사자에게 동조의 귀책사유가 있는 경우 이익형량 없이 취소처분을 하는 것이 가능하다. 그러나, 재량행위의 본질 및 비례원칙에 비추어 당사자에게 귀책사유가 있는 경우에도 재량행위인 취소처분을 함에 있어서는 이익형량을 하는 것이 타당하다. 다만, 당사자에게 귀책사유가 있는 경우에는 당사자에게 신뢰이익이 인정되지 않는다.

6. 취소절차

직권취소는 법령에 규정이 없는 한 특별한 절차를 요하지 않으며 행정절차법의 적용을 받는다. 수익적 행정행위의 취소는 권리를 제한하는 처분이므로 취소의 상대방에 대하여 사전에 통지하고(행정절차법 제21조), 의견제출의 기회를 주어야 한다.

다만, 개별법에서 청문이나 공청회를 개최하도록 하고 있는 경우에는 청문이나 공청회의 개최만 하면 된다(행정절차법 제22조 제3항).

7. 취소의 종류

행정청은 전부취소 또는 일부취소를 선택할 수 있고, 소급효 있는 취소 또는 소급하지 않는 취소를 결정할 수 있다.

일부취소는 행정행위가 가분적인 경우에 가능하다. 예를 들면 건물 전체에 대한 철거명령 중 건물 일부에 대한 부분만에 대한 취소는 건물 일부의 철거가 가능한 경우에 한한다.

8. 취소의무

직권취소 여부는 원칙상 행정청의 재량에 속하지만, 위법한 원행정행위의 존속으로 국민의 중대한 기본권이 침해되는 경우에는 해당 원행정행위를 취소하여야 한다.

9. 취소의 효과

취소된 처분은 대세적으로 효력을 상실한다.

10. 취소의 취소

판례는 침익적 행정행위의 취소의 직권취소는 인정하지 않지만, 수익적 행정행위의 직권취소에 대하여는 취소가 가능한 것으로 본다.

행정행위의 취소가 소급적으로 취소되면 취소가 없었던 것이 되므로 원행정행위는 애초부터 취소되지 않은 것으로 된다.

11. 수익적 행정행위의 소급적 직권취소후 환수처분

수익적 행정행위가 소급적으로 직권취소되면 특별한 규정이 없는 한 이미 받은 이익(예 연금)은 부당이득이 되는 것이므로 부당이득반환청구가 가능한 것으로 볼 수 있다. 그런데, 행정행위의 직권취소와 별개로 환수처분(부당이득금반환결정처분)에 의해 환수하는 경우가 있다. 이 경우 직권취소처분이 적법하다고 하여 환수처분도 반드시 적법하다고 판단하여야 하는 것은 아니다. 직권취소는 적법하지만, 환수처분은 위법한 경우도 있다(대판 2014. 7. 24, 2013두27159 참조).

「공공재정 부정청구 금지 및 부정이익 환수 등에 관한 법률」(약칭 '공공재정환수법'이라 한다)에 따르면 행정청은 부정청구등이 있는 경우에는 부정이익과 대통령령으로 정하는 이자(이하 "부정이익등"이라 한다)를 환수하여야 한다(제8조 제1항). 행정청은 부정이익등을 환수하는 경우에는 공공재정지급금 지급 결정의 전부 또는 일부를 취소하여야 한다(동조 제2항). 부정이익등의 환수를 위한 가액 산정 기준, 환수 절차에 관한 사항은 대통령령으로 정한다(동조 제3항).

부당이득의 환수처분은 이익형량을 전제로 하므로 특별한 규정이 없는 한 재량행위로 보는 것이 타당하다.

Ⅱ. 행정행위의 철회

1. 철회의 의의

행정행위의 철회란 적법하게 성립한 행정행위의 효력을 성립 후에 발생한 근거법령의 변경 또는 사실관계의 변경 등 새로운 사정으로 인하여 공익상 그 효력을 더 이상 존속시킬 수 없는 경우에 본래의 행정행위의 효력을 장래에 향하여 상실시키는 독립된 행정행위를 말한다.

철회는 그 대상이 하자 없는 행정행위라는 점에서 그 대상이 하자 있는 행정행위인 취소와 구별된다. 그러나 실정법상으로는 철회라는 용어를 사용하는 경우는 많지 않고 철회에 해당하는 경우도 취소라는 용어를 사용하는 경우가 많다. 따라서, 행정청의 '행정행위의 취소'가 있더라도 취소사유의 내용, 경위 기타 제반 사정을 종합하여 명칭에도 불구하고 행정행위의 효력을 장래에 향해 소멸시키는 행정행위의 철회에 해당하는지 살펴보아야 한다.

2. 취소와 철회의 구별

종래에는 철회와 취소를 엄격히 구분하였지만 오늘날에는 철회와 협의의 취소인 직권취소 사이의 구별은 상대적이라고 보며 나아가 양자간의 차이보다는 유사성이 강조되는 경향에 있다.

(1) 개괄적 비교

일반적으로 원시적 하자 있는(위법 또는 부당한) 행정행위의 효력을 소멸시키는 행위를 취소라고 하고, 본래는 적법했으나 후발적인 사정을 이유로 장래에 향하여 효력을 상실시키는 행위를 철회라고 한다. 그러나 이러한 취소와 철회의 구별은 적어도 직권취소와 철회에 관하여는 그다지 중요하지 않다.

직권취소와 철회는 모두 쟁송에 의하지 않고 행정기관의 직권에 의해 행정행위의 효력을 소멸시키는 점에 공통성이 있다. 이것은 부담적 행정행위에 있어서도 수익적 행정행위에 있어서도 인정된다.

(2) 직권에 의한 취소와 철회의 비교

1) 철회(취소)의 목적

철회는 새로운 공익목적을 달성하기 위하여 행하여지지만 상대방의 위법행위에 대한 제재로서의 영업허가의 철회는 법질서의 유지를 직접 목적으로 한다.

직권취소는 위법성의 시정을 통한 적법성의 회복뿐만 아니라 장래를 향한 행정목적의 실현을 위한 수단으로 행하여지는데, 행정현실에 있어서는 오히려 후자의 경우가 많다.

이렇게 볼 때 직권취소와 철회는 다같이 행정목적의 실현을 위한 행정의 개입수단이 되는 점에서는 서로 비슷한 성질을 가진다.

2) 철회(취소)권자

철회는 그 성질상 새로운 처분을 하는 것과 같기 때문에 처분청만이 이를 행할 수 있지만, 취소의 경우에는 처분청 외에 감독청도 권한을 갖는다는 견해가 있다.

그러나 직권취소에 있어서도 법률에 특별한 규정이 있는 경우 이외에는 감독청은 취소권이 없다는 견해가 유력하다.

3) 법률의 근거

행정기본법은 직권취소나 철회의 일반적 근거규정을 두고 있으므로 직권취소나 철회는 개별법률의 근거가 없어도 가능하다(행정기본법 제18조, 제19조).

4) 철회(취소)원인

취소는 처분이 원시적 하자(위법 또는 부당)를 이유로 하고, 철회는 원시적 하자가 아닌 새로운 사정의 발생으로 인한 공익상 필요를 이유로 한다고 하는 것이 양자의 가장 큰 차이이다.

5) 소급효 여부

원시적 하자를 이유로 한 행정행위의 직권취소의 경우에 그 행위를 소급적으로 취소하면 상대방인 국민의 신뢰를 해하게 되는 경우(예 수익적 행정행위의 직권취소에서 상대방에게 귀책사유가 없는 경우)에는 장래에 향해서만 취소할 수 있다. 이 점에서는 장래에 향하여서만 효력을 발생하는 철회와 다르지 않다.

6) 보   상

철회의 경우에 상대방의 책임 있는 사유가 아닌 사정변경을 이유로 하는 철회의 경우에 상대방이 특별한 손실을 받은 경우에는 보상을 요하지만, 상대방의 위법행위에 대한 제재로서 행하여지는 영업허가 등의 철회의 경우에는 상대방의 책임 있는 사유에 근거하는 것이기 때문에 보상을 요하지 않는다.

철회권이 유보된 경우에도 원칙상 보상을 요하지 않는다.

취소의 경우에는 상대방인 국민도 행정행위의 위법을 알았다고 추정되므로 원칙상 보상을 요하지 않는다. 다만, 상대방에게 적법성에 대한 귀책사유가 없는 신뢰가 있었던 경우에는 보상이 주어져야 한다.

[직권취소와 철회의 비교]

구 분	직권취소	철 회
목 적	적법성의 회복, 장래를 향한 행정목적의 실현을 위한 수단	공익목적 달성
취소(철회)원인	처분의 위법·부당	사후적 사정변경
취소(철회)권자	처분청(일부견해 — 감독청)	처분청
절 차	엄격한 절차 필요	특별절차 불요

구 분	직권취소	철 회
효 과	상대방에게 귀책사유가 없는 한 장래에 향하여 효력소멸	장래에 향하여 효력소멸
보상여부	원칙상 보상 불요	상대방의 유책행위시 ─ 보상불요 사정변경을 이유로 하는 경우 ─ 보상 필요

(3) 철회와 쟁송취소의 비교

쟁송에 의한 취소와 철회는 모두 일단 유효한 행정행위의 효력을 상실시키는 수단인 점에서는 같다.

그러나 쟁송취소와 철회는 본질적으로 다르다. 쟁송취소제도는 위법성의 시정을 통하여 적법성을 회복하고 아울러 침해된 국민의 권익구제를 목적으로 하며 쟁송취소행위는 사법작용인 데 반하여, 철회는 장래에 향하여 행정목적의 실현을 위하여 행하여지는 하나의 행정행위이다. 양자 사이에는 이러한 기본적 성격의 차이로 인하여 취소(철회)권자, 취소(철회)사유, 소급효 여부 등에서 차이가 있다.

3. 철회권자

철회는 그의 성질상 원래의 행정행위처럼 새로운 처분을 하는 것과 같기 때문에 처분청만이 이를 행할 수 있다고 보아야 한다.

상급청이라도 감독권에 의해 하급청의 권한을 대신 행사하는 것은 인정될 수 없다.

4. 철회원인(철회사유)

철회는 '철회의 대상이 되는 적법한 행정행위가 행해진 후 공익상 행정행위의 효력을 더 이상 존속시킬 수 없는 새로운 사정이 발생한 경우'에 행해질 수 있다. 철회사유 중 중요한 것을 보면 다음과 같다.

① 원행정행위가 근거한 사실적 상황 또는 법적 상황의 변경으로 현재의 사정하에서 원행정행위를 하면 위법이 되는 경우. 예를 들면 수익처분을 함에 있어 신청권자에게 요구되는 허가요건이 사후적으로 충족되지 않는 경우, 법령

의 개폐로 현재의 사정하에서 원행정행위를 해 줄 수 없는 경우.

② 상대방의 유책행위에 대한 제재로서의 철회(예 법령 위반, 의무 위반, 부담의 불이행).

수익처분을 받은 자가 수권법령 또는 관계법령을 위반한 경우, 수익처분을 받은 자가 수익처분의 근거법령에서 정하는 의무를 위반한 경우, 부관으로 부과된 부담을 이행하지 않는 경우.

③ 철회권의 유보.

④ 그 밖에 철회하여야 할 보다 우월한 공익의 요구가 존재하는 경우. 다만, 기속행위의 경우에는 법치행정의 원칙상 단순한 공익만을 이유로 하여서는 철회할 수 없다고 보아야 한다.

5. 철회의 법적 근거

행정청은 적법한 처분이 다음 각 호의 어느 하나에 해당하는 경우에는 그 처분의 전부 또는 일부를 장래를 향하여 철회할 수 있다. 1. 법률에서 정한 철회 사유에 해당하게 된 경우, 2. 법령등의 변경이나 사정변경으로 처분을 더 이상 존속시킬 필요가 없게 된 경우, 3. 중대한 공익을 위하여 필요한 경우(행정기본법 제19조 제1항).

6. 철회의 제한

행정청은 제19조 제1항에 따라 처분을 철회하려는 경우에는 철회로 인하여 당사자가 입게 될 불이익을 철회로 달성되는 공익과 비교·형량하여야 한다(행정기본법 제19조 제2항).

철회시에는 철회를 할 공익상 필요와 철회로 인하여 상대방 등 관계인에게 가해지는 불이익을 형량하여 철회를 할 공익상 필요가 큰 경우에 한하여 철회는 적법하게 된다. 이를 철회시의 이익형량의 원칙이라 한다. 예를 들면, 경미한 의무위반에 대하여 상대방에게 중대한 이익을 주는 수익처분을 철회하는 것은 비례의 원칙에 위반된다.

철회권이 유보된 경우의 철회에도 이익형량의 원칙은 적용된다. 다만, 철회권이 유보된 경우에는 신뢰보호의 원칙은 적용되지 않는다.

법위반사실에 대한 제재로서의 철회의 경우 행정기본법상 제척기간이 적용된다. 제척기간이 지나면 법령이 정한 경우를 제외하고는 취소나 철회를 할 수 없다(후술 제재처분 참조).

7. 철회절차

철회는 특별한 규정이 없는 한 일반행정행위와 같은 절차에 따른다. 수익적 행정행위의 철회는 '권리를 제한하는 처분'이므로 사전통지절차, 의견제출절차 등 행정절차법상의 절차에 따라 행해져야 한다.

국민에게 법령에 따라 또는 조리상 처분의 철회 또는 변경을 신청할 권한이 인정되는 경우가 있다. 이 경우 철회 또는 변경의 거부는 처분이 된다.

8. 철회의무

철회는 원칙상 재량행위이다. 그러나 사실적 상황이 변하여 원행정행위의 목적에 비추어 원행정행위가 더 이상 필요하지 않으며 원행정행위의 존속으로 인하여 국민의 중대한 기본권이 침해되는 경우에는 처분청은 원행정행위의 철회를 하여야 할 의무를 진다.

9. 철회의 범위와 한계

철회사유와 관련된 범위 내에서만 철회할 수 있다. 철회사유가 처분의 일부에만 관련되는 경우 철회의 대상이 되는 부분이 가분적인 경우에는 일부철회를 하여야 하고, 일부철회가 불가능한 경우에는 전부를 철회하여야 한다.

철회사유와 관련이 있는 한도내에서 복수 행정행위의 철회가 가능하다. 예를 들면, 승용차를 음주운전한 자에게 보통면허뿐만 아니라 대형면허를 취소할 수 있다. 다만, 비례원칙 등 법의 일반원칙을 준수하여야 한다.

법위반사실에 대한 제재로서의 철회의 경우 행정기본법상 제척기간이 적용된다. 즉, 제척기간이 지나면 법령이 정한 경우를 제외하고는 취소나 철회를 할 수 없다(후술 제재처분 참조).

10. 철회의 효과

철회는 장래에 향하여 원행정행위의 효력을 상실시키는 효력을 갖는다.

행정행위의 철회시 별도의 법적 근거 없이 철회의 효력을 철회사유발생일로 소급할 수 없다. 다만, 예외적으로 별도의 법적 근거가 있는 경우에는 철회의 효력을 과거(예 철회사유 발생일)로 소급시킬 수 있다(대판 2018. 6. 28, 2015두58195).

11. 철회의 취소

판례는 침익적 행정행위의 철회의 취소는 인정하지 않지만, 수익적 행정행위의 철회에 대하여는 취소가 가능한 것으로 본다.

철회행위가 취소되면 철회가 없었던 것이 되고 원행정행위는 애초부터 철회되지 않은 것이 된다. 즉, 원행정행위가 원상회복된다.

Ⅲ. 처분의 변경

1. 처분변경의 의의

처분의 변경이란 기존의 처분을 다른 처분으로 변경하는 것을 말한다. 처분은 당사자, 처분사유(처분의 근거가 된 사실 및 법적 근거) 및 처분내용 등으로 구성된다. 따라서, 처분의 변경은 처분의 당사자가 변경되는 것, 처분사유가 변경되는 것, 처분의 내용이 변경되는 것 등을 말한다.

처분의 일부 취소나 일부 철회는 원칙상 처분변경이 아니지만, 일부 취소나 일부 철회가 실질에 있어 재량권을 새롭게 행사하여 처분사유가 달라지고 처분내용을 변경하는 것인 경우에 그 일부 취소나 일부 철회는 실질은 처분변경이라고 보아야 한다.

2. 처분변경의 종류

(1) 처분 당사자의 변경

처분의 당사자의 변경은 처분변경에 해당한다.

(2) 처분사유의 추가 · 변경

처분사유의 추가 · 변경이 변경처분이 되기 위하여는 처분사유의 추가 · 변경이 종전처분의 처분사유와 기본적 사실관계의 동일성이 없는 사유이어야 한다.

(3) 처분내용의 변경

처분의 내용을 적극적으로 변경하는 경우에는 처분의 변경이 된다. 처분의 소극적 변경, 즉 일부취소는 처분변경이 아니다. 그러나, 재량행위의 일부 철회가 재량권을 다시 행사한 것으로 볼 수 있는 경우에는 처분의 변경으로 볼 수 있다.

처분내용의 변경에는 두 유형이 있다. ① 하나는 처분내용을 상당한 정도로 변경하는 처분내용의 실질적 변경처분이다. 이 경우 종전 처분은 변경처분에 따라 대체되고 장래에 향하여 효력을 상실한다(전부변경). ② 다른 하나는 선행처분의 내용 중 일부만을 소폭 변경하는 등 선행처분과 분리가능한 일부변경처분이다. 이 경우 종전 선행처분은 일부 변경된 채로 효력을 유지하고 일부변경처분도 별도로 존재한다(대판 2012. 10. 11, 2010두12224).

처분절차에 있어 첫째 유형의 변경처분은 명문의 규정이 없는 한 선행처분과 동일한 절차에 따라 행해지고, 둘째 유형의 변경처분은 보다 간소한 절차에 따라 행해질 수 있다.

(4) 처분변경의 근거

처분의 변경에 변경대상 처분의 법적 근거와 별도의 법적 근거는 필요하지 않다. 처분의 변경은 실질적으로 처분을 취소(철회)하고 새로운 처분을 하는 것과 같으므로 처분의 근거가 변경처분의 근거가 된다.

제 9 절 행정행위의 실효

I. 의 의

행정행위의 실효란 유효한 행정행위의 효력이 일정한 사실의 발생으로 장래에 향하여 소멸하는 것을 말한다. 일단 유효한 행정행위의 효력이 소멸되는 것인 점에서 무효나 부존재와 다르고, 행정청의 의사가 아니라 일정한 사실의 발생으로 효력이 소멸된다는 점에서 직권취소 및 철회와 다르다.

Ⅱ. 실효사유

1. 대상의 소멸

행정행위의 대상이 소멸되면 행정행위는 실효된다. 예를 들면, 사람의 사망으로 인한 운전면허의 실효, 자동차가 소멸된 경우 자동차검사합격처분의 실효, 사업면허의 대상의 소멸로 인한 사업면허의 실효 등이다.

2. 해제조건의 성취 또는 종기의 도래

해제조건(예 일정한 기간 내에 공사에 착수할 것을 조건으로 하는 공유수면매립면허)이 성취되거나 종기가 도래하면 주된 행정행위는 당연히 효력을 상실한다.

3. 목적의 달성 또는 목적 달성의 불가능

행정행위의 목적이 달성되거나 목적 달성이 불가능해지면 해당 행정행위는 당연히 실효된다. 예를 들면, 철거명령에 따라 대상물이 철거되면 해당 철거명령은 당연히 효력을 상실한다.

Ⅲ. 권리구제수단

행정행위의 실효가 다투어지는 경우에는 무효등확인소송의 하나인 행정행위실효확인소송 또는 행정행위효력존재확인소송을 제기한다.

또한, 민사소송 또는 공법상 당사자소송에서 행정행위의 실효 여부가 전제문제로서 다투어질 수 있다.

제10절 단계적 행정결정

I. 단계적 행정결정의 의의

단계적 행정결정이란 행정청의 결정이 여러 단계의 행정결정을 통하여 연계적으로 이루어지는 것을 말한다.

단계적 행정결정의 예로는 확약, 가행정행위, 사전결정 및 부분허가가 있다.

II. 확   약

1. 의   의

확약이란 장래 일정한 행정행위를 하거나 하지 아니할 것을 약속하는 의사표시를 말한다. 확약의 예로는 어업권면허에 선행하는 우선순위결정(대판 1995. 1. 20, 94누6529), 공무원임명의 내정, 자진신고자에 대한 세율인하의 약속, 무허가건물의 자진철거자에게 아파트입주권을 주겠다는 약속, 주민에 대한 개발사업의 약속 등을 들 수 있다.

확약은 신뢰보호 또는 금반언의 법리를 바탕으로 인정되는 행정청의 행위형식의 하나이다.

가행정행위는 본행정행위와 동일한 효력을 발생하지만, 확약의 경우에는 확약만으로는 확약의 대상이 되는 행정행위의 효력이 발생하지 않는 점 등에서 양 행위는 구별된다.

행정기본법은 **신청에 따른 확약**에 대해 규정하고 있는데, **행정기본법상 확약**은 "법령등에서 당사자가 신청할 수 있는 처분을 규정하고 있는 경우 행정청은 당사자의 신청에 따라 장래에 어떤 처분을 하거나 하지 아니할 것을 내용으로 하는 의사표시"를 말한다(행정절차법 제40조의2 제1항).

행정기본법상 확약에 관한 규정은 성질에 반하지 않는 한 그 밖의 확약에 유추적용된다고 보아야 한다.

2. 법적 성질

판례는 어업권면허에 선행하는 우선순위결정을 행정청이 우선권자로 결정된 자의 신청이 있으면 어업권면허처분을 하겠다는 것을 약속하는 행위로서 강학상 확약이라고 보면서도, 행정처분은 아니라고 보고 따라서 우선순위결정에 공정력이나 불가쟁력과 같은 효력은 인정되지 아니한다라고 판시하고 있다(대판 1995. 1. 20, 94누6529).

3. 법적 근거

확약은 처분권에 속하는 예비적인 권한행사로서 본처분권에 당연히 포함되므로 본처분권이 있으면 별도의 법적 근거 없이도 인정된다는 것이 통설이다.

행정기본법은 신청에 따른 확약의 근거를 규정하고 있다(행정절차법 제40조의2 제1항).

4. 확약의 성립 및 효력요건

(1) 주체에 관한 요건

확약은 본처분에 대해 정당한 권한을 가진 행정청만이 할 수 있고, 확약이 해당 행정청의 행위권한의 범위내에 있어야 한다.

(2) 내용에 관한 요건

① 확약의 대상이 적법하고 가능하며 확정적이어야 한다. ② 확약이 법적 구속력을 갖기 위하여는 상대방에게 표시되고, 그 상대방이 행정청의 확약을 신뢰하였고 그 신뢰에 귀책사유가 없어야 한다. ③ 확약은 추후에 행해질 행정행위와 그 규율사안에 있어 동일한 것이어야 한다. 이 때 사안적 동일성은 그 규율내용과 범위에 있어 동일한 것임을 뜻한다. ④ 본처분 요건이 심사되어야 한다.

(3) 절차에 관한 요건

본처분에 대하여 일정한 절차가 규정되어 있는 경우에는 확약에 있어서도 해당 절차는 이행되어야 한다.

그리고, 행정청은 다른 행정청과의 협의 등의 절차를 거쳐야 하는 처분에

대하여 확약을 하려는 경우에는 확약을 하기 전에 그 절차를 거쳐야 한다(행정
절차법 제40조의2 제3항).

(4) 형식에 관한 요건

확약은 문서로 하여야 한다(행정절차법 제40조의2 제2항).

5. 확약의 효력

(1) 확약의 구속력

확약의 효과는 행정청이 확약의 내용인 행위를 하여야 할 법적 의무를 지
며 상대방에게는 행정청에 대한 확약내용의 이행청구권이 인정된다. 상대방은
해당 행정청에 대하여 그 확약에 따를 것을 요구할 수 있으며 나아가 그 이행을
청구할 수 있다.

행정청은 다음 각 호의 어느 하나에 해당하는 경우에는 확약에 기속되지
아니한다. 1. 확약을 한 후에 확약의 내용을 이행할 수 없을 정도로 법령등이나
사정이 변경된 경우, 2. 확약이 위법한 경우(행정절차법 제40조의2 제4항). 다만,
이 경우에도 확약으로 인한 상대방의 신뢰보호와 법적합성원칙 또는 공익을 이
익형량하여 확약의 구속력 여부를 결정하여야 할 것이다.

(2) 확약의 실효

판례는 확약 또는 공적인 의사표명이 있은 후에 사실적 · 법률적 상태가 변
경되었다면 그와 같은 확약 또는 공적인 의사표명은 행정청의 별다른 의사표시
를 기다리지 않고 실효된다고 본다. 확약을 함에 있어서 상대방으로 하여금 언
제까지 처분의 발령을 신청하도록 유효기간을 두었는데도 그 기간 내에 상대방
의 신청이 없었던 경우에도 확약은 실효된다고 본다(대판 1996. 8. 20, 95누10877).

다만, 이 경우에도 법적합성의 원칙 및 공익과 확약에 대한 상대방의 신뢰
보호의 이익을 비교형량하여야 한다.

6. 「민원처리에 관한 법률」상 사전심사

「민원처리에 관한 법률」 제19조 제1항은 "민원인은 대규모의 경제적 비용
이 수반되는 민원사항의 경우 행정기관의 장에게 정식으로 민원서류를 제출하
기 전에 약식서류로 사전심사를 청구할 수 있다"라고 규정하고 있다.

사전심사는 민원인의 귀책사유 또는 불가항력 그 밖에 특별한 사유로 이를 이행할 수 없는 경우가 아닐 것이라는 법정조건(법 제19조 제3항)이 붙은 조건부 확약의 성질을 갖는 것으로 볼 수 있다.

가능하다고 통보한 민원사항에 대하여는 민원인의 귀책사유 또는 불가항력 그 밖에 특별한 사유로 이를 이행할 수 없는 경우를 제외하고는 사전심사 결과 통보시 적시하지 아니한 다른 이유를 들어 거부하는 등의 방법으로 민원사항을 처리하여서는 아니 된다(동조 제3항).

Ⅲ. 가행정행위(잠정적 행정행위)

가행정행위란 사실관계와 법률관계의 계속적인 심사를 유보한 상태에서 해당 행정법관계의 권리와 의무의 전부 또는 일부에 대해 잠정적으로 확정하는 행위를 말한다. 예를 들어, 소득액 등이 확정되지 아니한 경우에 과세관청이 상대방의 신고액에 따라 잠정적으로 세액을 결정하는 것(소득세법 제110조), 물품의 수입에 있어 일단 잠정세액을 적용하였다가 후일에 세액을 확정짓는 것(관세법 제39조 등 참조) 등이 해당될 수 있을 것이다.

가행정행위는 잠정적이기는 하지만 행정행위로서 직접 법적 효력을 발생시킨다.

가행정행위는 본행정행위(최종적(종국적) 행정행위)에 대해 구속력을 미치지 않는다. 가행정행위에 대한 신뢰도 인정되지 않는다.

가행정행위는 본행정행위가 있게 되면 본행정행위에 의해 대체되고 효력을 상실한다.

Ⅳ. 사전결정

사전결정(예비결정)이란 최종적인 행정결정을 내리기 전에 사전적인 단계에서 최종적 행정결정의 요건 중 일부에 대해 종국적인 판단으로서 내려지는 결정을 말한다.

사전결정의 예로서는 항공사업법 제16조의 운수권 배분, 건축법 제10조 제

1항의 사전결정, 폐기물관리법상 폐기물처리업사업계획에 대한 적정통보 또는 부적정통보와 원자력안전법상 부지사전승인(제10조 제3항)을 들 수 있다. 판례는 부지사전승인을 '사전적 부분 건설허가처분'의 성격을 가지고 있는 것으로 본다.

판례는 사전결정의 구속력을 인정하지 않고, 사전결정에 대한 신뢰이익만 인정하고, 최종처분시 다시 재량권을 행사할 수 있다고 본다.

사전결정은 종국적 행정결정이 아니고 허가 등 종국적 행정결정의 요건 중 일부에 대한 판단에 그치는 것이다. 따라서, 사전결정을 받은 자는 사전결정을 받은 것만으로는 어떠한 행위를 할 수 없다. 이 점에서 사전결정은 부분허가와 구별된다. 다만, 원자력안전법은 부지 적합성에 대한 사전승인을 받으면 제한적으로 공사(예 원자력시설의 기초공사)를 할 수 있는 것으로 명문으로 규정하고 있다(제10조 제4항).

최종행정행위가 있게 되면 사전결정은 원칙상 최종행정행위에 흡수된다(대판 1998. 9. 4, 97누19588).

V. 부분허가

부분허가란 원자력발전소와 같이 그 건설에 비교적 장기간의 시간을 요하고 영향력이 큰 시설물의 건설에 있어서 단계적으로 시설의 일부분에 대하여 부여하는 허가를 말한다.

판례는 원자로시설부지사전승인처분의 법적 성격을 '사전적 부분 건설허가'로 보고 있다(대판 1998. 9. 4, 97누19588). 주택법상 주택건설사업을 완료한 경우에는 완공부분에 대하여 동별로 사용검사를 받을 수 있다고 규정하고 있다(제29조 제1항, 제4항).

부분허가는 그 자체가 규율하는 내용에 대한 종국적 결정인 행정행위이다. 부분허가를 받은 자는 허가의 대상이 되는 행위를 적법하게 할 수 있다.

부분허가시 행해지는 판단은 사실관계에 있어서나 법적 요건에 있어 차후에 별다른 변화가 없는 한, 최종적 결정에 구속력을 지닌다.

제11절 행정의 자동결정과 자동적 처분

Ⅰ. 의   의

행정의 **자동결정**이란 미리 입력된 프로그램에 따라 행정결정이 자동으로 행해지는 것을 말한다. 예를 들면, 신호등에 의한 교통신호, 컴퓨터를 통한 중고등학생의 학교배정, 시험 채점, 세금 결정 등이 그것이다.

자동적 처분이라 함은 법률로 정하는 바에 따라 완전히 자동화된 시스템(인공지능 기술을 적용한 시스템을 포함한다)으로 하는 처분을 말한다. 자동적 처분은 개별 법령에 근거가 있어야 한다(행정기본법 제20조). 완전히 자동화된 시스템이 아닌 일부 자동화는 행정기본법 제20조의 적용대상(자동적 처분)이 아니다. 이에 반하여 행정의 자동결정은 전부(완전) 자동결정뿐만 아니라 일부 자동결정도 포함하는 개념이다. 권력적 사실행위도 처분이므로 권력적 사실행위에도 행정기본법 제20조가 적용된다고 보아야 한다.

Ⅱ. 법적 성질

행정의 자동결정은 행정의사의 내부적 성립의 성질을 갖는다. 행정의 자동결정이 행정행위로 성립하여 효력을 발생하기 위해서는 자동결정이 통지되어 도달되어야 한다.

자동적 처분은 그 자체가 처분의 성질을 갖는다.

행정의 자동결정이나 자동적 처분은 행정행위뿐만 아니라 사실행위에 대해서도 가능하다.

행정의 자동결정의 기준이 되는 프로그램의 법적 성질은 행정규칙(재량준칙)이라고 볼 수 있다.

Ⅲ. 행정의 자동결정과 재량행위

행정기본법은 자동적 처분은 재량처분에는 인정되지 않는 것으로 규정하고 있다(제20조 단서).

재량행위에 있어서 행정의 자동결정이 가능한지에 대해 견해가 대립되고 있다. 재량준칙을 정형화하고 그에 따라 재량처분을 자동결정한 후 상대방에게 이의제기의 가능성을 열어 놓는 방법으로 재량행위를 자동결정할 수 있는 가능성이 있다고 보는 것이 타당하다. 이 경우에 자동결정은 법정기간 내에 이의제기가 없을 것을 정지조건으로 성립하는 것으로 볼 수 있을 것이다.

제4장

공법상 계약

Ⅰ. 의   의

공법상 계약이란 공법적 효과를 발생시키고 행정주체를 적어도 한쪽 당사자로 하는 양 당사자 사이의 반대방향의 의사의 합치를 말한다.

행정주체가 체결하는 계약은 사법의 적용을 받는 사법상 계약일 수도 있고 공법적 규율을 받는 공법상 계약일 수도 있다. 공법상 계약의 예로는 공무원채용계약, 민간투자사업 실시협약(대판 2019. 1. 31, 2017두46455) 등이 있다.

1. 사법상 계약과의 구별

(1) 구별실익

① 실체법상 공법상 계약은 공법적 효과를 발생시키고 공익과 밀접한 관계를 갖고 있으므로 사법상 계약과 달리 특수한 공법적 규율의 대상이 된다. 사법상 계약은 행정주체가 당사자인 경우에도 사법의 규율을 받는다.

② 소송법상 공법상 계약에 관한 소송은 민사소송이 아니라 공법상 당사자소송에 속한다.

③ 공법상 계약에 따른 의무의 불이행이 행정상 강제집행이나 행정벌의 대상이 되는 것으로 규정되어 있는 경우가 있고 공법상 계약과 관련한 불법행위로 국민이 입은 손해는 국가배상의 대상이 된다.

(2) 구별기준

공법상 계약과 사법상 계약의 구별기준에 공법관계와 사법관계의 구별에 관한 일반적 기준이 원칙상 적용된다.

판례에 따르면 조달계약(국가, 지방자치단체 등에 물품, 시설, 용역 등을 공급하는 계약)은 사법상 계약이지만, '한국형 헬기 개발사업계약'은 국가연구개발사업 규정에 근거하여 체결한 연구계약으로서 단순한 조달계약이 아니고 공법상 계약이다(대판 2017. 11. 9, 2015다215526). 민간투자사업상 실시협약은 공법상 계약이다(대판 2019. 1. 31, 2017두46455). 판례는 폐기물처리업자에 대한 생활폐기물수집운반 등 대행위탁계약을 사법상 계약으로 보았지만, 생활폐기물수집운반 등 대행위탁계약은 공행정의 집행을 대행위탁하는 계약이고, 공행정에 대한 단순한 보조위탁계약이 아니므로 이 사건 생활폐기물수집운반 등 대행위탁계약을 사법상 계약으로 본 것은 타당하지 않다(공법상 계약으로 보는 것이 타당하다).

2. 공법상 계약과 행정행위

공법상 계약과 행정행위는 구체적인 법적 효과를 가져오는 법적 행위인 점에서는 동일하지만, 양자는 행위의 형성방식에 차이가 있다. 행정행위는 행정주체에 의해 일방적으로 행해지지만 공법상 계약은 행정주체와 국민 사이의 합의에 의해 행해진다.

Ⅱ. 인정범위 및 한계

① 행정기본법은 공법상 계약의 일반적 근거규정을 두고 있다. 즉, 행정청은 법령등을 위반하지 아니하는 범위에서 행정목적을 달성하기 위하여 필요한 경우에는 공법상 법률관계에 관한 계약(이하 "공법상 계약"이라 한다)을 체결할수 있다(행정기본법 제27조 제1항).

② 공법상 계약은 비권력적 행정 분야에서뿐만 아니라 권력행정 분야에서도 인정된다.

③ 공법상 계약으로 행정행위를 갈음할 수 있는가에 관하여 법상 금지되지 않는 한 행정행위 대신에 공법상 계약이 사용될 수 있다는 견해와 없다는 견해가 대립되고 있다.

그러나 일정한 행정 분야, 즉 협의에 의한 행정이 타당하지 않으며 공권력에 의해 일방적으로 규율되어야 하는 분야에서는 법률의 근거가 없는 한 공법상 계약이 인정될 수 없고, 행정행위를 대체할 수도 없다. 예를 들면, 사회공공의 질서유지를 목적으로 하는 경찰행정 분야와 조세행정 분야에서는 공법상 계약이 인정될 수 없다고 보아야 한다.

④ 공법상 계약의 방식이 의미를 갖는 경우는 행정청에게 재량권이 인정되는 경우이다. 행정청은 재량권의 범위 내에서 상대방인 국민과 협의하여 공법상 계약의 내용을 자유롭게 정할 수 있다.

⑤ 제3자의 권익을 제한하는 내용의 행정행위를 할 것을 내용으로 하는 공법상 계약은 제3자의 동의가 없는 한 인정될 수 없다.

Ⅲ. 공법상 계약의 성립요건과 적법요건

1. 성립요건

공법상 계약은 사법상 계약과 마찬가지로 양 당사자의 반대방향의 의사의 합치에 의해 성립된다.

공법상 계약에서 계약당사자의 일방은 행정주체이어야 한다. 행정주체에는 공무를 수탁받은 사인도 포함된다.

2. 적법요건

(1) 주체에 관한 요건

공법상 계약을 체결하는 주체에게 권한이 있어야 한다.

이론상 행정기관이 아니라 행정주체가 공법상 계약의 주체가 된다. 그런데 행정기본법은 행정청을 공법상 계약의 당사자로 규정하고 있다(행정기본법 제27조 제1항). 이 경우 행정청은 행정주체를 대표하여 공법상 계약을 체결하는 것으로 보아야 한다.

(2) 절차에 관한 요건

공법상 계약의 절차를 일반적으로 특별히 규율하는 법령은 존재하지 않는다. 공법상 계약은 행정절차법의 규율대상이 아니다. 행정청은 행정기본법 제27조에 따라 공법상 법률관계에 관한 계약을 체결할 때 법령등에 따른 관계 행정청의 동의, 승인 또는 협의 등이 필요한 경우에는 이를 모두 거쳐야 한다(동법 시행령 제6조).

(3) 형식에 관한 요건

행정청은 공법상 계약을 체결할 경우 계약의 목적 및 내용을 명확하게 적은
계약서를 작성하여야 한다(행정기본법 제27조 제1항).

(4) 내용에 관한 요건

법우위의 원칙은 공법상 계약에도 적용된다. 따라서 공법상 계약의 내용은
법을 위반하지 않아야 한다(행정기본법 제27조 제1항).

법의 일반원칙은 공법상 계약에도 적용된다. 비례의 원칙상 행정청은 공법
상 계약의 상대방을 선정하고 계약 내용을 정할 때 공법상 계약의 공공성과 제
3자의 이해관계를 고려하여야 한다(행정기본법 제27조 제2항).

Ⅳ. 공법상 계약의 법적 규율

1. 실체법상 규율

(1) 공법적 규율과 사법의 적용

공법상 계약은 공법적 효과를 발생시키며 공익의 실현수단인 점에 비추어
공법적 규율의 대상이 된다.

그런데, 행정기본법은 공법상 계약에 대한 실체법상 공법적 규율에 관한 사
항을 규정하지 않고, 공법상 계약에 대한 일부 일반적 규정을 두고 있을 뿐이
다. 공법상 계약에 대한 특수한 규율은 개별법 또는 법이론상 인정된다.

공법상 계약에 관하여 개별법에 특별한 규정이 없는 경우에는 「국가를 당
사자로 하는 계약에 관한 법률」 또는 「지방자치단체를 당사자로 하는 계약에
관한 법률」 및 계약에 관한 민법의 규정을 유추적용할 수 있다.

(2) 공법상 계약의 하자의 효과

공법상 계약에는 공정력이 인정되지 않으므로 위법한 공법상 계약은 원칙
상 무효라는 것이 다수견해이며 판례의 입장이다.

(3) 공법상 계약의 집행상 특수한 규율

공법상 계약의 집행에 있어서는 공익의 실현을 보장하기 위하여 명문의 규
정이 없는 경우에도 계약의 해지 등에 관한 민법의 원칙이 수정되는 경우가 있다.

2. 절차법상 규율

행정기본법은 공법상 계약절차에 관한 극히 일부 일반규정을 두고 있을 뿐
이다. 행정절차법은 공법상 계약절차에 관한 규정을 두고 있지 않다.

3. 소송법상 규율

(1) 공법상 당사자소송

공법상 계약에 관한 소송은 민사소송이 아니라 공법상 당사자소송에 의한다.

공법상 계약 또는 그 해지(예 중소기업 정보화지원사업을 위한 협약의 해지 및
그에 따른 보조금 환수통보(대판 2015. 8. 19, 2015두41449))의 무효의 확인을 구하
는 당사자소송은 확인소송이므로 확인의 이익(즉시확정의 이익)이 요구된다.

(2) 항고소송의 대상이 되는 경우

행정청에 의한 공법상 계약의 체결 여부 또는 계약상대방의 결정(예 민간
투자사업상 우선협상대상자의 지정, 민간투자사업자 지정, 민간투자사업 실시계획의
승인)은 처분성을 가지며 공법상 계약과 분리될 수 있는 경우에는 행정소송법
상 처분에 해당하고, 항고소송의 대상이 된다.

또한, 법에 근거하여 제재로서 행해지는 공법상 계약의 해지(예 과학기술기
본법령상 국가연구개발사업협약의 해지) 등 계약상대방에 대한 권력적 성격이 강
한 행위는 행정소송법상 처분으로 보아야 한다.

조달계약 및 공법상 계약에 관한 입찰참가자격제한은 법적 근거가 있는 경
우 처분에 해당한다.

(3) 국가배상청구소송

공법상 계약에 따른 의무의 불이행으로 인한 손해배상청구 및 공법상 계약
의 체결상 및 집행상의 불법행위로 인한 손해배상청구는 국가배상청구이다.

제 5 장

행정상 사실행위

I. 의   의

행정상 사실행위란 행정목적을 달성하기 위하여 행해지는 물리력의 행사를 말한다. 사실행위의 예로는 폐기물 수거, 행정지도, 대집행의 실행, 행정상 즉시 강제 등이 있다.

사실행위는 직접적으로는 법적 효과를 발생시키지 않는 행위이다.

II. 사실행위의 처분성

판례는 권력적 사실행위를 행정소송법상 처분으로 본다(대판 2014. 2. 13, 2013두 20899: 재소자 접견내용 녹음·녹화 및 접견 시 교도관 참여대상자 지정행위는 권력적 사실 행위로서 항고소송의 대상이 되는 '처분'에 해당한다고 본 원심판단을 정당한 것으로 수긍 한 사례). 권력적 사실행위라고 보이는 단수처분(대판 1979. 12. 28, 79누218), 교도소 재소자의 이송조치(대결 1992. 8. 7, 92두30)의 처분성을 인정한 대법원 판례도 있다.

III. 독일법상 비공식적(비정형적) 행정작용

1. 의   의

비공식적(비정형적) 행정작용은 행정작용의 근거, 요건 및 효과 등이 법에 정해 져 있지 않은 행정작용을 포괄하는 개념이다. 비공식적 행정작용은 행정작용의 근 거, 요건 및 효과 등이 법에 정해져 있는 공식적 행정작용에 대응하는 개념이다.

비공식적 행정작용의 예로는 경고, 권고, 정보제공, 협상, 사전절충, 주민협약 등을 들 수 있다.

2. 필요성과 문제점

(1) 필요성

비공식적 행정작용은 협의에 의한 행정, 탄력적인 행정을 위하여 요구되는 행위형식이다.

(2) 문제점

비공식적 행정작용은 법치행정의 원칙을 무력하게 하고, 밀실행정을 조장하고, 국민의 권익구제를 어렵게 할 위험성이 있다.

3. 법률유보

① 비공식적 행정작용 중 당사자의 합의에 의하는 경우에는 통상의 권한규범 이외에 별도의 작용법적 근거가 필요 없다.

② 경고와 같이 행정기관의 일방적 형식에 의하고 그 효과에 있어서 당사자에게 실질적으로 불이익하게 작용하는 경우에는 별도의 수권규정이 필요하다고 보는 것이 일반적 견해이다.

③ 단순한 권고 및 정보제공에는 별도의 법적 근거가 필요하지 않다.

4. 법적 성질 및 효력

비공식적 행정작용의 법적 성질은 사실행위이다.

5. 권익구제

① 비공식적 행정작용이 사실상 강제력을 갖는 경우(예 경고)에는 이견이 있으나 항고소송의 대상이 되는 처분으로 볼 수 있다.

② 비공식 행정작용으로서의 합의(예 주민협약)는 신사협정에 불과한 것으로 법적 구속력이 없으므로 그 불이행으로 인한 손해배상을 청구할 수는 없다.

③ 위법·과실의 경고, 권고, 정보제공 등으로 손해를 입은 경우에는 국가배상을 청구할 수 있다.

제 6 장

행정지도

Ⅰ. 의의와 법적 성질

행정절차법은 행정지도를 "행정기관이 그 소관사무의 범위 안에서 일정한 행정목적을 실현하기 위하여 특정인에게 일정한 행위를 하거나 하지 아니하도록 지도·권고·조언 등을 하는 행정작용"으로 정의하고 있다(제2조 제3호).

행정지도는 상대방인 국민의 임의적인 협력을 구하는 데 그 개념적 특징이 있으므로 **비권력적 행위**이다. 그러나 현실에 있어서 행정지도는 사실상 강제력을 가지는 경우(⑩ 행정지도에 따르지 않는 경우 보조금지급 및 수익적 처분을 수여하지 않거나 세무조사 및 명단의 공표 등 불이익조치를 취하는 것)가 많다.

행정지도는 그 자체만으로는 직접 법적 효과를 가져오지 않으므로 **사실행위**이다.

Ⅱ. 행정지도의 필요성과 문제점

1. 필요성

① 행정지도는 법령의 불비를 보완하여 행정의 필요에 따른 행정권의 행사를 가능하게 한다.

② 공권력의 발동이 인정되고 있는 경우에도 공권력발동 이전에 국민의 협력을 구하는 행정지도를 행함으로써 공권력의 발동으로 인하여 야기될 수 있는 국민의 저항을 방지할 수 있다.

2. 문제점

① 행정지도에 대한 법적 규제가 미비되어 있는 상황하에서 남용됨으로써 국민의 권익을 침해할 가능성이 있다.

② 행정지도가 국민의 임의적 협력을 전제로 하는 비권력적인 작용이므로 행정쟁송이나 국가배상에 의한 구제가 어렵다.

Ⅲ. 행정지도의 종류

1. 조성적 행정지도

국민이나 기업의 활동이 발전적인 방향으로 행해지도록 유도하기 위하여 정보, 지식, 기술 등을 제공하는 것을 말한다. 영농지도, 중소기업에 대한 경영지도, 생활개선지도 등이 이에 해당한다.

2. 조정적 행정지도

사인 상호간 이해 대립의 조정이 공익목적상 필요한 경우에 그 조정을 행하는 행정지도를 말한다. 중복투자의 조정, 구조조정을 위한 행정지도가 이에 해당한다. 조정적 행정지도는 규제적 행정지도에 속한다고 볼 수 있다.

3. 규제적 행정지도

사적 활동에 대한 제한의 효과를 갖는 행정지도를 말한다. 물가의 억제를 위한 행정지도 등이 이에 해당한다. 행정행위를 대체하여 행해지는 행정지도는 이에 해당한다.

Ⅳ. 행정지도의 법적 근거

행정지도에 따를 것인지의 여부가 상대방인 국민의 임의적 결정에 달려 있으므로 행정지도에는 법률의 근거가 없어도 된다는 것이 다수설 및 판례의 견해이다. 이에 대하여 행정지도가 사실상 강제력을 갖는 경우(예 교육부장관의 대학

총장들에 대한 학칙시정요구)에는 법률의 근거가 있어야 한다는 소수견해가 있다.

처분권의 수권규정은 처분권의 범위 내에서 행정지도의 근거가 될 수 있다. 예를 들면, 시정명령권이 있는 경우 시정권고를 할 수 있고, 요금에 대해 재량권인 인가권이 있는 경우 요금에 관한 행정지도를 할 수 있다.

V. 행정지도의 한계

1. 조직법상의 한계

행정지도는 해당 행정기관의 소관사무의 범위 내에서 행해져야 한다. 그 범위를 넘는 행정지도는 무권한의 하자를 갖게 된다.

2. 작용법상의 한계

(1) 실체법상의 한계

① 행정지도는 법의 일반원칙을 포함하여 법에 위반하여서는 안 된다.

② 행정지도는 그 목적 달성에 필요한 최소한도에 그쳐야 하며, 행정지도의 상대방의 의사에 반하여 부당하게 강요하는 행정지도는 위법하다(행정절차법 제48조 제1항).

③ 행정기관은 상대방이 행정지도에 따르지 아니하였다는 것을 이유로 불이익한 조치를 하여서는 아니 된다(행정절차법 제48조 제2항).

(2) 절차법상의 한계

① 행정지도를 하는 자는 그 상대방에게 그 행정지도의 취지·내용 및 신분을 밝혀야 한다(법 제49조 제1항).

② 행정지도가 말로 이루어지는 경우에 상대방이 제1항의 사항을 적은 서면의 교부를 요구하면 그 행정지도를 행하는 자는 직무 수행에 특별한 지장이 없으면 이를 교부하여야 한다(법 제49조 제2항).

③ 행정지도의 상대방은 해당 행정지도의 방식·내용 등에 관하여 행정기관에 의견제출을 할 수 있다(법 제50조).

④ 행정기관이 같은 행정목적을 실현하기 위하여 많은 상대방에게 행정지도를 하려는 경우에는 특별한 사정이 없으면 행정지도에 공통적인 내용이 되는

사항을 공표하여야 한다(법 제51조).

Ⅵ. 행정지도와 행정구제

1. 항고쟁송에 의한 구제

(1) 행정지도의 처분성

판례는 원칙상 행정지도의 처분성을 부인한다(⑩ 위법 건축물에 대한 단전 및 전화통화 단절조치 요청행위(대판 1996. 3. 22, 96누433)). 이에 대하여 행정지도가 국민의 권리의무에 사실상 강제력을 미치고 있는 경우에는 처분성을 인정하는 견해가 있다.

(2) 행정지도의 위법성

행정지도는 그 한계를 넘으면 위법하다.

행정지도가 강제성을 가지고, 법적 근거 없이 국민의 권익을 침해하는 경우 그 행정지도는 위법한 것이 된다.

2. 국가배상청구

위법한 행정지도로 손해가 발생한 경우에는 국가배상책임의 요건을 충족하는 한 국가배상책임이 인정된다는 것이 판례 및 일반적 견해이다.

판례는 행정지도가 그에 따를 의사가 없는 원고에게 이를 부당하게 강요하는 것인 경우에는 행정지도의 한계를 일탈한 위법한 행정지도에 해당하여 불법행위를 구성한다고 본다.

3. 손실보상

행정지도가 전혀 강제성을 띠지 않는 한 손실보상은 인정되지 않는다. 그러나 행정지도가 사실상 강제성을 띠고 있고, 국민이 행정지도를 따를 수밖에 없었던 경우에는 특별한 희생이 발생한 경우 손실보상을 해 주어야 할 것이다.

제7장

행정조사

Ⅰ. 의   의

　　행정조사란 행정기관이 사인으로부터 행정상 필요한 자료나 정보를 수집하기 위하여 행하는 일체의 행정작용을 말한다.

　　행정조사기본법은 행정조사를 "행정기관이 정책을 결정하거나 직무를 수행하는 데 필요한 정보나 자료를 수집하기 위하여 현장조사·문서열람·시료채취 등을 하거나 조사대상자에게 보고요구·자료제출요구 및 출석·진술요구를 행하는 활동"이라고 정의하고 있다(제2조 제1호).

Ⅱ. 행정조사의 법적 성질

　　행정조사의 법적 성질을 사실행위로 보는 견해가 있다. 그러나 행정조사는 사실행위뿐만 아니라 장부서류제출명령과 같이 법적 행위를 포함한다.

　　행정조사에는 보고서요구명령, 장부서류제출명령, 출두명령 등 행정행위의 형식을 취하는 것과 질문, 출입검사, 실시조사, 진찰, 검진, 앙케트 조사 등 사실행위의 형식을 취하는 것이 있다.

Ⅲ. 행정조사의 법적 근거

　　행정조사기본법상 행정기관은 법령 등에서 행정조사를 규정하고 있는 경우에 한하여 행정조사를 실시할 수 있다. 다만, 조사대상자의 자발적인 협조를 얻어 실시하는 행정조사의 경우에는 그러하지 아니하다(제5조).

조사대상자 없이 정보를 수집하는 행정조사는 원칙상 법률의 근거를 요하지 않는다.

Ⅳ. 행정조사기본법

행정조사기본법(2007. 5. 17. 제정)은 행정조사에 관한 기본원칙·행정조사의 방법 및 절차 등에 관한 공통적인 사항을 규정하고 있다.

Ⅴ. 행정조사의 한계

1. 실체법적 한계

(1) 법령상 한계

행정조사는 행정조사를 규율하는 법령을 위반하여서는 안 된다.

행정조사기본법은 행정조사의 기본원칙과 그 한계를 규정하고 있다.

(2) 행정법의 일반원칙상 한계

1) 목적부합의 원칙

행정조사는 수권법령상의 조사목적 이외의 목적을 위하여 행해져서는 안 된다. 행정조사를 범죄수사의 목적이나 정치적 목적으로 이용하는 것은 위법하다.

2) 비례의 원칙

행정조사는 행정목적을 달성하기 위하여 필요한 최소한도에 그쳐야 한다. 행정조사의 수단에 여러 가지가 있는 경우에 상대방에게 가장 적은 침해를 가져오는 수단을 사용하여야 한다.

3) 평등의 원칙

행정조사의 실시에 있어서 합리적인 사유 없이 조사대상자를 차별하는 것은 평등의 원칙에 반한다.

4) 실력행사의 가부

강제조사 중 조사상대방이 조사를 거부하는 경우에 벌칙을 가할 수 있다고 규정하고 있지만, 실력행사에 관한 명문의 근거규정이 없는 경우에 이 벌칙 등의 제재를 가하는 외에 직접 실력을 행사할 수 있을 것인가 하는 것이 문제된다. 이에 관하여 긍정설, 부정설 및 예외적 긍정설이 대립하고 있다.

2. 절차법적 한계

(1) 적법절차의 원칙

행정조사는 적법한 절차에 따라 행해져야 한다. 행정조사를 규정하는 법에서는 행정조사를 함에 있어서는 증표를 휴대하고 제시하도록 규정하고 있는 경우가 많다.

(2) 행정조사와 행정절차

행정절차법은 행정조사에 관한 명문의 규정을 두고 있지 않다. 다만, 행정조사가 행정행위의 형식을 취하는 경우에 행정절차법상의 처분절차에 관한 규정이 행정조사에도 적용된다.

행정조사기본법은 행정조사절차에 관한 일반적 규정을 두고 있다.

(3) 영장주의의 적용 여부

행정조사를 위해 압수수색이 필요한 경우에 영장에 관한 명문의 규정이 없는 경우에도 압수·수색을 수반하는 행정조사에 영장주의가 적용될 것인가 하는 문제가 제기된다.

판례는 수사기관의 강제처분이 아닌 행정조사의 성격을 가지는 한 영장은 요구되지 않는다고 본다(대판 2013. 9. 26, 2013도7718[마약류관리에관한법률위반] (향정): 우편물 통관검사절차에서 이루어지는 우편물의 개봉, 시료채취, 성분분석 등의 검사는 수출입물품에 대한 적정한 통관 등을 목적으로 한 행정조사의 성격을 가지는 것으로서 수사기관의 강제처분이라고 할 수 없으므로, 압수·수색영장 없이 우편물의 개봉, 시료채취, 성분분석 등 검사가 진행되었다 하더라도 특별한 사정이 없는 한 위법하다고 볼 수 없다고 한 사례).

그러나, 행정조사에서 나아가 범죄수사 중 압수·수색에는 영장이 필요하다고 본다(대판 2016. 7. 27, 2016도6295: 세관공무원이 통관검사과정에서 발견한 필로폰을 특별사법경찰관인 세관공무원에게 인계하고, 그 세관공무원이 검찰에 임의제출하여 압수한 필로폰이 영장 없이 압수된 것으로 보고 증거능력을 배척한 사례).

Ⅵ. 위법한 행정조사와 행정행위의 효력

　　행정조사가 위법한 경우에 그 조사를 기초로 한 행정결정(例 중복조사금지에 반하는 세무조사에 기초한 과세처분(대판 2006. 6. 2, 2004두12070))은 위법하다는 것이 판례의 입장이다. 다만, 행정조사절차의 하자가 경미한 경우에는 위법사유가 되지 않는다(대판 2009. 1. 30, 2006두9498).

제8장
행정의 실효성 확보수단

제 1 절 의   의

행정의 실효성(행정목적의 달성)을 확보하기 위한 전통적 수단으로 행정강제와 행정벌이 인정되고 있다. 그런데 행정강제와 행정벌만으로 행정의 실효성을 확보하는 데에는 불충분하고 효과적이지 못한 경우가 있기 때문에 새로운 실효성 확보수단이 법상 또는 행정실무상 등장하고 있다.

제 2 절 행정강제

제 1 항 개설

I. 행정강제의 의의와 종류

행정강제란 행정목적의 실현을 확보하기 위하여 사람의 신체 또는 재산에 실력을 가함으로써 행정권이 직접 행정상 필요한 상태를 실현하는 권력적 행위를 말한다.

행정강제에는 행정상 강제집행과 행정상 즉시강제가 있다.

행정청은 행정목적을 달성하기 위하여 필요한 경우에는 법률로 정하는 바에 따라 필요한 최소한의 범위에서 다음 각 호의 어느 하나에 해당하는 조치를 할 수 있다(행정기본법 제30조 제1항).3)

1. 행정대집행: 의무자가 행정상 의무(법령등에서 직접 부과하거나 행정청이 법령등에 따라 부과한 의무를 말한다. 이하 이 절에서 같다)로서 타인이 대신하여 행할 수 있는 의무를 이행하지 아니하는 경우 법률로 정하는 다른 수단으로는 그 이행을 확보하기 곤란하고 그 불이행을 방치하면 공익을 크게 해칠 것으로 인정될 때에 행정청이 의무자가 하여야 할 행위를 스스로 하거나 제3자에게 하게 하고 그 비용을 의무자로부터 징수하는 것

2. 이행강제금의 부과: 의무자가 행정상 의무를 이행하지 아니하는 경우 행정청이 적절한 이행기간을 부여하고, 그 기한까지 행정상 의무를 이행하지 아니하면 금전급부의무를 부과하는 것

3. 직접강제: 의무자가 행정상 의무를 이행하지 아니하는 경우 행정청이 의무자의 신체나 재산에 실력을 행사하여 그 행정상 의무의 이행이 있었던 것과 같은 상태를 실현하는 것

4. 강제징수: 의무자가 행정상 의무 중 금전급부의무를 이행하지 아니하는 경우 행정청이 의무자의 재산에 실력을 행사하여 그 행정상 의무가 실현된 것과 같은 상태를 실현하는 것

5. 즉시강제: 현재의 급박한 행정상의 장해를 제거하기 위한 경우로서 다음 각 목의 어느 하나에 해당하는 경우에 행정청이 곧바로 국민의 신체 또는 재산에 실력을 행사하여 행정목적을 달성하는 것

    가. 행정청이 미리 행정상 의무 이행을 명할 시간적 여유가 없는 경우

    나. 그 성질상 행정상 의무의 이행을 명하는 것만으로는 행정목적 달성이 곤란한 경우

Ⅱ. 행정기본법상 행정상 강제의 일반원칙

행정기본법은 행정강 강제의 기본적인 사항만 정하고 그 밖의 구체적인 규율은 개별법에서 정하도록 규정하고 있다(개별법주의).

1. 법률유보의 원칙

법률유보의 원칙상 행정상 강제에는 법률의 근거가 있어야 한다(행정기본법 제30조 제1항). 행정기본법은 행정상 강제의 근거규정이 아니다.

---

3) 행정기본법상 행정상 강제에 관한 제5절(제30조 내지 제32조)은 2023.3.24.부터 시행한다.

2. 행정상 강제 법정주의

행정상 강제 조치에 관하여 행정기본법에서 정한 사항 외에 필요한 사항은 따로 법률로 정한다(행정기본법 제30조 제2항).

3. 행정상 강제 적용 제외사항

형사(刑事), 행형(行刑) 및 보안처분 관계 법령에 따라 행하는 사항이나 외국인의 출입국·난민인정·귀화·국적회복에 관한 사항에 관하여는 행정기본법상 행정상 강제에 대한 규정을 적용하지 아니한다(행정기본법 제30조 제3항).

제 2 항   행정상 강제집행

I. 의   의

행정상 강제집행이란 행정법상의 의무불이행이 있는 경우에 행정청이 의무자의 신체 또는 재산에 실력을 가하여 그 의무를 이행시키거나 이행한 것과 동일한 상태를 실현시키는 작용을 말한다.

행정상 강제집행에는 대집행, 강제징수, 직접강제, 집행벌(이행강제금)이 있다. 현재 대집행과 강제징수는 일반적으로 인정되고 있지만 직접강제와 집행벌은 개별법규정에 의해 예외적으로만 인정되고 있다.

행정상 강제집행이 인정되는 경우에는 민사상 강제집행은 인정될 수 없다(대판 2000. 5. 12, 99다18909). 그러나 행정법상의 의무불이행에 대하여 행정상 강제집행을 인정하는 법률이 존재하지 않는 경우 또는 행정상 강제집행을 인정하는 법률이 존재하더라도 그 행정상 강제집행이 불가능한 경우 등 권리실현에 장애가 있게 되는 특별한 사정이 있다고 볼 수 있는 경우(대판 2017. 4. 28, 2016두39498)에는 행정법상 의무의 이행을 강제하기 위해 민사상 강제집행수단을 이용할 수 있다.

Ⅱ. 근   거

행정상 강제집행은 국민의 기본권에 대한 제한을 수반하므로 법적 근거가 있어야 한다.

대집행의 근거법으로는 대집행에 관한 일반법인 「행정대집행법」과 대집행에 관한 개별법 규정이 있고, 행정상 강제징수에 대한 근거법으로 「국세징수법」 및 지방세징수법과 국세징수법 또는 지방세징수법을 준용하는 여러 개별법 규정이 있다. 직접강제와 집행벌은 각 개별법에서 예외적으로 인정되고 있다.

Ⅲ. 대집행

1. 의   의

행정대집행이란 "의무자가 행정상 의무(법령등에서 직접 부과하거나 행정청이 법령등에 따라 부과한 의무를 말한다)로서 타인이 대신하여 행할 수 있는 의무(대체적 작위의무)를 이행하지 아니하는 경우 법률로 정하는 다른 수단으로는 그 이행을 확보하기 곤란하고 그 불이행을 방치하면 공익을 크게 해칠 것으로 인정될 때에 행정청이 의무자가 하여야 할 행위를 스스로 하거나 제3자에게 하게 하고 그 비용을 의무자로부터 징수하는 것"을 말한다(행정기본법 제30조 제1항 제1호, 행정대집행법 제2조).

2. 대집행권자(대집행의 주체) : 해당 행정청

대집행을 할 수 있는 권한을 가진 자는 '해당 행정청'이다(행정대집행법 제2조). '해당 행정청'이란 대집행의 대상이 되는 의무를 명하는 처분을 한 행정청을 말한다.

행정청은 대집행을 스스로 하거나 타인에게 대집행을 위탁할 수 있다.

공공단체 또는 사인에 대한 대집행의 위탁은 통상 계약의 방식으로 행해지는데, 대집행위탁계약의 형식이 공법상 계약인지 사법상 계약인지 문제된다.

3. 대집행의 요건

① 법령에 의해 직접 명령되거나 법령에 근거한 행정청의 명령에 따른 의무자의 대체적 작위의무 위반행위가 있어야 한다.

대체적 작위의무란 그 의무의 이행을 타인이 대신할 수 있는 작위의무를 말한다. 대체적 작위의무의 예로는 건물의 철거, 물건의 파기를 들 수 있다. 부작위의무(ⓐ 불법공작물을 설치하지 않을 의무)와 수인의무(ⓐ 장례식장 사용중지의무), 토지·건물의 명도의무는 성질상 대체적 작위의무가 아니다.

② 다른 수단(ⓐ 대집행보다 의무자의 권익을 적게 침해하는 수단)으로써 이행을 확보하기 곤란하고 또한 그 불이행을 방치함이 심히 공익을 해할 것으로 인정되어야 한다. 이 규정은 비례의 원칙을 행정대집행에 구체화한 규정이다.

4. 대집행권 행사의 재량성

대집행의 요건이 충족되는 경우에 대집행을 하여야 한다는 견해가 있으나 대집행권을 발동할 것인가는 행정대집행법 제2조가 가능규정(… 할 수 있다)으로 규정하고 있으므로 행정청의 재량에 속한다고 보는 것이 타당하다. 판례도 재량으로 보고 있다(대판 1996. 10. 11, 96누8086[불법건축물원상복구계고처분취소]).

5. 대집행 절차

대집행은 계고, 대집행영장에 의한 통지, 대집행의 실행, 대집행비용의 징수의 단계를 거쳐 행해진다.

(1) 계   고

계고란 상당한 기간 내에 의무의 이행을 하지 않으면 대집행을 한다는 의사를 사전에 통지하는 행위를 말한다.

계고의 법적 성질은 준법률행위적 행정행위이다.

판례는 철거명령과 계고처분을 1장의 문서로써 동시에 행할 수 있다고 본다(대판 1992. 6. 12, 91누13564).

(2) 대집행영장에 의한 통지

대집행영장에 의한 통지란 의무자가 계고를 받고 그 지정 기한까지 그 의무를 이행하지 아니할 때에는 해당 행정청이 대집행영장으로써 대집행실행의 시기, 대집행책임자의 성명과 대집행비용의 개산액을 의무자에게 통지하는 행위를 말한다. 즉, 대집행을 실행하겠다는 의사를 구체적으로 통지하는 행위이다.

대집행영장에 의한 통지의 법적 성질은 준법률행위적 행정행위이다.

(3) 대집행의 실행

대집행의 실행이란 해당 행정청이 스스로 또는 타인으로 하여금 대체적 작위의무를 이행시키는 물리력의 행사를 말한다.

대집행 실행행위는 물리력을 행사하는 권력적 사실행위이다.

위법건축물의 철거에서와 같이 대집행의 실행에 대하여 저항하는 경우에 실력으로 그 저항을 배제하는 것이 대집행의 일부로서 인정되는가에 대하여 견해가 대립하고 있다.

판례에 따르면 행정청이 행정대집행의 방법으로 건물철거의무의 이행을 실현할 수 있는 경우에는 건물철거 대집행 과정에서 부수적으로 건물의 점유자들에 대한 퇴거 조치를 할 수 있고, 점유자들이 적법한 행정대집행을 위력을 행사하여 방해하는 경우 형법상 공무집행방해죄가 성립하므로, 필요한 경우에는 '경찰관 직무집행법'에 근거한 위험발생 방지조치 또는 형법상 공무집행방해죄의 범행방지 내지 현행범체포의 차원에서 경찰의 도움을 받을 수도 있다(대판 2017. 4. 28, 2016다213916).

(4) 비용징수

대집행의 비용은 원칙상 의무자가 부담하여야 한다. 의무자가 비용을 납부하지 않으면 국세징수의 예에 따라 강제징수한다. 비용납부명령은 비용납부의무를 발생시키는 행정행위이다.

Ⅳ. 이행강제금(집행벌)

1. 의   의

이행강제금의 부과란 "의무자가 행정상 의무를 이행하지 아니하는 경우 행정청이 적절한 이행기간을 부여하고, 그 기한까지 행정상 의무를 이행하지 아니하면 금전급부의무를 부과하는 것"을 말한다(행정기본법 제30조 제1항 제2호).

집행벌은 행정벌과 달리 과거의 법 위반에 대한 제재(처벌)를 목적으로 하지 않고, 의무이행의 강제를 직접목적으로 하여 부과되는 금전적 부담이다.

2. 이행강제금의 대상

이행강제금은 부작위의무 또는 비대체적 작위의무의 불이행뿐만 아니라 대체적 작위의무의 불이행에 대하여도 가능하다.

특별한 규정이 없는 한 행정대집행과 이행강제금의 부과 사이에 행정청에게 선택재량이 인정된다. 이행강제금의 부과 후에 행정대집행을 실시할 수도 있다.

3. 법적 근거

현재 이행강제금 부과의 근거에 관한 일반법은 없고 개별법에서 인정되고 있다. 이행강제금은 건축법 제80조, 농지법 제62조 등에서 인정되고 있다. 행정기본법은 이행강제금의 근거규정이 아니다.

이행강제금 부과의 근거가 되는 법률에는 이행강제금에 관한 다음 각 호의 사항을 명확하게 규정하여야 한다. 다만, 제4호 또는 제5호를 규정할 경우 입법목적이나 입법취지를 훼손할 우려가 크다고 인정되는 경우로서 대통령령으로 정하는 경우는 제외한다. 1. 부과·징수 주체, 2. 부과 요건, 3. 부과 금액, 4. 부과 금액 산정기준, 5. 연간 부과 횟수나 횟수의 상한(행정기본법 제31조 제1항).

4. 이행강제금 부과의 법적 성질

이행강제금 부과행위는 행정행위이다. 따라서 이행강제금 부과행위에는 행정절차법이 적용되고, 직권취소 또는 철회가 가능하다.

이행강제금의 부과는 재량행위이다. 행정청은 다음 각 호의 사항을 고려하여 이행강제금의 부과 금액을 가중하거나 감경할 수 있다. 1. 의무 불이행의 동기, 목적 및 결과, 2. 의무 불이행의 정도 및 상습성, 3. 그 밖에 행정목적을 달성하는 데 필요하다고 인정되는 사유(행정기본법 제31조 제2항).

5. 이행강제금의 부과요건 및 부과절차

① 행정상 의무의 불이행: 철거명령 등 시정명령(건축법 제79조 제1항 등)을

받은 후 시정의무를 이행하지 않았어야 한다.

② **계고처분**: 행정청은 이행강제금을 부과하기 전에 미리 의무자에게 적절한 이행기간을 정하여 그 기한까지 행정상 의무를 이행하지 아니하면 이행강제금을 부과한다는 뜻을 문서로 계고(戒告)하여야 한다(행정기본법 제31조 제3항).

③ **이행강제금의 부과**: 행정청은 의무자가 제3항에 따른 계고에서 정한 기한까지 행정상 의무를 이행하지 아니한 경우 이행강제금의 부과 금액·사유·시기를 문서로 명확하게 적어 의무자에게 통지하여야 한다(행정기본법 제31조 제4항).

행정청은 의무자가 행정상 의무를 이행할 때까지 이행강제금을 반복하여 부과할 수 있다(행정기본법 제31조 제5항).

의무자가 의무를 이행하면 새로운 이행강제금의 부과를 즉시 중지하되, 이미 부과한 이행강제금은 징수하여야 한다(행정기본법 제31조 제5항).

④ **이행강제금의 강제징수**: 행정청은 이행강제금을 부과받은 자가 납부기한까지 이행강제금을 내지 아니하면 국세 체납처분의 예 또는 「지방행정제재·부과금의 징수 등에 관한 법률」에 따라 징수한다(행정기본법 제31조 제6항).

V. 직접강제

1. 의   의

직접강제란 "의무자가 행정상 의무를 이행하지 아니하는 경우 행정청이 의무자의 신체나 재산에 실력을 행사하여 그 행정상 의무의 이행이 있었던 것과 같은 상태를 실현하는 것"을 말한다(행정기본법 제30조 제1항 제3호).

직접강제는 의무자에게 직접 물리력을 행사하는 점에서 그러하지 아니한 대집행과 구별된다. 의무자의 신체에 대해 물리력을 행사하는 것은 당연히 직접강제이고 대집행이 아니다. 직접강제에서 의무자의 재산에 대한 실력행사는 의무자가 점유하는 재산에 대한 실력행사이고, 의무자의 점유에 대한 실력행사도 의무자에 대한 직접 실력행사로 볼 수 있다. 대집행은 의무자의 점유에 대한 직접적 실력행사를 포함하지 않는다. 건물인도는 직접강제에 속하고, 건물철거는 대집행에 속한다.

현행법상 인정되고 있는 직접강제의 수단으로는 영업장 또는 사업장의 폐쇄

(먹는물관리법 제46조 제1항), 외국인의 강제퇴거(출입국관리법 제46조) 등이 있다.

2. 직접강제의 법적 성질

직접강제는 권력적 사실행위이다.

인신구속의 경우에는 인신보호법상의 구제를 받을 수 있다.

3. 직접강제의 법적 근거

직접강제의 일반적 근거는 없다 직접강제가 인정되기 위해서는 개별법에 법적 근거가 필요하다.

4. 직접강제의 보충성

직접강제는 행정대집행이나 이행강제금 부과의 방법으로는 행정상 의무 이행을 확보할 수 없거나 그 실현이 불가능한 경우에 실시하여야 한다(행정기본법 제32조 제1항).

5. 직접강제의 절차

직접강제를 실시하기 위하여 현장에 파견되는 집행책임자는 그가 집행책임자임을 표시하는 증표를 보여 주어야 한다(행정기본법 제32조 제2항). 직접강제의 계고 및 통지에 관하여는 제31조 제3항 및 제4항을 준용한다(제3항).

VI. 행정상 강제징수

1. 의의 및 법적 근거

강제징수란 "의무자가 행정상 의무 중 금전급부의무를 이행하지 아니하는 경우 행정청이 의무자의 재산에 실력을 행사하여 그 행정상 의무가 실현된 것과 같은 상태를 실현하는 것"을 말한다(행정기본법 제30조 제1항 제4호).

국세 및 지방세 납부의무의 불이행에 대하여는 국세징수법 및 지방세징수법에서 일반적으로 강제징수를 인정하고 있고, 다른 공법상의 금전급부의무의 불이행에 대하여는 통상 관련 개별법의 규정(지방세법 제28조 제4항, 토지보상법

제99조 등)에서 국세징수법상 및 지방세징수법의 강제징수에 관한 규정을 준용하고 있다. 지방행정제재·부과금의 경우에는 「지방행정제재·부과금의 징수 등에 관한 법률」에서 강제징수에 관한 일반규정을 규정하고 있다.

2. 행정상 강제징수의 절차

국세징수법에 따른 강제징수의 절차는 다음과 같다: ① 독촉, ② 재산의 압류, ③ 압류재산의 매각(환가처분), ④ 청산(충당)이 그것이다. 이 중 재산의 압류, 압류재산의 매각 및 청산을 **체납처분**이라 한다.

(1) 독   촉

독촉은 납세의무자에게 납세의무의 이행을 최고하고 최고기한까지 납부하지 않을 때에는 체납처분을 하겠다는 것을 예고하는 통지행위로서 준법률행위적 행정행위에 해당한다.

(2) 재산의 압류

압류란 의무자의 재산에 대하여 사실상 및 법률상의 처분을 금지시키고 그것을 강제적으로 확보하는 행위를 말한다.

압류는 권력적 사실행위로서의 성질을 갖는다.

압류된 재산에 대하여는 사실상, 법률상의 처분이 금지된다.

(3) 압류재산의 매각

압류한 재산은 통화를 제외하고는 매각하여 금전으로 환가하여야 하는데, 매각은 공매 또는 수의계약(적당한 상대방을 임의로 선택하여 맺는 계약)의 방법으로 행한다(제65조 제1항).

공매는 경쟁입찰 또는 경매(정보통신망을 이용한 것 포함)의 방법으로 한다(제65조 제2항).

공매하기로 한 결정은 내부행위로서 처분이 아니고, 공매공고 및 공매통지도 처분이 아니다.

공매결정(매각결정)·통지는 공법상 대리행위로서 항고소송의 대상이 된다.

공매결정에 따라 낙찰자 또는 경락자가 체납자의 재산을 취득하는 법률관계는 사법상 매매계약관계이다.

(4) 청　　산

세무서장은 압류재산의 매각대금 등 체납처분에 따라 취득한 금전을 체납액과 채권에 배분한다(제96조 제1항). 배분한 금전에 잔액이 있는 때에는 이를 체납자에게 지급하여야 한다(제96조 제2항).

(5) 공매 등의 대행

관할 세무서장은 공매, 수의계약, 매각재산의 권리이전, 금전의 배분업무(이하 "공매등"이라 한다)를 대통령령으로 정하는 바에 따라 한국자산관리공사에 대행하게 할 수 있다. 이 경우 공매등은 관할 세무서장이 한 것으로 본다(제103조 제1항).

3. 행정상 강제징수에 대한 불복

행정상 강제징수에 대한 불복에 대하여는 국세기본법에서 특별한 규정을 두고 있다(국세기본법 제55조 이하). 즉, 독촉, 압류, 압류해제거부 및 공매처분에 대하여는 이의신청을 제기할 수 있고(국세청장이 조사·결정 또는 처리하거나 하였어야 할 것인 경우를 제외), 심사청구 또는 심판청구 중 하나에 대한 결정을 거친 후 행정소송을 제기하여야 한다(행정심판전치주의).

제 3 항　즉시강제

I. 의　　의

즉시강제란 "현재의 급박한 행정상의 장해를 제거하기 위한 경우로서 '행정청이 미리 행정상 의무 이행을 명할 시간적 여유가 없는 경우' 또는 '그 성질상 행정상 의무의 이행을 명하는 것만으로는 행정목적 달성이 곤란한 경우'에 행정청이 곧바로 국민의 신체 또는 재산에 실력을 행사하여 행정목적을 달성하는 것"을 말한다(행정기본법 제30조 제1항 제5호).

전염병환자의 강제입원, 소방장애물의 제거, 출입국관리법상의 강제퇴거조치, 도로교통법상의 주차위반차량의 견인·보관조치, 불법게임물의 수거·삭제·폐기 등이 그 예이다. 경찰관 직무집행법 제6조 제1항 중 경찰관의 제지에 관한 부분은 범죄의 예방을 위한 경찰 행정상 즉시강제의 근거조항이다.

즉시강제의 법적 성질은 권력적 사실행위이다.

II. 법적 근거

즉시강제를 일반적으로 인정하는 법은 없고 각 개별법(예 전염병예방법, 정신보건법, 소방기본법, 경찰관직무집행법)에서 즉시강제를 인정하고 있다.

다만, 경찰분야에서 개괄조항에 의한 수권을 인정하는 견해에 따르면 구체적인 법적 근거가 없이도 개괄적 수권규정에 근거하여 경찰상 즉시강제가 행해질 수 있다.

III. 즉시강제의 요건

일반적으로 즉시강제는 비례의 원칙상 급박한 행정상의 장해를 제거할 필요가 있는 경우에 미리 의무를 명할 시간적 여유가 없을 때 또는 성질상 의무를 명하여 가지고는 목적달성이 곤란할 때에 한하여 인정된다.

행정상 즉시강제의 구체적 요건은 해당 개별법에서 규정된다.

IV. 즉시강제의 한계

1. 실체법상 한계로서의 비례원칙

즉시강제의 실체법상 한계로서 중요한 것은 비례원칙이다.

즉시강제는 다른 수단으로는 행정 목적을 달성할 수 없는 경우에만 허용되며, 이 경우에도 최소한으로만 실시하여야 한다(행정기본법 제33조 제1항). 이 규정은 즉시강제의 보충성 및 비례의 원칙 중 최소침해의 원칙을 즉시강제에 적용하여 규정한 것이다. 행정상 강제집행이 가능한 경우에는 즉시강제는 인정되지 않는다.

2. 절차법적 한계(통제)

(1) 영장주의의 적용 여부

헌법상 영장주의가 행정상 즉시강제에 대해 적용될 것인가에 대하여 대법원 판례는 영장제도의 취지인 기본권보장을 위해서는 영장주의가 행정상 즉시강제에도 원칙상 적용되어야 하지만 긴급한 필요 등 영장 없는 즉시강제를 인정하여야 할 합리적 이유가 존재하는 경우에는 영장주의가 적용되지 않는다는 절충설을 취하고 있다(대판 1995. 6. 30, 93추83).

(2) 실정법령상의 절차적 보장

즉시강제를 실시하기 위하여 현장에 파견되는 집행책임자는 그가 집행책임자임을 표시하는 증표를 보여 주어야 하며, 즉시강제의 이유와 내용을 고지하여야 한다(행정기본법 제33조 제2항). 다만, 즉시강제를 하려는 재산의 소유자 또는 점유자를 알 수 없거나 현장에서 그 소재를 즉시 확인하기 어려운 경우에는 **즉시강제를 실시한 후** 집행책임자의 이름 및 그 이유와 내용을 **고지**할 수 있다. 그리고, 불가피한 사유로 고지할 수 없는 경우에는 게시판이나 인터넷 홈페이지에 게시하는 등 적절한 방법에 의한 공고로써 고지를 **갈음**할 수 있다(제3항). 그 밖에 행정상 즉시강제를 규정하는 개별법에서 행정상 즉시강제를 함에 있어 의견청취, 수거증의 교부 등 절차를 규정하고 있는 경우가 있다.

제 3 절   행정벌

제 1 항 의   의

행정벌이란 행정법상의 의무 위반행위에 대하여 제재로서 가하는 처벌을 말한다.

행정벌은 과거의 의무 위반에 대한 제재를 직접적인 목적으로 하지만 간접적으로는 의무자에게 심리적 압박을 가함으로써 행정법상의 의무이행을 확보하는 기능을 가진다.

제 2 항 종   류

행정벌에는 행정형벌과 행정질서벌이 있다. **행정형벌**이란 형법상의 형벌을 과하는 행정벌을 말한다. **행정질서벌**은 과태료가 과하여지는 행정벌이다.

일반적으로 행정형벌은 행정목적을 직접적으로 침해하는 행위에 대하여 과하여지고, 행정질서벌은 신고의무 위반과 같이 행정목적을 간접적으로 침해하는 행위에 대하여 과하여진다. 그런데 실제에 있어서는 행정형벌의 **행정질서벌화정책**에 따라 행정형벌을 과하여야 할 행위에 행정질서벌을 과하는 경우가 있다.

또한 형벌을 과하여야 하는 행정법규 위반행위에 대하여 **범칙금**이 과하여지는 경우가 있다.

제 3 항 행정범과 행정형벌

Ⅰ. 의   의

행정범이란 행정법규의 위반으로 성립되는 범죄를 말한다.

행정형벌이란 행정법규 위반에 대하여 과하여지는 형벌을 말한다. 형법 제41조에서 규정한 형벌의 종류는 다음과 같다: ① 사형, ② 징역, ③ 금고, ④ 자격상실, ⑤ 자격정지, ⑥ 벌금, ⑦ 구류, ⑧ 과료, ⑨ 몰수.

Ⅱ. 행정범과 형사범의 구별

행정형벌의 대상이 되는 행정범과 형사벌의 대상이 되는 형사범의 구별에 관하여 통설은 피침해규범의 성질을 기준으로 하여 행정범과 형사범을 구별하고 있다. 형사범은 살인행위 등과 같이 그 행위의 반도덕성·반사회성이 해당 행위를 범죄로 규정하는 실정법을 기다릴 것 없이 일반적으로 인식되고 있는 범죄를 말한다. 행정범이란 그 행위의 반도덕성·반사회성이 해당 행위를 범죄로 규정하는 법률의 제정 이전에는 당연히 인정되는 것은 아니며 해당 행위를 범죄로 규정하는 법률의 제정으로 비로소 인정되는 범죄를 말한다.

Ⅲ. 행정범과 행정형벌의 특수성과 법적 규율

행정범과 행정형벌의 특수성이란 통상 형사범과 형사벌에 대한 특수성을 말한다.

① 죄형법정주의 등 형사범과 형사벌에 대한 형법총칙규정이 행정범 및 행정형벌에도 원칙적으로 적용된다. 다만, 통설은 행정범의 특수성에 비추어 제한적으로 형법총칙의 일부 배제를 인정하고 있다.

② 행정범에서는 형사범에 비하여 위법성 인식가능성이 없는 경우가 넓게 인정될 수 있다.

③ 형사범에서는 범죄를 행한 자만을 벌하지만 행정범에서는 범죄행위자 이외의 자(사업주, 법인 등)를 벌하는 것으로 규정하는 경우가 있다. 범죄행위자와 함께 행위자 이외의 자를 함께 처벌하는 법규정을 **양벌규정**이라 한다. 종업원의 위반행위에 대하여 사업주도 처벌하는 것으로 규정하는 경우가 있고, 미성년자나 금치산자의 위반행위에 대하여 법정대리인을 처벌하는 것으로 규정하는 경우가 있다.

④ 행정범에서는 법인의 대표자 또는 법인의 종업원이 그 법인의 업무와 관련하여 행정범을 범한 경우에 행위자뿐만 아니라 법인도 아울러 처벌한다는 규정을 두는 경우가 많다.

⑤ 행정형벌도 원칙상 형사벌과 같이 형사소송법에 따라 과하여지지만, 예외적으로 통고처분이 인정된다. **통고처분**이란 행정범에 대하여 형사절차에 따른 형벌을 과하기 전에 행정청이 형벌을 대신하여 금전적 행정제재인 범칙금을 과하고 행정범을 범한 자가 그 금액을 납부하면 형사처벌을 하지 아니하고, 만일 지정된 기간 내에 그 금액을 납부하지 않으면 형사소송절차에 따라 형벌을 과하도록 하는 절차를 말한다. 통고처분은 현행법상 조세범, 관세범, 출입국관리사범, 교통사범 등에 대하여 인정되고 있다.

Ⅳ. 행정형벌규정의 변경·폐지와 행정형벌

종전에 허가를 받거나 신고를 하여야만 할 수 있던 행위 일부를 허가나 신고 없이 할 수 있도록 법령이 개정된 경우 이것이 법률 이념의 변천으로 과거에 범죄로서 처벌하던 일부 행위에 대한 처벌 자체가 부당하다는 반성적 고려에서 비롯된 것이면 가벌성이 소멸하고, 사정의 변천에 따른 규제 범위의 합리적 조정의 필요에 따른 것이라고 보이면(⑩ 개발제한구역 내 비닐하우스 설치행위) 그 위반행위의 가벌성이 소멸하는 것이 아니다(대판 2007. 9. 6, 2007도4197).

제 4 항 행정질서벌(과태료)

Ⅰ. 의   의

행정질서벌이란 행정법규 위반에 대하여 과태료가 과하여지는 행정벌이다. 행정질서벌을 법령 및 실무에서는 **과태료**라고 한다.

과태료에는 행정질서벌인 과태료 이외에 사법상의 의무위반에 대해 부과되는 과태료, 소송법상의 위무위반에 대한 과태료가 있다.

Ⅱ. 형법총칙 적용문제

행정질서벌인 과태료는 형벌이 아니므로 행정질서벌에는 형법총칙이 적용되지 않는다. 그런데 질서위반행위규제법은 행정질서벌인 과태료를 행정형벌과 상당히 유사하게 규율하고 있다.

Ⅲ. 질서위반행위규제법에 따른 행정질서벌의 부과

1. 부과권자

과태료 부과권자는 개별법률에서 정함이 없는 경우에는 법원이 비송사건절차에 따라 정한다(제25조).

개별법률에서 행정청이 부과하도록 한 경우에도 행정청의 과태료부과에 불복하는 경우에는 법원이 비송사건절차에 따라 최종적으로 부과한다(질서위반행위규제법 제21조 제1항, 제25조 이하).

2. 부과의 근거

행정질서벌의 부과는 법률이나 조례에 근거가 있어야 한다. 행정질서벌에는 국가의 법령에 근거한 것과 지방자치단체의 조례에 근거한 것(지방자치법 제20조, 제130조)이 있다.

질서위반행위규제법은 과태료 부과의 근거법률은 아니며 '질서위반행위'(제2조 제1호)를 한 자에 대한 과태료 부과의 요건, 절차, 징수 등을 정하는 법률이다. 사법상의 의무위반에 대해 부과되는 과태료, 소송법상의 의무위반에 대한 과태료는 질서위반행위규제법의 적용대상에서 제외된다(질서위반행위규제법 제2조 제1호).

3. 부과요건

질서위반행위규제법은 질서위반행위의 요건을 행정범죄의 성립요건과 유사하게 규정하고 있다.

① 질서위반행위규제법은 원칙상 고의 또는 과실이 없는 질서위반행위는 과태료를 부과하지 아니한다고 규정하고 있다(제7조).

② 질서위반행위의 성립과 과태료 처분은 원칙상 위반행위시의 법률에 따른다(질서위반행위법 제3조 제1항).

③ 자신의 행위가 위법하지 아니한 것으로 오인하고 행한 질서위반행위는 그 오인에 정당한 이유가 있는 때에 한하여 과태료를 부과하지 아니한다(제8조).

④ 14세가 되지 아니한 자의 질서위반행위는 과태료를 부과하지 아니한다. 다만, 다른 법률에 특별한 규정이 있는 경우에는 그러하지 아니하다(제9조).

4. 부과절차

행정질서벌은 형벌이 아니므로 그 과벌절차는 형사소송법에 의하지 않는다. 법원이 과태료 재판에 의해 부과하는 경우에는 질서위반행위규제법 및 비송사건절차법에 의한다.

　행정청이 부과하는 경우에 과태료부과행위는 질서위반행위규제법(제16조 이하) 및 행정절차법에 따른다.

Ⅳ. 행정질서벌 부과행위의 법적 성질과 권리구제

　① 행정질서벌인 과태료가 법원의 재판에 의해 부과되는 경우에 과태료부과행위는 사법행위(司法行爲)의 성질을 가지며 질서위반행위규제법 및 비송사건절차법에 정해진 절차에 따라 부과되고 다투어진다.

　② 행정질서벌인 과태료를 행정청이 부과하는 경우에 과태료부과행위는 행정행위이다. 그런데 질서위반행위규제법은 이 경우에 이의가 제기된 경우에는 행정청의 과태료부과처분은 그 효력을 상실하고(제20조 제2항), 이의제기를 받은 부과행정청은 관할법원에 통보하여 관할법원이 질서위반행위규제법에 따라 과태료를 결정하도록 규정하고 있다(⑳ 제21조 제1항, 제25조 이하). 과태료부과행위는 행정쟁송법상의 처분은 아니지만, 행정기본법상의 처분에는 해당한다.

[행정형벌과 행정질서벌]

구 분	행정형벌	행정질서벌
처벌 내용	사형 · 징역 · 금고 · 자격상실 · 자격정지 · 벌금 · 구류 · 과료 · 몰수	과태료
과벌대상	직접적으로 행정목적을 침해하는 경우	간접적으로 행정목적달성에 장해를 미칠 위험성이 있는 행위위반의 경우(주로 신고 · 등록 · 서류비치 등의 의무를 위반한 경우)
형법총칙	원칙적으로 적용됨.	적용되지 않음.
고의 · 과실	요함.	이론상 요하지 않음(질서위반행위규제법에 따르면 요함).
과벌절차	형사소송법	질서위반행위규제법, 비송사건절차법

제 4 절 그 밖의 행정의 실효성 확보수단

전통적인 행정의 실효성 확보수단인 행정강제와 행정벌만으로는 행정의 실
효성을 확보하기에 충분하지 않기 때문에 전통적인 실효성 확보수단을 보완하
기 위하여 새로운 수단들이 등장하였다.

경제적 제재수단인 과징금, 가산세, 부당이득세, 공표제도, 공급거부, 관허
사업의 제한, 취업제한, 행정행위의 철회 또는 정지, 시정명령 등이 그 예이다.

제 1 항 과징금

Ⅰ. 의   의

과징금이라 함은 법령등 위반이나 행정법상 의무위반에 대한 제재로서 부
과하는 금전부과금을 말한다. 행정부과금중 제재적 성격이 없는 것은 과징금이
라고 할 수 없다.

과징금에는 경제적 이익환수 과징금, 영업정지에 갈음하는 과징금, 제재목
적 과징금이 있다. 경제적 이익환수 과징금을 '**본래의 과징금**'이라 하고, 그 이외
의 과징금을 '**변형된 과징금**'이라 한다. 과징금 중에는 경제적 이익환수와 제재
의 성격을 함께 갖는 경우(⑩ 공정거래법상 과징금)도 있다.

행정기본법 제28조와 제29조는 과징금을 규정하고 있는데, 행정기본법이
규정하는 과징금은 본래의 과징금뿐만 아니라 변형된 과징금도 포함한다.

Ⅱ. 과징금의 종류

1. 경제적 이익환수 과징금(본래의 과징금)

경제적 이익환수 과징금은 법규위반으로 인한 경제적 이득을 환수하는 것
을 주된 목적으로 하면서도 부수적으로 법규위반행위에 대한 제재적 성격을 함
께 갖는 과징금을 말한다.

2. 변형된 과징금

본래의 과징금과 다른 성질의 과징금을 '변형된 과징금'이라 하는데, 변형된 과징금에는 영업정지(사업정지)에 갈음하는 과징금, 순수한 금전적 제재로서의 과징금 등이 있다.

(1) 영업정지(사업정지)에 갈음하는 과징금

영업정지처분에 갈음하여 과징금을 부과할 수 있는 것으로 규정하고 있는 경우가 적지 않다.

영업정지처분에 갈음하는 과징금이 규정되어 있는 경우에는 과징금을 부과할 것인지 영업정지처분을 내릴 것인지는 통상 행정청의 재량에 속한다.

(2) 제재목적 과징금

제재목적 과징금은 금전적 제재로 법령 위반을 예방하여 행정법규의 실효성을 확보하는 것을 주된 목적으로 하는 과징금이다. 미국의 징벌적 손해배상의 영향을 받아 징벌적 과징금(⑩ 제재부가금, 개인정보 유출 등에 대한 개인정보보호법상 과징금)이 늘고 있는데, 징벌적 과징금은 제재목적 과징금의 대표적인 예이다.

Ⅲ. 과징금의 근거 및 기준

행정청은 법령등에 따른 의무를 위반한 자에 대하여 법률로 정하는 바에 따라 그 위반행위에 대한 제재로서 과징금을 부과할 수 있다(행정기본법 제28조 제1항). 행정기본법 제28조 제1항은 과징금 부과의 법적 근거가 될 수 없다. 과징금을 부과하기 위해서는 개별법률의 근거가 있어야 한다. 행정기본법 제28조 제1항의 과징금은 본래의 과징금과 영업정지에 갈음하여 부과되는 변형된 과징금을 모두 포함한다.

과징금의 근거가 되는 법률에는 과징금에 관한 다음 각 호의 사항을 명확하게 규정하여야 한다. 1. 부과·징수 주체, 2. 부과 사유, 3. 상한액, 4. 가산금을 징수하려는 경우 그 사항, 5. 과징금 또는 가산금 체납 시 강제징수를 하려는 경우 그 사항(행정기본법 제28조 제2항).

Ⅳ. 과징금의 성질과 부과(벌금 등과 과징금의 이중부과가능성)

과징금은 행정상 제재금이고, 범죄에 대한 국가의 형벌권의 실행으로서의 과벌이 아니므로 행정법규위반에 대하여 벌금이나 범칙금 이외에 과징금을 부과하는 것은 이중처벌금지의 원칙에 반하지 않는다(헌재 1994. 6. 30, 92헌바38).

Ⅴ. 법적 성질, 법적 규율 및 법적 구제

과징금부과행위의 법적 성질은 침해적 행정행위이다. 따라서 과징금부과처분은 행정절차법의 적용대상이 되고, 항고쟁송의 대상이 된다.

Ⅵ. 과징금의 납부기한 연기 및 분할 납부

과징금은 한꺼번에 납부하는 것을 원칙으로 한다. 다만, 행정청은 과징금을 부과받은 자가 다음 각 호의 어느 하나에 해당하는 사유로 과징금 전액을 한꺼번에 내기 어렵다고 인정될 때에는 그 납부기한을 연기하거나 분할 납부하게 할 수 있으며, 이 경우 필요하다고 인정하면 담보를 제공하게 할 수 있다. 1. 재해 등으로 재산에 현저한 손실을 입은 경우, 2. 사업 여건의 악화로 사업이 중대한 위기에 처한 경우, 3. 과징금을 한꺼번에 내면 자금 사정에 현저한 어려움이 예상되는 경우, 4. 그 밖에 제1호부터 제3호까지에 준하는 경우로서 대통령령으로 정하는 사유가 있는 경우(행정기본법 제29조).

납부기한이나 분할납부결정은 행정청의 재량사항이다.

제 2 항 명단의 공표(위반사실의 공표)

명단의 공표란 행정법상의 의무 위반 또는 의무불이행이 있는 경우에 그 위반자의 성명, 위반사실 등을 일반에게 공개하여 명예 또는 신용에 침해를 가함으로써 심리적인 압박을 가하여 행정법상의 의무이행을 확보하는 간접강제수단을 말한다.

법위반사실의 공표에는 개별법률의 근거가 필요하다. 행정절차법은 '위반사실등의 공표'의 근거법률이 아니다.

환경보전을 위한 관계 법령 위반에 따른 행정처분 사실의 공표(환경정책기본법 제30조 제3항), 체납기간 1년 이상·3억원 이상의 고액·상습세금체납자(국세기본법 제85조의5), 위반건축물표지의 설치(건축법 제79조 제4항, 동법 시행규칙 제40조)와 미성년자에 대한 성범죄자(아동·청소년의 성보호에 관한 법률 제20조 제2항)의 명단의 공표가 그 예이다.

명단의 공표(병무청장이 병역법에 따라 병역의무 기피자의 인적사항 등을 인터넷 홈페이지에 게시한 것)는 항고소송의 대상인 행정처분에 해당한다(대판 2019. 6. 27, 2018두49130).

행정절차법은 아래와 같이 '위반사실등의 공표'의 일반절차를 규정하고 있다. '위반사실등의 공표'가 아닌 '정보제공적 공표'는 행정절차법의 적용대상이 아니다.

행정청은 위반사실등의 공표를 하기 전에 사실과 다른 공표로 인하여 당사자의 명예·신용 등이 훼손되지 아니하도록 객관적이고 타당한 증거와 근거가 있는지를 확인하여야 한다(행정절차법 제40조의3 제2항). 행정청은 위반사실등의 공표를 할 때에는 미리 당사자에게 그 사실을 통지하고 의견제출의 기회를 주어야 한다. 다만, 다음 각 호의 어느 하나에 해당하는 경우에는 그러하지 아니하다. 1. 공공의 안전 또는 복리를 위하여 긴급히 공표를 할 필요가 있는 경우, 2. 해당 공표의 성질상 의견청취가 현저히 곤란하거나 명백히 불필요하다고 인정될 만한 타당한 이유가 있는 경우, 3. 당사자가 의견진술의 기회를 포기한다는 뜻을 명백히 밝힌 경우(제40조의3 제3항). 제1항에 따른 위반사실등의 공표는 관보, 공보 또는 인터넷 홈페이지 등을 통하여 한다(제6항).

행정청은 위반사실등의 공표를 하기 전에 당사자가 공표와 관련된 의무의 이행, 원상회복, 손해배상 등의 조치를 마친 경우에는 위반사실등의 공표를 하지 아니할 수 있다(행정절차법 제40조의3 제7항). 행정청은 공표된 내용이 사실과 다른 것으로 밝혀지거나 공표에 포함된 처분이 취소된 경우에는 그 내용을 정정하여, 정정한 내용을 지체 없이 해당 공표와 같은 방법으로 공표된 기간 이상 공표하여야 한다. 다만, 당사자가 원하지 아니하면 공표하지 아니할 수 있다(행정절차법 제40조의3 제8항).

제 3 항 공급거부

공급거부란 행정법상의 의무를 위반하거나 불이행한 자에 대하여 행정상의 서비스 또는 재화의 공급을 거부하는 행위를 말한다.

국민생활에 필수적인 전기, 수도와 같은 재화 또는 서비스의 제공을 거부함으로써 행정법상의 의무의 이행을 간접적으로 강제하는 수단이다.

제 4 항 관허사업의 제한

Ⅰ. 의 의

관허사업의 제한이란 행정법상의 의무를 위반하거나 불이행한 자에 대하여 각종 인·허가를 거부할 수 있게 함으로써 행정법상 의무의 준수 또는 의무의 이행을 확보하는 간접적 강제수단을 말한다.

Ⅱ. 종 류

관허사업의 제한에는 의무 위반사항과 관련이 있는 사업에 대한 것(관련관허사업의 제한)(예 건축법 제79조 제2항의 위법 건축물을 이용한 영업허가의 제한)과 의무 위반사항과 직접 관련이 없는 사업 일반에 대한 것(일반적 관허사업의 제한)(예 병역법 제76조의 병역의무불이행자에 대한 관허사업의 제한)이 있다.

제 5 항 시정명령

Ⅰ. 의 의

시정명령이란 행정법규 위반으로 초래된 위법상태를 제거하는 것을 명하는 행정행위이다. 시정명령은 강학상 하명에 해당한다.

　시정명령을 받은 자는 시정의무를 부담하게 되며 시정의무를 이행하지 않은 경우에는 행정강제(대집행, 직접강제 또는 집행벌)의 대상이 될 수 있고, 시정의무 위반에 대하여는 통상 행정벌이 부과된다.

Ⅱ. 시정명령의 대상

　시정명령의 대상은 원칙상 과거의 위반행위로 야기되어 현재에도 존재하는 위법상태이다. 그런데 판례는 예외적으로 장래의 위반행위도 시정명령의 대상이 되는 것으로 보고 있다(대판 전원합의체 2003. 2. 20, 2001두5347).

　위법행위가 있었더라도 그 위법행위의 결과가 더 이상 존재하지 않는다면 시정의 대상이 없어진 것이므로 원칙상 시정명령을 할 수 없다(대판 2015. 12. 10, 2013두35013[시정명령취소]).

제 6 항 행정법규 위반에 대한 제재처분

Ⅰ. 행정기본법에서의 제재처분의 개념

　행정기본법에서 "제재처분"이란 법령등에 따른 의무를 위반하거나 이행하지 아니하였음을 이유로 당사자에게 의무를 부과하거나 권익을 제한하는 처분을 말한다. 다만, 제30조 제1항 각 호에 따른 행정상 강제는 제외한다(행정기본법 제2조 제5호).

　제재처분의 예로는 법령위반을 이유로 한 영업허가의 취소 또는 정지, 관허사업의 제한, 과징금, 입찰참가제한처분, 제재적 성격을 갖는 시정명령, 법 위반사실의 공표, 변상금부과처분 등이 있다.

Ⅱ. 제재처분의 대상

　행정법규 위반에 대하여 가하는 제재조치는 행정목적의 달성을 위하여 행정법규 위반이라는 객관적 사실에 착안하여 가하는 제재이므로, 반드시 현실적인 행위자가 아니라도 법령상 책임자로 규정된 자에게 부과되고, 위반자의 의무해태를 탓할 수 없는 정당한 사유가 있는 등의 특별한 사정이 없는 한 위반자에게 고의나 과실이 없다고 하더라도 부과될 수 있다(대판 2003. 9. 2, 2002두5177).

Ⅲ. 제재처분에 관한 입법

제재처분의 근거가 되는 법률에는 제재처분의 주체, 사유, 유형 및 상한을 명확하게 규정하여야 한다. 이 경우 제재처분의 유형 및 상한을 정할 때에는 해당 위반행위의 특수성 및 유사한 위반행위와의 형평성 등을 종합적으로 고려하여야 한다(행정기본법 제22조 제1항).

반복하여 같은 법규위반행위를 한 경우에는 가중된 제재처분을 하도록 규정하고 있는 경우가 적지 않다(예 식품위생법 시행규칙 제89조[별표 23]).

Ⅳ. 제재처분시 고려사항

행정청은 재량이 있는 제재처분을 할 때에는 다음 각 호의 사항을 고려하여야 한다. 1. 위반행위의 동기, 목적 및 방법, 2. 위반행위의 결과, 3. 위반행위의 횟수, 4. 그 밖에 제1호부터 제3호까지에 준하는 사항으로서 대통령령으로 정하는 사항(행정기본법 제22조 제2항).

Ⅴ. 제재처분과 형벌의 병과

행정상 제재처분과 형벌은 각각 그 권력적 기초, 대상, 목적이 다르므로 동일한 법규위반행위에 대하여 독립적으로 행정상 제재처분이나 형벌을 부과하거나 이를 함께 부과할 수 있다. 그리고, 법규가 예외적으로 형사소추 선행 원칙을 규정하고 있지 않은 이상 형사판결 확정에 앞서 일정한 위반사실을 들어 행정처분을 하였다고 하여 절차적 위반이 있다고 할 수 없다(대판 2017. 6. 19, 2015두59808).

Ⅵ. 제재처분의 제척기간

행정청은 법령등의 위반행위가 종료된 날부터 5년이 지나면 해당 위반행위에 대하여 제재처분(인허가의 정지·취소·철회, 등록 말소, 영업소 폐쇄와 정지를 갈음하는 과징금 부과만을 말한다. 이하 이 조에서 같다)을 할 수 없다(행정기본법 제23조 제1항).

다만, 다음 각 호의 어느 하나에 해당하는 경우에는 제1항을 적용하지 아니한다. 1. 거짓이나 그 밖의 부정한 방법으로 인허가를 받거나 신고를 한 경우, 2. 당사자가 인허가나 신고의 위법성을 알고 있었거나 중대한 과실로 알지 못한 경우, 3. 정당한 사유 없이 행정청의 조사·출입·검사를 기피·방해·거부하여 제척기간이 지난 경우, 4. 제재처분을 하지 아니하면 국민의 안전·생명 또는 환경을 심각하게 해치거나 해칠 우려가 있는 경우(행정기본법 제23조 제2항).

행정청은 제1항(제재처분의 제척기간의 도과)에도 불구하고 행정심판의 재결이나 법원의 판결에 따라 제재처분이 취소·철회된 경우에는 재결이나 판결이 확정된 날부터 1년(합의제행정기관은 2년)이 지나기 전까지는 그 취지에 따른 새로운 제재처분을 할 수 있다(행정기본법 제23조 제3항).

다른 법률에서 제1항 및 제3항의 기간보다 짧거나 긴 기간을 규정하고 있으면 그 법률에서 정하는 바에 따른다(행정기본법 제23조 제4항).

제 7 항 국외여행제한 등

위에서 살펴본 행정의 실효성 확보수단 이외에 행정법규 위반자에 대한 국외여행제한(예 출입국관리법 제4조), 행정법규 위반에 사용된 차량의 사용정지, 취업제한(예 병역법 제76조), 고액·상습체납자의 감치(국세징수법 제115조)와 행정법규위반행위신고포상금제 등이 있다.

제9장

행정절차

제1절 행정절차의 의의

Ⅰ. 개 념

보통 **행정절차**란 행정활동을 함에 있어서 거치는 사전통지, 의견청취, 이유제시 등 사전절차를 가리킨다.

Ⅱ. 필요성

행정절차는 행정의 절차적 통제, 행정의 민주화, 행정의 적정화, 국민의 권익보호를 위해 필요하다.

과도한 행정절차는 행정을 지체시킬 수 있지만, 행정을 예고하고 이해관계인의 의견을 반영한 행정을 함으로써 행정에 대한 국민의 수용과 협력을 증대시킬 수 있게 되고, 이는 궁극적으로 행정의 능률화에도 기여할 수 있다.

제2절 행정절차의 헌법적 근거

Ⅰ. 적법절차의 원칙

적법절차의 원칙이란 국가권력이 개인의 권익을 제한하는 경우에는 개인의 권익을 보호하기 위한 적정한 절차를 거쳐야 한다는 원칙을 말한다.

적법절차는 상이한 두 내용, 즉 실체적 적법절차(국가작용의 내용도 합리성과 정당성을 갖추어야 한다는 것)와 절차적 적법절차를 포함하는데 그 중심은 절차적 적법절차이다.

Ⅱ. 적법절차의 원칙과 행정절차

행정절차법은 헌법상의 적법절차를 구체화한 것이다.

만약 적법한 행정절차규정이 없는 경우 또는 절차규정이 적법절차의 원칙에 반하는 경우에는 적법절차의 원칙이 직접 적용되어 적법한 절차에 따르지 않은 행정처분은 절차상 위법하게 된다. 예를 들면, 허가의 취소에 있어 적법절차의 원칙상 정식청문절차가 요구됨에도 정식청문절차를 정하는 개별법규정이 없어 정식청문절차를 거치지 않고 의견제출의 기회만 주었다면 해당 허가취소는 절차상 하자가 있다.

제 3 절 행정절차법의 적용범위

① 행정절차법은 처분절차, 신고절차, 확약, 위반사실의 공표, 행정계획, 행정상 입법예고절차, 행정예고절차, 행정지도절차를 규율대상으로 하고 있다. 그 중에서 처분절차가 중심적인 내용이 되고 있다.

② 현행 행정절차법은 행정조사절차 및 행정계약절차는 규정하고 있지 않다.

③ 행정절차법은 주로 절차적 규정을 두고 있고 아주 예외적으로만 실체법규정(신의성실의 원칙과 신뢰보호의 원칙 등)을 두고 있다.

④ 행정절차법은 일정한 사항에 대하여는 적용되지 아니하는 것으로 규정하고 있다(행정절차법 제3조 제2항).

⑤ 국가에 대한 행정처분을 함에 있어서도 사전 통지, 의견청취, 이유 제시와 관련한 행정절차법 제21조 내지 23조가 적용된다(대판 2023. 9. 21, 2023두39724[국가에 대한 텔레비전수신료부과처분취소]).

제4절   행정절차법의 내용

행정절차법은 한편으로는 모든 행정작용에 공통적으로 적용되는 사항 및 절차를 정하고, 다른 한편으로는 행정처분, 입법, 행정지도 등 행위형식별로 거쳐야 할 행정절차를 정하고 있다.

제1항   공통사항 및 공통절차

Ⅰ. 신의성실 및 신뢰보호

행정청은 직무를 수행할 때 신의에 따라 성실히 하여야 한다(제4조 제1항).

행정청은 법령 등의 해석 또는 행정청의 관행이 일반적으로 국민들에게 받아들여졌을 때에는 공익 또는 제3자의 정당한 이익을 현저히 해칠 우려가 있는 경우를 제외하고는 새로운 해석 또는 관행에 따라 소급하여 불리하게 처리하여서는 아니 된다(제4조 제2항).

Ⅱ. 투명성원칙과 법령해석요청권

행정청이 행하는 행정작용은 그 내용이 구체적이고 명확하여야 한다(제5조 제1항). 행정작용의 근거가 되는 법령 등의 내용이 명확하지 아니한 경우 상대방은 해당 행정청에 그 해석을 요청할 수 있으며 해당 행정청은 특별한 사유가 없으면 그 요청에 따라야 한다(제2항). 행정청은 상대방에게 행정작용과 관련된 정보를 충분히 제공하여야 한다(제3항).

Ⅲ. 행정청의 관할

행정절차법은 다음과 같이 관할 행정청에의 이송제도와 행정청의 관할의 결정에 관한 규정을 두고 있다.

행정청이 그 관할에 속하지 아니하는 사안을 접수하였거나 이송받은 경우에는 지체 없이 이를 관할 행정청에 이송하여야 하고 그 사실을 신청인에게 통지하여야 한다. 행정청이 접수하거나 이송받은 후 관할이 변경된 경우에도 또한 같다(제6조 제1항).

행정청의 관할이 분명하지 아니하는 경우에는 해당 행정청을 공통으로 감독하는 상급 행정청이 그 관할을 결정하며, 공통으로 감독하는 상급행정청이 없는 경우에는 각 상급 행정청이 협의하여 그 관할을 결정한다(제6조 제2항).

Ⅳ. 행정절차법상 '당사자등'

행정절차법상 '당사자등'이란 행정청의 처분에 대하여 직접 그 상대가 되는 당사자와 행정청이 직권으로 또는 신청에 따라 행정절차에 참여하게 한 이해관계인을 말한다(제2조 제4호).

제 2 항   처분절차

행정절차법상 '처분'이란 행정청이 행하는 구체적 사실에 관한 법 집행으로서의 공권력의 행사 또는 그 거부와 그 밖에 이에 준하는 행정작용을 말한다(제2조 제1호). 이러한 행정절차법상의 처분개념규정은 행정쟁송법상의 그것과 동일하다.

[처분절차]

구 분	처분절차
공통사항	처분기준의 설정·공표(20조), 처분의 이유제시(23조), 처분의 방식(문서주의, 24조), 처분의 정정(25조), 고지(26조)
수익적 처분	신청에 관한 사항(17조), 다수의 행정청이 관여하는 처분(18조), 처리기간의 설정·공표(19조)
침해적 처분	사전통지(21조), 의견청취(의견제출, 청문, 공청회)

I. 처분기준의 설정·공표

1. 처분기준 공표의 의의

처분기준의 설정·공표는 행정청의 자의적인 권한행사를 방지하고 행정의 통일성을 기하며 처분의 상대방에게 예측가능성을 부여하기 위하여 요청된다.

2. 처분기준의 설정·공표의무

행정청은 필요한 처분기준을 해당 처분의 성질에 비추어 되도록 구체적으로 정하여 공표하여야 한다. 처분기준을 변경하는 경우에도 또한 같다(제1항). 다만, 제1항에 따른 처분기준을 공표하는 것이 해당 처분의 성질상 현저히 곤란하거나 공공의 안전 또는 복리를 현저히 해치는 것으로 인정될 만한 상당한 이유가 있는 경우에는 처분기준을 공표하지 아니할 수 있다(제2항).

3. 처분기준에 대한 당사자등의 해석·설명요청권

당사자등은 공표된 처분기준이 명확하지 아니한 경우 해당 행정청에 그 해석 또는 설명을 요청할 수 있다. 이 경우 해당 행정청은 특별한 사정이 없으면 그 요청에 따라야 한다(제3항).

4. 처분기준 설정·공표의무 위반의 효과

행정청이 행정절차법 제20조 제1항의 처분기준 사전공표 의무를 위반하여 미리 공표하지 아니한 기준을 적용하여 처분을 하였다고 하더라도, 그러한 사정만으로 곧바로 해당 처분에 취소사유에 이를 정도의 흠이 존재한다고 볼 수는 없다. 다만 해당 처분에 적용한 기준이 상위법령의 규정이나 신뢰보호의 원칙 등과 같은 법의 일반원칙을 위반하였거나 객관적으로 합리성이 없다고 볼 수 있는 구체적인 사정이 있다면 해당 처분은 위법하다고 평가할 수 있다(대판 2020. 12. 24, 2018두45633).

Ⅱ. 처분의 이유제시

1. 처분의 이유제시의 의의

처분의 이유제시란 행정청이 처분을 함에 있어 처분의 근거와 이유를 제시하는 것을 말한다.

2. 필요성(기능)

처분에 이유를 제시하도록 하는 것은 한편으로는 행정이 보다 신중하고 공정하게 행해지도록 하기 위한 것이고, 다른 한편으로는 상대방이 처분에 대하여 쟁송을 제기하고자 하는 경우에 쟁송제기 여부의 판단 및 쟁송준비에 편의를 제공하기 위한 것이다.

3. 이유제시의무 대상처분

행정절차법은 원칙상 모든 행정처분에 있어서 처분의 근거와 이유를 제시하도록 하고 있다.

4. 이유제시의무의 내용

이유제시의무가 있는 경우 행정청은 당사자에게 처분의 근거와 이유를 제시하여야 한다(제23조 제1항 본문). 이 경우 행정청은 처분의 원인이 되는 사실과 근거가 되는 법령 또는 자치법규의 내용을 구체적으로 명시하여야 한다(행정절차법 시행령 제14조의2).

행정청은 처분의 주된 법적 근거 및 사실상의 사유를 어떠한 근거와 이유로 처분이 이루어진 것인지를 충분히 알 수 있을 정도로 명확하고 구체적으로 제시하여야 한다.

판례는 "가산세부과처분이라고 하여 그 종류와 세액의 산출근거 등을 전혀 밝히지 않고 가산세의 합계액만을 기재한 경우에는 그 부과처분은 위법하다"고 판시하였다(대판 전원합의체 2012. 10. 18, 2010두12347).

처분서에 처분의 근거와 이유가 구체적으로 명시되어 있지 않았다고 하더라도 처분 당시 당사자가 어떠한 근거와 이유로 처분이 이루어진 것인지를 충

분히 알 수 있어서 그에 불복하여 행정구제절차로 나아가는 데에 별다른 지장
이 없었던 것으로 인정되는 경우에는 그 처분이 위법한 것으로 된다고 할 수는
없다(대판 2013. 11. 14, 2011두18571).

5. 이유제시의 하자

이유제시의 하자란 행정청이 처분이유를 제시하여야 함에도 처분이유를 전
혀 제시하지 않거나 불충분하게 제시한 경우를 말한다.

6. 이유제시의 하자의 치유

판례는 행정쟁송의 제기 전에 한하여 이유제시의 하자가 치유될 수 있는 것
으로 본다.

Ⅲ. 의견진술절차(의견청취절차)

1. 의견진술절차의 의의

행정처분의 상대방등 이해관계인에게 행정처분 전에 의견진술의 기회를 주
는 행정절차를 이해관계인의 입장에서 보면 의견진술절차라고 할 수 있고 행정
청의 입장에서 보면 의견청취절차라고 할 수 있다.

행정절차법은 법 제22조에서 의견청취라는 이름하에 의견제출, 청문, 공청
회를 규정하고 있다.

2. 의견진술절차의 종류

의견진술절차(의견청취절차)에는 의견제출절차, 청문, 공청회가 있다.

3. 의견제출절차

(1) 의   의

의견제출절차란 "행정청이 어떠한 행정작용을 하기 전에 당사자등이 의견
을 제시하는 절차로서 청문이나 공청회에 해당하지 아니하는 절차"를 말한다(제
2조 제7호).

　　사전통지는 의견제출의 전치절차이다. 의견제출절차가 의무적인 경우에 사전통지는 그 전제로서 당연히 행해진다.

(2) 의견제출절차의 인정범위

　　행정절차법은 '당사자에게 의무를 부과하거나 권익을 제한하는 처분'에 한하여 그리고 '당사자등'에 대해서만 그리고, 법상 의견제출이 면제되는 경우(청문이나 공청회를 실시하는 경우 등)가 아닌 경우 의견제출의 기회를 주어야 하는 것으로 규정하고 있다(제22조 제3항).

　　행정청은 위반사실등의 공표를 할 때에는 미리 당사자에게 그 사실을 통지하고 의견제출의 기회를 주어야 한다. 다만, 다음 각 호의 어느 하나에 해당하는 경우에는 그러하지 아니하다. 1. 공공의 안전 또는 복리를 위하여 긴급히 공표를 할 필요가 있는 경우, 2. 해당 공표의 성질상 의견청취가 현저히 곤란하거나 명백히 불필요하다고 인정될 만한 타당한 이유가 있는 경우, 3. 당사자가 의견진술의 기회를 포기한다는 뜻을 명백히 밝힌 경우(제40조의2 제3항).

　　① '권익을 제한하는 처분'이란 수익적 행정행위(例 허가)의 취소 또는 정지처분 등을 말하고, '의무를 부과하는 처분'이란 조세부과처분, 시정명령과 같이 행정법상의 의무를 부과하는 처분을 말한다.

　　② 신청에 대한 거부처분이 사전통지 및 의견제출절차의 대상이 되는지에 관하여 견해가 대립하고 있는데, 판례는 원칙상 소극설을 취하고 있다(대판 2003. 11. 28, 2003두674).

　　③ '당사자등'이란 행정청의 처분에 대하여 직접 그 상대가 되는 당사자와 행정청이 직권으로 또는 신청에 따라 행정절차에 참여하게 한 이해관계인을 말한다(행정절차법 제2조 제4호). 따라서, 상대방에게 이익이 되며 제3자의 권익을 침해하는 이중효과적 행정행위(例 위험시설의 설치허가) 등은 행정절차법상의 의무적인 사전통지·의견제출절차가 적용되지 않는다. **이해관계인**이란 처분에 따라 법률상 또는 사실상의 영향을 받는 자로 넓게 해석하는 입장과 처분에 의하여 법률상 영향을 받는 자에 국한시키는 견해가 있을 수 있다. 전자의 견해가 타당하다. 또한 행정절차법상 의견제출을 할 수 있는 이해관계인은 "행정청이 직권으로 또는 신청에 따라 행정절차에 참여하게 한 자"에 한정된다.

　　④ 법상 의견제출이 면제되는 경우란 청문이나 공청회를 실시하는 경우,

제21조 제4항에 해당하는 경우 및 제22조 제4항의 경우를 말한다.

(3) 사전통지

사전통지는 의견진술의 전치절차이다.

행정청은 의견제출의 준비에 필요한 기간을 10일 이상으로 주어 통지하여
야 한다(제21조 제3항).

(4) 의견제출의 방식

당사자등은 처분 전에 그 처분의 관할 행정청에 서면·구술 또는 정보통신
망을 이용하여 의견제출을 할 수 있다(제27조 제1항).

(5) 의견제출절차의 하자의 효력

판례는 의견제출절차의 하자를 원칙상 취소사유라고 본다.

예를 들면, 사전통지를 하지 않고 의견제출의 기회를 주지 아니한 별정직
공무원에 대한 직권면직처분은 행정절차법 제21조 제1항, 제22조 제3항을 위반
한 절차상 하자가 있어 위법하다(대판 2013. 1. 16, 2011두30687).

4. 청문절차

(1) 의   의

청문이란 당사자 등의 의견을 들을 뿐만 아니라 증거를 조사하는 등 재판
에 준하는 절차를 거쳐 행하는 의견진술절차를 말한다(제2조 제5호).

(2) 인정범위

행정청이 처분을 할 때 다음의 어느 하나에 해당하는 경우에는 청문을 한
다(제22조 제1항). ① 인허가 등의 취소, 신분·자격의 박탈, 법인이나 조합 등의
설립허가의 취소시 및 다른 법령등에서 청문을 하도록 규정하고 있는 경우(의무
적 청문), ② 행정청이 필요하다고 인정하는 경우(임의적 청문).

조례로 청문대상을 확대하고 있는 경우(⑩ 경기도 청문실시에 관한 조례, 제주
도 청문조례)가 있다.

다만, 제21조 제4항 각 호에 해당하는 경우와 당사자가 의견진술의 기회를
포기한다는 뜻을 명백히 표시한 경우에는 의견청취를 아니할 수 있다.

(3) 청문절차의 내용

1) 행정절차법상 청문절차규정의 의의

① 개별법령의 청문절차가 행정절차법상의 청문절차보다 엄격한 경우에는 개별법령의 청문절차가 우선적으로 적용되지만 그렇지 않은 경우에는 행정절차법에 따라 청문이 행해지는 것이 타당할 것이다.

② 청문의 실시를 규정하는 개별법에서 특별한 청문절차를 규정하고 있지 않은 경우에는 행정절차법상의 청문절차가 적용된다.

2) 사전통지

행정청은 청문을 실시하고자 하는 경우에 청문이 시작되는 날부터 10일 전까지 제21조 제1항 각 호의 사항을 당사자 등에게 통지하여야 한다.

3) 행정절차법상 청문절차의 내용

행정절차법은 청문주재자, 청문의 공개, 청문의 진행, 청문조서의 작성 등, 청문주재자의 의견서 작성, 청문의 종결 등, 청문결과의 반영, 청문의 재개, 문서의 열람 및 비밀유지에 관하여 규정하고 있다.

(4) 청문절차의 결여

판례는 청문절차의 결여를 취소사유에 해당한다고 본다(대판 2007. 11. 16, 2005두15700).

5. 공청회절차

(1) 의   의

공청회란 "행정청이 공개적인 토론을 통하여 어떠한 행정작용에 대하여 당사자등, 전문지식과 경험을 가진 사람, 그 밖의 일반인으로부터 의견을 널리 수렴하는 절차"를 말한다(제2조 제6호).

공청회에는 의견제출절차나 청문절차와 달리 전문지식을 가진 자 및 일반국민 등이 참여한다.

개별법에서 특별한 공청회절차를 규정하고 있지 않은 경우에는 행정절차법상 공청회절차가 적용된다. 다만, 행정청이 개최하는 공청회가 아닌 경우에는 그러하지 아니하다.

또한, 개별법령의 공청회절차가 행정절차법상의 공청회절차보다 엄격한 한도 내에서는 개별법령의 공청회절차가 우선적으로 적용되지만 그렇지 않은 경우에는 행정절차법에 따라 공청회가 행해지는 것이 타당할 것이다.

(2) 인정범위

공청회는 다음과 같은 경우에 한하여 예외적으로 인정되고 있다: ① 다른 법령등에서 공청회를 개최하도록 규정하고 있는 경우, ② 해당 처분의 영향이 광범위하여 널리 의견을 수렴할 필요가 있다고 행정청이 인정하는 경우, ③ 국민생활에 큰 영향을 미치는 처분으로서 대통령령으로 정하는 수(30명) 이상의 당사자등이 공청회 개최를 요구하는 경우(제22조 제2항).

(3) 사전통지

행정청은 공청회를 개최하고자 하는 경우에는 공청회 개최 **14일 전까지** 당사자 등에게 통지하고 관보·공보·인터넷홈페이지 또는 일간 신문 등에 공고하는 등의 방법으로 널리 알려야 한다. 다만, 공청회 개최를 알린 후 예정대로 개최하지 못하여 새로 일시 및 장소 등을 정한 경우에는 공청회 개최 7일 전까지 알려야 한다(제38조 제1항).

(4) 행정절차법상 공청회절차의 내용

행정절차법은 공청회의 주재자 및 발표자, 공청회의 진행, 공청회 및 온라인공청회(정보통신망을 이용한 공청회) 결과의 반영 등에 관한 규정을 두고 있다.

행정청은 처분을 할 때에 공청회·전자공청회 및 정보통신망을 통하여 제시된 사실 및 의견이 상당한 이유가 있다고 인정하는 경우에는 이를 반영하여야 한다(제39조의2).

행정청은 공청회를 마친 후 처분을 할 때까지 새로운 사정이 발견되어 공청회를 다시 개최할 필요가 있다고 인정할 때에는 공청회를 다시 개최할 수 있다(제39조의3).

Ⅳ. 처분의 방식 : 문서주의

행정청이 처분을 하는 때에는 다른 법령 등에 특별한 규정이 있는 경우를 제외하고는 **원칙상 문서**로 하여야 하며, 당사자등의 동의가 있는 경우 또는 당사자가 전자문서로 처분을 신청한 경우에는 **전자문서**로 할 수 있다(제24조 제1

항). 제1항에도 불구하고 공공의 안전 또는 복리를 위하여 긴급히 처분을 할 필요가 있거나 사안이 경미한 경우에는 말, 전화, 휴대전화를 이용한 문자 전송, 팩스 또는 전자우편 등 문서가 아닌 방법으로 처분을 할 수 있다. 이 경우 당사자가 요청하면 지체 없이 처분에 관한 문서를 주어야 한다(제2항).

제 3 항 입법예고절차

행정절차법은 법령 등에 관한 정부입법안에 대한 입법예고절차를 규정하고 있다. 행정절차법은 법률안과 명령안을 구분하지 않고 동일하게 규율하고 있다.

입법안을 마련한 행정청은 입법예고 후 예고내용에 국민생활과 직접 관련된 내용이 추가되는 등 대통령령으로 정하는 중요한 변경이 발생하는 경우에는 해당 부분에 대한 입법예고를 다시 하여야 한다. 다만, 제1항 각 호의 어느 하나에 해당하는 경우에는 예고를 하지 아니할 수 있다(행정절차법 제41조 제4항).

제 4 항 행정예고

행정절차법은 행정예고에 관하여 규율하고 있다.

행정예고제란 다수 국민의 권익에 관계 있는 사항을 국민에게 미리 알리는 제도를 말한다.

제 5 항 행정과정에서의 국민 참여

행정절차법은 행정과정에서의 국민참여 활성화(제52조), 국민제안의 처리(제52조의2), 국민참여 창구의 설치·운영(제52조의2), 온라인정책토론(정보통신망을 이용한 정책토론(제53조))에 관하여 규정하고 있다.

제 5 절   행정영장

행정영장은 행정목적으로 구금, 압수, 수색을 위해 발령하는 영장을 말한
다. 행정영장은 행정절차의 하나로 볼 수 있다.

현행법은 형사상 인신 구속에는 영장을 요구하는 것으로 규정하고 있지만,
행정구금(행정목적으로 행하는 구금) 등에 대하여는 영장을 요구하는 것으로 규정
하고 있지 않다. 출입국관리법 제51조의 도주하거나 도주할 염려가 있는 외국인
의 보호 등이 이에 해당한다.

해석상 영장주의가 행정구금 등에도 적용되는지가 문제된다. 행정영장은
적법절차의 문제로 보는 것이 타당하다. 공정한 기관에 의해 공정한 절차에 따
라 행정구금 등이 행해지고 사후적인 권리구제절차가 마련되면, 달리 말하면 적
법절차에 따른 것으로 판단되면 위법하지 않은 것으로 보는 것이 타당하다. 다
만, 기본권의 보호를 위해 행정구금 등에도 영장을 요구하는 것으로 규정하는
것은 가능하다. 이 경우 다른 견해가 있지만 헌법 제12조 제3항은 사법(司法)영
장만을 규정한 것으로 보는 것이 타당하므로 검사 등이 영장을 청구하도록 한
헌법 제12조 제3항은 적용되지 않는 것으로 보는 것이 타당하다. 따라서, 해당
행정기관의 장이 행정영장을 청구하는 것으로 규정하는 것도 위헌은 아닌 것으
로 보는 것이 타당하다.

제 6 절   인 · 허가의제제도

1. 의   의

"인허가의제"란 하나의 인허가(이하 "주된 인허가"라 한다)를 받으면 법률로
정하는 바에 따라 그와 관련된 여러 인허가(이하 "관련 인허가"라 한다)를 받은
것으로 보는 것을 말한다(행정기본법 제24조4) 제1항).

---

4) 인허가의제에 관한 행정기본법 제23조 내지 제26조는 공포(2021.3.23.) 후 2년이 경과한
   날부터 시행한다.

하나의 사업을 시행하기 위하여 여러 인·허가 등을 받아야 하는 경우에 이들 인·허가 등을 모두 각각 받도록 하는 것은 민원인에게 큰 불편을 주므로 원스톱행정을 통하여 민원인의 편의를 도모하기 위하여 만들어진 제도 중의 하나가 인·허가의제제도이다.

2. 인·허가의제의 근거 및 대상

인·허가의제는 행정기관의 권한에 변경을 가져오므로 법률에 명시적인 근거가 있어야 하며 인·허가가 의제되는 범위도 법률에 명시되어야 한다. 100개 이상의 법률에서 도입하고 있는데, 건축신고에서처럼 신고로 허가가 의제되는 경우도 있다.

3. 인·허가 등의 신청

인·허가의제제도하에서 민원인은 하나의 인·허가신청만 하면 된다.

인허가의제를 받으려면 주된 인허가를 신청할 때 관련 인허가에 필요한 서류를 함께 제출하여야 한다. 다만, 불가피한 사유로 함께 제출할 수 없는 경우에는 주된 인허가 행정청이 별도로 정하는 기한까지 제출할 수 있다(행정기본법 제24조 제2항).

인허가의제는 민원인의 편의를 위해 인정된 것(사업시행자의 이익을 위하여 만들어진 것)이므로 인허가의제규정이 있는 경우에도 반드시 관련 인허가 의제 처리를 신청할 의무가 있는 것은 아니다(대판 2020. 7. 23, 2019두31839). 주된 인허가만을 우선 신청할 수도 있고, 의제되는 인허가의 일부만 의제(부분인허가의제) 처리를 신청할 수도 있다. 그러나, 건축법 제11조 제1항, 제5항 제3호, 국토의 계획 및 이용에 관한 법률(이하 '국토계획법'이라 한다) 제56조 제1항 제1호, 제57조 제1항의 내용과 체계, 입법 취지를 종합하면, 건축주가 건축물을 건축하기 위해서는 건축법상 건축허가와 국토계획법상 개발행위(건축물의 건축) 허가(개발행위허가 중 건축물의 건축허가)를 각각 별도로 신청하여야 하는 것이 아니라, 건축법상 건축허가절차에서 관련 인허가 의제 제도를 통해 두 허가의 발급 여부가 동시에 심사·결정되도록 하여야 한다(대판 2020. 7. 23, 2019두31839). 이에 반하여 건축법상 건축허가와 국토계획법상 개발행위허가 중 토지형질변경허가는 반드시 함께 신청되어야 하는 것이 아니고, 따로 신청할 수도 있다(김종보, 건설법의 이해, 도서출판 피데스, 2018, 129면).

4. 인 · 허가절차

(1) 관계인 · 허가기관의 협의

주된 인허가 행정청은 주된 인허가를 하기 전에 관련 인허가에 관하여 미리 관련 인허가 행정청과 협의하여야 한다(행정기본법 제24조 제3항). 관련 인허가 행정청은 제3항에 따른 협의를 요청받으면 그 요청을 받은 날부터 20일 이내(제5항 단서에 따른 절차에 걸리는 기간은 제외한다)에 의견을 제출하여야 한다. 이 경우 전단에서 정한 기간(민원 처리 관련 법령에 따라 의견을 제출하여야 하는 기간을 연장한 경우에는 그 연장한 기간을 말한다) 내에 협의 여부에 관하여 의견을 제출하지 아니하면 협의가 된 것으로 본다(제4항).

관계기관의 협의의견을 자문의견으로 보는 견해, 동의로 보는 견해, 사실상 동의로 보는 견해가 있는데, 자문의견이면 법적 구속력이 없고, 동의이면 법적 구속력을 갖는다. 사실상 동의로 보면 협의의견이 법적 구속력은 없지만 주무인허가기관은 특별한 사정이 없는 한 협의의견을 존중하고 따라야 한다.

(2) 절차의 집중

제24조 제3항에 따라 협의를 요청받은 관련 인허가 행정청은 해당 법령을 위반하여 협의에 응해서는 아니 된다. 다만, 관련 인허가에 필요한 심의, 의견청취 등 절차에 관하여는 법률에 인허가의제 시에도 해당 절차를 거친다는 명시적인 규정이 있는 경우에만 이를 거친다(행정기본법 제24조 제5항). 이 규정의 본문은 **실체집중부정**을 규정한 것이고, 단서는 **절차집중**을 규정한 것이다. 주된 인허가를 하기 위해서는 주된 인허가의 요건뿐만 아니라 의제되는 인허가의 요건도 충족하여야 한다. 그리고 주된 인허가를 규정하는 법률에서 정한 절차는 거쳐야 하지만, 의제되는 인허가를 규정하는 법률에서 정한 절차는 거치지 않아도 된다.

5. 인·허가의 결정

(1) 인·허가결정기관

신청을 받은 주무행정기관이 신청된 인·허가 여부를 결정한다.

(2) 인·허가요건의 판단방식

판례는 주된 인허가 신청을 받은 행정기관은 의제되는 인·허가요건에 엄격히 구속되어 의제되는 인·허가요건을 모두 충족하여야 주된 인·허가를 할 수 있다는 실체집중부정설을 취하고 있다.

행정기본법 제24조 제5항 본문은 관련 행정청은 관련 인허가의 실체적 요건을 충족한 경우에만 협의를 해주도록 규정한 것이므로 실체집중부정을 규정한 것으로 볼 수 있다.

(3) 부분인허가의제의 인정

주된 인허가시 협의절차가 종료되지 않은 인허가가 일부 있어도 관계행정청과 미리 협의한 사항에 한하여 관계 인·허가 등이 의제된다. 주된 인허가 후 (부분인허가의제 후) 협의절차가 종료되지 않은 인허가에 관하여 관계 행정기관의 장과 협의를 거치면 그때 해당 인·허가가 의제된다.

6. 인·허가의 효력

제24조 제3항·제4항에 따라 협의가 된 사항에 대해서는 주된 인허가를 받았을 때 관련 인허가를 받은 것으로 본다(행정기본법 제25조 제1항). 인허가의제의 효과는 주된 인허가의 해당 법률에 규정된 관련 인허가에 한정된다(제2항). 행정기본법 제25조 제2항은 재의제를 인정하지 않는다는 것을 명확히 규정한 것이다.

그리고, 법률상 인허가의제는 의제되는 인허가가 법률상 존재하는 것을 의미하는 것으로 보아야 한다.

주된 인·허가가 거부된 경우에는 의제된 인·허가가 거부된 것으로 의제되지 않는다.

7. 인허가의제의 사후관리 등

인허가의제의 경우 관련 인허가 행정청은 관련 인허가를 직접 한 것으로 보아 관계 법령에 따른 관리·감독 등 필요한 조치를 하여야 한다(행정기본법 제26조 제1항).

8. 의제된 인허가의 취소 또는 철회

판례에 따르면 주된 인허가(창업사업계획승인)로 의제된 인허가(산지전용허가)는 통상적인 인허가와 동일한 효력을 가지므로, 의제된 인허가의 직권취소나 철회가 허용된다. 그리고, 의제된 인허가의 직권취소나 철회는 항고소송의 대상이 되는 처분에 해당한다(대판 2018. 7. 12, 2017두48734).

판례는 이해관계인이 의제된 인·허가가 위법함을 다투고자 하는 경우 원칙상 주된 처분(주택건설사업계획승인처분)이 아니라 의제된 인·허가(지구단위계획결정)를 항고소송의 대상으로 삼아야 한다고 본다(대판 2018. 11. 29, 2016두38792).

9. 주된 인허가의 변경과 의제된 인허가의 변경의제

주된 인허가가 있은 후 이를 변경하는 경우에는 제24조·제25조 및 이 조 제1항을 준용한다(행정기본법 제26조 제2항).

행정기본법 제26조 제2항은 주된 인허가의 변경으로 관련 인허가의 변경이 의제될 수 있는 것을 전제로 주된 인허가의 변경으로 관련 인허가의 변경의제가 필요한 경우에는 인허가 의제절차(관련 인허가기관과의 협력 등)를 준용하여 주된 인허가를 변경하고 이에 따라 관련 인허가의 변경이 의제된다는 것을 규정한 것으로 보는 것이 타당하다. 그리고, 일반적으로 처분권에는 처분의 변경권도 포함되는 것으로 보아야 하므로 인허가의제조항은 인허가변경의제의 근거조항으로 보는 것이 타당하다.

제 7 절 절차의 하자의 독자적 위법성

　행정처분에 절차상 위법이 있는 경우에 절차상 위법이 해당 행정처분의 독립된 위법사유(취소 또는 무효사유)가 되는가에 관하여 적극설, 소극설 및 절충설이 대립하고 있는데, 판례는 원칙상 적극설을 취하고 있다. 즉, 절차의 하자가 경미하지 않는 한 원칙상 그것만으로 취소사유가 되지만(대판 2001. 5. 8, 2000두10212 등), 처분상대방이나 관계인의 의견진술권이나 방어권 행사에 실질적으로 지장이 초래되었다고 볼 수 없는 특별한 사정이 있는 경우에는, 절차 규정 위반으로 인하여 처분절차의 절차적 정당성이 상실되었다고 볼 수 없으므로 해당 처분을 취소할 것은 아니다(대판 2018. 3. 13, 2016두33339 ; 대판 2021. 1. 28, 2019두55392[감사결과통보처분취소] 등).

제10장

정보공개와 개인정보의 보호

제1절 정보공개제도

I. 의 의

정보공개제도란 공공기관(특히 행정기관)이 보유·관리하는 정보를 일부 비공개로 하여야 할 정보를 제외하고는 누구에게도 청구에 응해서 열람·복사·제공하도록 하는 제도를 말한다.

엄격한 의미의 정보공개는 국민의 청구에 따라 공개되는 경우를 지칭하고 또한 그 공개가 의무지워지는 경우를 가리킨다. 그리고 행정기관이 적극적으로 정보를 제공하는 적극적 정보제공을 포함하여 광의의 정보공개라 할 수 있다.

II. 정보공개의 필요성과 법적 근거

1. 정보공개의 필요성

정보공개는 국민의 국정참여, 정치·행정의 민주적 통제 및 인격의 실현과 국민의 행복추구를 위해 필요하다.

2. 정보공개의 법적 근거

(1) 헌법적 근거

정보공개청구권은 헌법상의 알 권리에 근거하여 인정된다.

(2) 실정법률의 근거

정보공개청구권을 구체적으로 보장하기 위하여 1996년 12월 31일 「공공기관의 정보공개에 관한 법률」(이하 '정보공개법'이라 한다)이 제정되어 1998년 1월 1일부터 시행되고 있다.

「교육관련기관의 정보공개에 관한 특례법」은 교육관련기관이 보유·관리하는 정보의 공개에 관하여 정보공개법에 대한 특례를 정하고 있다.

Ⅲ. 정보공개의 내용

1. 정보공개청구권자

모든 국민은 정보의 공개를 청구할 권리를 가진다(제5조 제1항).

정보공개청구권이 인정되는 '모든 국민'에는 자연인뿐만 아니라 법인, 권리능력 없는 사단·재단도 포함되고, 법인과 권리능력 없는 사단·재단 등의 경우에 설립목적을 불문한다. 정보공개청구는 이해관계가 없는 공익을 위한 경우에도 인정된다(대판 2003. 12. 12, 2003두8050[충주환경운동연합사건]).

외국인의 정보공개청구에 관하여는 대통령령으로 정하도록 하고 있는데(제5조 제2항), 동법 시행령 제3조는 정보공개를 청구할 수 있는 외국인을 '국내에 일정한 주소를 두고 거주하거나 학술·연구를 위하여 일시적으로 체류하는 자'와 '국내에 사무소를 두고 있는 법인 또는 단체'에 한정하고 있다.

2. 정보공개의 대상

정보공개의 대상이 되는 정보는 '공공기관이 보유·관리하는 정보'이다(제3조).

정보공개법에 따른 공개는 원칙상 공공기관이 보유하는 정보 그 자체를 공개하는 것이지만, 전자적 형태로 보유·관리되는 정보의 경우에는 행정기관의 업무수행에 큰 지장을 주지 않는 한도 내에서 정보를 검색하고 편집하여 제공하여야 하는 것으로 보아야 한다(대판 2010. 2. 11, 2009두6001).

3. 정보공개법의 적용배제 정보

'국가안전보장에 관련되는 정보 및 보안업무를 관장하는 기관에서 국가안전보장과 관련된 정보분석을 목적으로 수집되거나 작성된 정보'에 대하여는 정보공개법을 적용하지 아니한다(제4조 제3항).

4. 비공개대상정보

(1) 의   의

비공개대상정보란 공공기관이 공개를 거부할 수 있는 정보를 말한다. 비공개대상정보는 공익 또는 타인의 권익을 보호하기 위하여 인정된다.

비공개정보는 비밀정보를 의미하지 않는다.

비공개정보에 해당한다고 하여 자동적으로 정보공개가 거부될 수 있는 것도 아니다. 해당 정보의 공개로 달성될 수 있는 공익 및 사익과 비공개로 하여야 할 공익 및 사익을 이익형량하여 공개 여부를 결정하여야 한다. 이것이 판례의 입장이다.

(2) 종류 및 내용

정보공개법은 다음 정보를 비공개대상정보로 열거하고 있다(제9조 제1항).

① 다른 법률 또는 법률에서 위임한 명령(국회규칙·대법원규칙·헌법재판소규칙·중앙선거관리위원회규칙·대통령령 및 조례에 한정한다)에 따라 비밀이나 비공개사항으로 규정된 정보.

② 국가안전보장·국방·통일·외교관계 등에 관한 사항으로서 공개될 경우 국가의 중대한 이익을 현저히 해할 우려가 있다고 인정되는 정보.

③ 공개될 경우 국민의 생명·신체 및 재산의 보호에 현저한 지장을 초래할 우려가 있다고 인정되는 정보.

④ 진행중인 재판에 관련된 정보와 범죄의 예방, 수사, 공소의 제기 및 유지, 형의 집행, 교정, 보안처분에 관한 사항으로서 공개될 경우 그 직무 수행을 현저히 곤란하게 하거나 형사피고인의 공정한 재판을 받을 권리를 침해한다고 인정할 만한 상당한 이유가 있는 정보.

⑤ 감사·감독·검사·시험·규제·입찰계약·기술개발·인사관리에 관한 사항이나 의사결정 과정 또는 내부검토 과정에 있는 사항 등으로서 공개될 경우 업무의 공정한 수행이나 연구·개발에 현저한 지장을 초래한다고 인정할 만한 상당한 이유가 있는 정보. 다만, 의사결정 과정 또는 내부검토 과정을 이유로

비공개할 경우에는 의사결정 과정 및 내부검토 과정이 종료되면 제10조에 따른 청구인에게 이를 통지하여야 한다.

판례는 위원회 회의록의 공개에 관하여 의사결정전(의사결정과정중)뿐만 아니라 의사결정후에도 의사결정과정에 준하는 것으로 보아 '공개될 경우 업무의 공정한 수행에 현저한 지장을 초래한다고 인정할 만한 상당한 이유가 있는 경우' 비공개대상정보로 본다.

⑥ 해당 정보에 포함되어 있는 이름·주민등록번호 등 「개인정보 보호법」 제2조 제1호에 따른 개인정보로서 공개될 경우 사생활의 비밀 또는 자유를 침해할 우려가 있다고 인정되는 정보(다만, 다음에 열거한 개인에 관한 정보를 제외한다. 가. 법령에서 정하는 바에 따라 열람할 수 있는 정보, 나. 공공기관이 공표를 목적으로 작성하거나 취득한 정보로서 개인의 사생활의 비밀 또는 자유를 부당하게 침해하지 아니하는 정보, 다. 공공기관이 작성하거나 취득한 정보로서 공개하는 것이 공익이나 개인의 권리구제를 위하여 필요하다고 인정되는 정보, 라. 직무를 수행한 공무원의 성명·직위, 마. 공개하는 것이 공익을 위하여 필요한 경우로서 법령에 따라 국가 또는 지방자치단체가 업무의 일부를 위탁 또는 위촉한 개인의 성명·직업).

공공기관이 보유·관리하고 있는 개인정보의 공개에 관하여는 정보공개법 제9조 제1항 제6호가 「개인정보 보호법」에 우선하여 적용된다(대판 2021. 11. 11, 2015두53770).

⑦ 법인·단체 또는 개인(이하 '법인 등'이라 한다)의 경영상·영업상 비밀에 관한 사항으로서 공개될 경우 법인등의 정당한 이익을 현저히 해칠 우려가 있다고 인정되는 정보(다만, 다음에 열거한 정보는 제외한다. 가. 사업활동으로 발생하는 위해로부터 사람의 생명·신체 또는 건강을 보호하기 위하여 공개할 필요가 있는 정보, 나. 위법·부당한 사업활동으로부터 국민의 재산 또는 생활을 보호하기 위하여 공개할 필요가 있는 정보).

⑧ 공개될 경우 부동산 투기·매점매석 등으로 특정인에게 이익 또는 불이익을 줄 우려가 있다고 인정되는 정보.

5. 권리남용

실제로는 해당 정보를 취득 또는 활용할 의사가 전혀 없이 정보공개 제도를 이용하여 사회통념상 용인될 수 없는 부당한 이득을 얻으려 하거나, 오로지 공공기관의 담당공무원을 괴롭힐 목적으로 정보공개청구를 하는 경우처럼 권리의 남용에 해당하는 것이 명백한 경우에는 정보공개청구권의 행사를 허용하지 아니하는 것이 옳다(대판 2014. 12. 24, 2014두9349 ; 대판 2006. 8. 24, 2004두2783).

6. 반복 청구 등의 종결 처리

공공기관은 정보공개 청구가 다음 각 호의 어느 하나에 해당하는 경우에는 해당 청구를 종결 처리할 수 있다. 1. 정보공개를 청구하여 정보공개 여부에 대한 결정의 통지를 받은 자가 정당한 사유 없이 해당 정보의 공개를 다시 청구하는 경우, 2. 정보공개 청구가 제11조 제5항에 따라 민원으로 처리되었으나 다시 같은 청구를 하는 경우(제11조의2 제1항).

공공기관은 정보공개 청구가 다음 각 호의 어느 하나에 해당하는 경우에는 다음 각 호의 구분에 따라 안내하고, 해당 청구를 종결 처리할 수 있다. 1. 제7조 제1항에 따른 정보 등 공개를 목적으로 작성되어 이미 정보통신망 등을 통하여 공개된 정보를 청구하는 경우: 해당 정보의 소재(所在)를 안내, 2. 다른 법령이나 사회통념상 청구인의 여건 등에 비추어 수령할 수 없는 방법으로 정보공개 청구를 하는 경우: 수령이 가능한 방법으로 청구하도록 안내(제2항).

Ⅳ. 정보공개절차

1. 정보공개청구

정보의 공개를 청구하는 자(이하 '청구인'이라 한다)는 해당 정보를 보유하거나 관리하고 있는 공공기관에 정보공개 청구서를 제출하거나 말로써 정보의 공개를 청구할 수 있다(제10조 제1항).

2. 정보공개 여부의 결정

(1) 공개 여부 결정기간

공공기관은 원칙상 정보공개의 청구를 받은 날부터 10일 이내에 공개 여부를 결정하여야 한다(제11조 제1항).

(2) 제3자의 의견청취

공공기관은 공개 청구된 공개 대상 정보의 전부 또는 일부가 제3자와 관련이 있다고 인정할 때에는 그 사실을 제3자에게 지체 없이 통지하여야 하며, 필요한 경우에는 그의 의견을 들을 수 있다(제11조 제3항).

(3) 정보공개심의회

정보공개 여부를 결정하기 위하여는 정보공개심의회의 심의를 거쳐야 한다(제12조).

3. 정보공개의 방법

정보의 공개방법에는 열람, 사본·복제물의 제공 또는 정보통신망을 통한 정보의 제공 등이 있다(제2조 제2호).

청구인에게는 특정한 공개방법을 지정하여 정보공개를 청구할 수 있는 법령상 신청권이 있다. 따라서, 특별한 사정이 없는 한 청구인이 신청한 공개방법으로 공개하여야 한다(대판 2016. 11. 10, 2016두44674).

4. 비용부담

정보의 공개 및 우송 등에 드는 비용은 원칙상 실비의 범위에서 청구인이 부담한다(법 제17조 제1항).

V. 정보공개쟁송

정보공개청구에 대한 공공기관의 비공개결정에 대한 불복절차로 이의신청, 행정심판 및 행정소송이 있다. 이의신청은 행정심판이 아니다. 이의신청이나 행정심판은 임의적 불복절차이다.

청구인이 정보공개와 관련한 공공기관의 결정에 대하여 불복이 있거나 정보공개 청구 후 20일이 경과하도록 정보공개 결정이 없는 때에는 행정심판법에서 정하는 바에 따라 행정심판을 청구하거나(법 제19조 제1항) 행정소송법에서 정하는 바에 따라 행정소송을 제기할 수 있다(법 제20조 제1항). 정보공개거부의 경우에는 취소소송 또는 무효확인소송을 제기하고, 부작위의 경우에는 부작위

위법확인소송을 제기한다.

정보공개거부취소소송에서 공개정보와 비공개정보를 분리할 수 있는 경우에는 분리되는 공개정보에 대응하여 일부취소판결을 내려야 한다(제14조).

Ⅵ. 공공기관의 정보제공 노력의무

공공기관은 국민이 알아야 할 필요가 있는 정보를 국민에게 공개하도록 적극적으로 노력하여야 한다(제7조).

이 규정은 국민의 정보공개청구에 따른 정보의 공개가 아니라 공공기관이 이니시어티브를 갖고 적극적으로 정보를 제공할 것을 규정한 것이다.

제 2 절   개인정보보호제도

Ⅰ. 의   의

개인정보보호제도란 개인에 관한 정보가 부당하게 수집, 유통, 이용되는 것을 막아 개인의 프라이버시를 보호하는 제도를 말한다.

Ⅱ. 법적 근거

1. 헌법적 근거

개인정보보호제도의 헌법적 근거는 헌법상 기본권인 개인정보자기결정권(자기정보통제권)이다.

2. 법률의 근거

자기정보통제권을 보호하기 위하여 공적 부문에서의 개인정보의 보호와 민간부분에서의 개인정보보호를 구분하여 규율하던 것을 통일적으로 규율하기 위하여 2011년 3월 29일 개인정보보호법이 제정되어 2011년 9월 30일부터 시행되었고, 이에 따라 1993년 제정되어 1995년 1월 8일부터 시행되던 "공공기관의 개인정보보호에 관한 법률"은 폐지되었다.

Ⅲ. 개인정보보호의 기본원칙

① 개인정보처리자(⑩ 개인정보를 처리하는 공공기관, 법인, 단체, 사업자 및 개인)는 개인정보의 처리 목적을 명확하게 하여야 하고 그 목적에 필요한 범위에서 최소한의 개인정보만을 적법하고 정당하게 수집하여야 한다(제3조 제1항).

② 개인정보처리자는 개인정보의 처리 목적에 필요한 범위에서 적합하게 개인정보를 처리하여야 하며, 그 목적 외의 용도로 활용하여서는 아니 된다(제3조 제2항).

③ 개인정보처리자는 개인정보의 처리 목적에 필요한 범위에서 개인정보의 정확성, 완전성 및 최신성이 보장되도록 하여야 한다(제3조 제3항).

④ 개인정보처리자는 개인정보의 처리 방법 및 종류 등에 따라 정보주체의 권리가 침해받을 가능성과 그 위험 정도를 고려하여 개인정보를 안전하게 관리하여야 한다(제3조 제4항).

⑤ 개인정보처리자는 개인정보 처리방침 등 개인정보의 처리에 관한 사항을 공개하여야 하며, 열람청구권 등 정보주체의 권리를 보장하여야 한다(제3조 제5항).

⑥ 개인정보처리자는 정보주체의 사생활 침해를 최소화하는 방법으로 개인정보를 처리하여야 한다(제3조 제6항).

⑦ 개인정보처리자는 개인정보를 **익명 또는 가명**으로 **처리**하여도 개인정보 수집목적을 달성할 수 있는 경우 익명처리가 가능한 경우에는 익명에 의하여, 익명처리로 목적을 달성할 수 없는 경우에는 가명에 의하여 처리될 수 있도록 하여야 한다(제3조 제7항).

⑧ 개인정보처리자는 이 법 및 관계 법령에서 규정하고 있는 책임과 의무를 준수하고 실천함으로써 정보주체의 신뢰를 얻기 위하여 노력하여야 한다(제3조 제8항).

Ⅳ. 공공기관의 개인정보보호의 주요 내용

① 전자적으로 처리되는 개인정보 외에 수기(手記) 문서까지 개인정보의 보호범위에 포함한다.

② 개인정보보호법의 보호대상이 되는 개인정보는 공공기관의 개인정보뿐만 아니라 민간의 개인정보를 포함한다.

③ 개인정보 보호에 관한 사무를 독립적으로 수행하기 위하여 국무총리 소속으로 개인정보 보호위원회(이하 '보호위원회'라 한다)를 둔다. 개인정보 보호위원회는 「정부조직법」 제2조에 따른 **중앙행정기관**(합의제 행정청)이다. 다만, 제7조의8 제1항 제3호 및 제4호의 사무, 제7조의9 제1항의 심의·의결 사항 중 제1호에 해당하는 사항에 대하여는 「정부조직법」 제18조(국무총리의 지휘·감독)를 적용하지 아니한다(제7조 제2항).

④ 개인정보 영향평가제도가 도입되었다. 개인정보 영향평가제도란 개인정보 수집·활용이 수반되는 사업 추진시 개인정보 오남용으로 인한 프라이버시 침해 위험이 잠재되어 있지 않는지를 조사·예측·검토하고 개선하는 제도를 말한다.

⑤ 개인정보의 수집, 이용, 제공, 처리의 규제에 관한 규정을 두고 있다.

⑥ 영상정보처리기기의 설치·운영 제한에 관한 규정을 두고 있다.

⑦ 정보주체에게 다음의 권리를 인정하고 있다. i) 개인정보의 처리에 관한 정보를 제공받을 권리, ii) 개인정보의 처리에 관한 동의 여부, 동의 범위 등을 선택하고 결정할 권리, iii) 개인정보의 처리 여부를 확인하고 개인정보에 대하여 열람(사본의 발급을 포함한다. 이하 같다)을 요구할 권리, iv) 개인정보의 처리 정지, 정정·삭제 및 파기를 요구할 권리, v) 개인정보의 처리로 인하여 발생한 피해를 신속하고 공정한 절차에 따라 구제받을 권리(제4조).

⑧ 개인정보의 안전한 관리를 위해 개인정보처리자의 안전조치(기술적·관리적 및 물리적 조치)의무(제29조), 개인정보보호법을 위반한 자에 대한 시정조치 등(제64조), 법령을 위반하여 개인정보를 침해한 경우에 대한 징벌적 과징금의 부과(제64조의2) 등을 규정하고 있다.

⑨ 권익구제제도로 행정심판 또는 행정소송, 손해배상책임(개인정보처리자

의 고의 또는 중대한 과실이 있는 경우 손해액의 5배 이하의 징벌적 손해배상 가능),
개인정보 분쟁조정제도, 개인정보 단체소송이 인정되고 있다. 단체소송은 일정
한 자격을 갖춘 단체(예 등록 소비자단체, 비영리 민간단체)로 하여금 전체 피해자
들의 이익을 위해 소송을 제기할 수 있는 권한을 부여하는 제도이다.

제4부

행정구제법

제1장

개   설

Ⅰ. 행정구제의 개념

행정구제란 행정권의 행사로 침해된 국민의 권익을 구제해 주는 것을 말한다. 이에 관한 법이 행정구제법이며 이에 관한 제도가 행정구제제도이다.

Ⅱ. 행정구제제도의 체계

1. 권익침해행위의 위법과 적법의 구별

위법한 행정권의 행사로 침해된 권익의 구제제도로는 이의신청, 행정쟁송(행정심판과 행정소송), 헌법소원, 국가배상청구, 국민고충처리제도 등이 있다.

적법한 공권력 행사로 가해진 특별한 손해에 대한 구제제도로는 행정상 손실보상이 있다.

2. 행정구제의 방법

행정구제의 방법에는 원상회복적인 것과 금전적 보상이 있다. 전자로는 이의신청, 행정쟁송, 헌법소원이 있고, 후자로는 '행정상 손해전보', 즉 '행정상 손해배상'(국가배상)과 '행정상 손실보상'이 있다.

취소소송과 국가배상청구소송은 선택적인 관계에 있고, 취소소송과 국가배상청구소송을 함께 제기할 수도 있다. 취소소송이 불가능한 경우에는 행정상 손해전보만이 가능하다.

3. 공권력 행사 자체에 대한 다툼과 결과에 대한 구제

구제수단에는 위법·부당한 행정권의 행사 자체를 다투어 그 위법·부당을 시정하고 그를 통하여 국민의 권익을 구제하는 제도와 공권력 행사의 결과에 대한 구제제도가 있다.

공권력 행사의 위법·부당을 시정하는 구제제도로는 이의신청, 행정쟁송(행정심판과 행정소송)이 가장 대표적인 수단이다. 이 외에도 행정소송을 보충하는 구제제도인 헌법소원, 감사원에 대한 심사청구 등이 있다.

공권력 행사의 결과에 대한 구제제도로는 손해의 전보를 목적으로 하는 행정상 손해배상과 행정상 손실보상이 있다.

4. 재판적 구제수단과 비재판적 구제수단

법원을 통한 구제수단인 행정소송, 즉 항고소송과 공법상 당사자소송이 대표적인 재판적 구제수단이다. 헌법재판소가 심판기관인 헌법소원은 재판적 구제수단이다. 행정심판은 준사법적인 구제수단이다.

비재판적 구제제도로 이의신청, 대체적 분쟁해결제도(ADR, 분쟁조정제도), 국민고충처리제도, 청원, 행정절차 등이 있다.

[행정구제수단의 분류]

분 류	구제수단
공권력 행사 자체를 다투어 그 위법·부당을 시정하는 구제제도	이의신청, 행정쟁송, 헌법소원, 감사원에 대한 심사청구
공권력 행사의 결과에 대한 구제제도	행정상 손해배상, 행정상 손실보상
재판적 구제수단	행정소송, 행정심판, 헌법소원
비재판적 구제수단	이의신청, 국민고충처리제도, 청원, 행정절차
사전구제제도	행정절차
사후구제제도	행정상 손해전보, 행정쟁송, 이의신청

제2장

행정상 손해전보

제1절 개   설

　행정상 손해전보는 협의로는 국가작용으로 개인에게 가해진 손해의 전보를 의미한다. 행정상 손해배상과 행정상 손실보상이 이에 해당한다.

　최근에는 행정상 손해배상과 행정상 손실보상 이외에 수용유사침해이론, 수용적 침해이론, 공법상 결과제거청구권의 도입이 논의되고 있다.

제2절 행정상 손해배상

제1항 서   론

Ⅰ. 개   념

　행정상 손해배상이란 행정권의 행사로 우연히 발생한 손해에 대한 국가 등의 배상책임을 말한다. 행정상 손해배상은 **국가배상**이라고도 한다.

Ⅱ. 행정상 손해배상의 분류

　행정상 손해배상은 과실책임(공무원의 위법·과실행위로 인한 책임), 영조물책임, 공법상 위험책임으로 구분하는 것이 타당하다.

Ⅲ. 국가배상책임의 실정법상 근거

　　헌법 제29조 제1항은 "공무원의 직무상 불법행위로 손해를 받은 국민은 법률이 정하는 바에 의하여 국가 또는 공공단체에 정당한 배상을 청구할 수 있다"라고 규정하고 있다.

　　국가배상법은 국가와 지방자치단체의 과실책임(제2조) 및 영조물책임(제5조)을 규정하고 있다. 국가나 지방자치단체의 손해배상 책임에 관하여 국가배상법에 규정된 사항 외에는 「민법」에 따른다. 다만, 「민법」 외의 법률에 다른 규정이 있을 때에는 그 규정에 따른다(국가배상법 제8조).

　　현행법상 공법상 위험책임은 극히 제한적으로만 인정되고 있다.

[국가배상에 관한 주요규정]

헌법 제29조	공무원의 직무상 불법행위로 손해를 받은 국민은 법률이 정하는 바에 의하여 국가 또는 공공단체에 정당한 배상을 청구할 수 있다. 이 경우 공무원 자신의 책임은 면제되지 아니한다(제1항). 군인·군무원·경찰공무원 기타 법령이 정하는 자가 전투·훈련 등 직무집행과 관련하여 받은 손해에 대하여는 법률이 정하는 보상 외에 국가 또는 공공단체에 공무원의 직무상 불법행위로 인한 배상은 청구할 수 없다(제2항).
국가배상법 제2조	국가나 지방자치단체는 공무원 또는 공무를 위탁받은 사인(이하 "공무원"이라 한다)이 직무를 집행하면서 고의 또는 과실로 법령을 위반하여 타인에게 손해를 입히거나, 「자동차손해배상 보장법」에 따라 손해배상의 책임이 있을 때에는 이 법에 따라 그 손해를 배상하여야 한다. 다만, 군인·군무원·경찰공무원 또는 향토예비군대원이 전투·훈련 등 직무 집행과 관련하여 전사(戰死)·순직(殉職)하거나 공상(公傷)을 입은 경우에 본인이나 그 유족이 다른 법령에 따라 재해보상금·유족연금·상이연금 등의 보상을 지급받을 수 있을 때에는 이 법 및 「민법」에 따른 손해배상을 청구할 수 없다(제1항). 제1항 본문의 경우에 공무원에게 고의 또는 중대한 과실이 있으면 국가나 지방자치단체는 그 공무원에게 구상(求償)할 수 있다(제2항).
국가배상법 제5조	(공공시설 등의 하자로 인한 책임) ① 도로·하천, 그 밖의 공공의 영조물(營造物)의 설치나 관리에 하자(瑕疵)가 있기 때문에 타인에게 손해를 발생하게 하였을 때에는 국가나 지방자치단체는 그 손해를 배상하여야 한다. 이 경우 제2조 제1항 단서, 제3조 및 제3조의2를 준용한다(제1항). 제1항을 적용할 때 손해의 원인에 대하여 책임을 질 자가 따로 있으면 국가나 지방자치단체는 그 자에게 구상할 수 있다(제2항).

Ⅳ. 국가배상책임(또는 국가배상법)의 성격

국가배상책임을 공법상 책임으로 보고 국가배상법을 공법으로 보는 것이 행정법학자의 일반적 견해인데, 판례는 국가배상책임을 민사상 손해배상책임의 일종으로 보고, 국가배상법을 민법의 특별법으로 보고 있다(대판 1972. 10. 10, 69다701 ; 대판 1971. 4. 6, 70다2955). 그리고 국가배상청구소송을 민사소송으로 다루고 있다.

제 2 항   국가의 과실책임(국가배상법 제2조 책임): 공무원의 위법행위로 인한 국가배상책임

Ⅰ. 개   념

국가의 과실책임이란 공무원의 불법행위(과실 있는 위법행위)로 인하여 발생한 손해에 대한 배상책임을 말한다.

Ⅱ. 국가배상책임의 성립요건

국가배상법 제2조에 따른 국가배상책임이 성립하기 위하여는 ① 공무원이 직무를 집행하면서 타인에게 손해를 가하였을 것, ② 공무원의 가해행위는 고의 또는 과실로 법령에 위반하여 행하여졌을 것, ③ 손해가 발생하였고, 공무원의 불법한 가해행위와 손해 사이에 인과관계(상당인과관계)가 있을 것이 요구된다.

1. 공무원

국가배상법 제2조상의 '공무원'은 국가공무원법 또는 지방공무원법상의 공무원뿐만 아니라 널리 공무를 위탁(광의의 위탁)받아 실질적으로 공무에 종사하는 자를 말한다(예 국가나 지방자치단체에 근무하는 청원경찰, 통장, 소집중인 향토예비군, '변호사등록에 관한 사무'를 수행하는 대한변호사협회장. 그러나 의용소방대원은 판례가 부인).

국가배상법 제2조는 공무원을 "공무원 또는 공무를 위탁받은 사인"으로 규정하고 있다.

2. 직무행위

(1) 직무행위의 의미

국가배상법 제2조가 적용되는 직무행위에 관하여 판례 및 다수설은 권력작용뿐만 아니라 비권력적 공행정작용(관리작용)(대판 1980. 9. 24, 80다1051)을 포함하는 모든 공행정작용을 의미한다고 본다(⑩ 서울시가 그 산하 구청 관내의 청소를 목적으로 그 소속차량을 운행하는 것도 공행정작용이다).

국가 또는 공공단체라 할지라도 공권력의 행사가 아니고 순전히 대등한 지위에서 사경제의 주체로 활동하였을 경우에는 그 손해배상의 책임에 국가배상법의 규정이 적용될 수 없고 민법이 적용된다(대판 2004. 4. 9, 2002다10691).

(2) 입법작용 및 사법작용

국가배상법 제2조상의 '직무행위'에는 입법작용과 사법작용(재판작용)도 포함된다.

3. 직무를 집행하면서(직무관련성)

공무원의 불법행위에 따른 국가의 배상책임은 공무원의 가해행위가 직무집행행위인 경우뿐만 아니라 그 자체는 직무집행행위가 아니더라도 직무와 일정한 관련이 있는 경우, 즉 '직무를 집행하면서' 행하여진 경우에 인정된다.

4. 법령 위반(위법)

(1) 국가배상법상 위법 개념

학설은 일반적으로 국가배상법상의 '법령 위반'이 위법 일반을 의미하는 것으로 보고 있고 판례도 그러하다(대판 1973. 1. 30, 72다2062). 그러나 국가배상법상의 위법의 구체적 의미, 내용에 관하여 학설은 대립하고 있다.

1) 행위위법설

행위위법설은 국가배상법상의 위법은 행위의 '법규범'에의 위반을 의미한다고 보는 견해이다.

2) 직무상 의무위반설

국가배상법상의 위법은 공무원의 직무상 의무위반을 의미한다고 본다. 직무상 의무위반설도 행위위법설의 일종으로 볼 수 있다.

3) 상대적 위법성설

상대적 위법성설은 국가배상법상의 위법성을 행위 자체의 적법·위법뿐만 아니라, 피침해이익의 성격과 침해의 정도 및 가해행위의 태양 등을 종합적으로 고려하여 **행위가 객관적으로 정당성을 결여한 경우**를 의미한다고 보는 견해이다. 상대적 위법성설은 피해자와의 관계에서 상대적으로 위법성을 인정한다.

4) 판   례

① 국가배상책임에서 법령을 위반하였다 함은 엄격한 의미의 법령 위반뿐 아니라 인권존중, 권력남용금지, 신의성실과 같이 공무원으로서 마땅히 지켜야 할 준칙이나 규범을 지키지 않고 위반한 경우를 포함하여 널리 그 행위가 **객관적인 정당성을 결여하고 있음을 뜻한다**(대판 2020. 4. 29, 2015다224797).

② 판례는 행위위법설을 취한 경우도 있고, 상대적 위법성설을 취한 경우도 있다. 행위위법설을 취한 경우에는 원칙상 가해직무행위의 법에의 위반을 위법으로 보고 있다. 그리고 명문의 규정이 없는 경우에도 일정한 경우에는 공무원의 조리상 손해방지의무를 인정하고 있다(대판 2000. 11. 10, 2000다26807 ; 대판 1998. 8. 25, 98다16890). 특히 국민의 생명, 신체, 재산 등에 대하여 절박하고 중대한 위험상태가 발생하였거나 발생할 우려가 있어서 국민의 생명, 신체, 재산 등을 보호하는 것을 본래적 사명으로 하는 국가가 초법규적·일차적으로 그 위험 배제에 나서지 아니하면 국민의 생명, 신체, 재산 등을 보호할 수 없는 경우(달리 말하면 재량권이 영으로 수축하는 경우)에는 형식적 의미의 법령에 근거가 없더라도 국가나 관련 공무원에 대하여 그러한 위험을 배제할 작위의무를 인정할 수 있다(대판 2005. 6. 10, 2002다53995). 수사기관이 범죄수사를 하면서 지켜야 할 법규상 또는 조리상의 한계를 위반하였다면 이는 법령을 위반한 경우에 해당한다(대판 2020. 4. 29, 2015다224797).

③ 다만, 최근 판례 중에는 상대적 위법성설을 지지한 것으로 보이는 판례가 적지 않다(대판 2000. 5. 12, 99다70600).

(2) 국가배상법상 위법의 유형

국가배상법상의 위법은 ① 행위 자체의 법 위반이 문제되는 경우(⑩ 영업정지처분의 위법), ② 행위의 집행방법상 위법이 문제되는 경우(⑩ 교통법규를 위반하고 도주하는 차량에 대한 경찰순찰차의 추적행위가 적법하더라도 추적방법이 상당하지 않은 경우 그 추적행위는 위법하다), ③ 직무상 의무 위반으로서의 위법이 문제되는 경우(⑩ 수돗물 정수처리의무 위반), ④ 부작위의 위법이 문제되는 경우(⑩ 노후선박에 대한 운항정지명령권의 불행사)가 있다.

(3) 행정소송법상 위법과 국가배상법상 위법과 과실

1) 위법의 인정영역

국가배상소송상 위법이 문제되는 범위는 항고소송상 위법이 문제되는 범위보다 넓다. 즉, ① 항고소송에서의 위법판단은 행정처분(권력적 사실행위 포함)에 한정되는 반면에, 국가배상청구소송에서의 위법은 모든 공행정작용(비권력적 공행정작용 포함) 및 입법작용과 사법작용에 대하여 행하여진다. ② 항고소송에서의 부작위의 위법은 신청을 전제로 한 응답의무 위반을 의미하지만, 국가배상에서의 부작위의 위법은 신청을 전제로 하지 않고, 특정한 내용의 작위의무의 위반을 의미한다. ③ 권력적 사실행위가 항고소송의 대상이 될 수 있다 할지라도 처분성 및 소의 이익 등 항고소송의 요건으로 권력적 사실행위의 위법성이 항고소송에서 다투어지는 것은 예외적인 경우(계속적 성질을 갖는 권력적 사실행위의 경우)에 한정된다. 이에 반하여 국가배상소송에서는 법률행위보다도 사실행위에 의한 손해의 배상이 보다 빈번히 문제된다. ④ 또한, 국가배상소송에서는 공권력 행사 자체의 위법뿐만 아니라 행위(공권력 행사)의 태양(수단 또는 방법)의 위법이 또한 문제가 된다.

2) 국가배상법상 위법과 항고소송상 위법의 이동(異同)과 취소소송 판결의 국가배상소송에 대한 기판력

① 항고소송에서의 위법성 인정의 기판력은 항고소송의 위법과 국가배상의 위법이 동일한 한에서 국가배상청구소송에서의 위법성 판단에 미치지만, 과실 판단에는 미치지 않는다. 따라서, 어떠한 행정처분이 항고소송에서 취소되었다고 할지라도 그 기판력으로 곧바로 국가배상책임이 인정될 수는 없다(대판 2022. 4. 28, 2017다233061). 또한, 상대적 위법성설을 취하는 경우 위법의 기준과

내용이 다르므로 취소판결의 기판력이 국가배상소송에서의 위법성 판단에 미치지 않는다.

② 위법 판단의 대상이 다른 경우 당연히 기판력이 미치지 않는다. 공무원의 직무상 손해방지의무 위반으로서의 위법, 즉 행위의 태양의 위법이 문제되는 경우에는 항고소송상의 위법과 판단의 대상과 내용을 달리 하므로 항고소송판결의 기판력이 이 경우에는 미치지 않는다.

5. 고의 또는 과실

주관설은 과실을 '해당 직무를 담당하는 평균적 공무원이 통상 갖추어야 할 주의의무를 해태한 것'을 의미한다고 본다. 이 견해가 다수설이며 판례의 입장이다(대판 1987. 9. 22, 87다카1164).

통설·판례에 따르면 과실의 입증책임은 민법상 불법행위책임에서와 마찬가지로 피해자인 국민에게 있다.

6. 손   해

공무원의 불법행위가 있더라도 손해가 발생하지 않으면 국가배상책임이 인정되지 않는다.

국가배상책임의 성립요건 중 '손해'는 민법상 불법행위책임에 있어서의 그것과 다르지 않다. 다만, 순수한 반사적 이익의 침해만으로는 손해가 발생하였다고 할 수 없다.

주민들의 **행정절차 참여권 침해를 이유로 한 손해배상의 경우** 행정절차를 이행하지 않았다는 사실만으로 곧바로 손해배상이 인정되는 것은 아니고, 관련 행정처분이 취소되는 등의 조치로도 주민들의 정신적 고통이 남아 있다고 볼 특별한 사정이 있는 경우에만 손해배상책임이 인정된다(대판 2021. 7. 29, 2015다221668).

국가배상법 제2조 제1항을 적용할 때 피해자가 손해를 입은 동시에 이익을 얻은 경우에는 손해배상액에서 그 이익에 상당하는 금액을 빼야 한다(국가배상법 제3조의2 제1항).

7. 인과관계

공무원의 불법행위와 손해 사이에 인과관계가 있어야 한다. 국가배상에서의 인과관계는 민법상 불법행위책임에서의 그것과 동일하게 **상당인과관계**가 요구된다.

다만, 판례는 직무상 의무의 사익보호성을 국가배상에서의 상당인과관계의 판단요소로 요구하고 있다(대판 2010. 9. 9, 2008다77795[손해배상(기)]). 즉, 공무원에게 직무상 의무를 부과한 법령의 목적이 사회 구성원 개인의 이익과 안전을 보호하기 위한 것이 아니고 단순히 공공일반의 이익이나 행정기관 내부의 질서를 규율하기 위한 것이라면, 설령 공무원이 그 직무상 의무를 위반한 것을 계기로 하여 제3자가 손해를 입었다고 하더라도 공무원이 직무상 의무를 위반한 행위와 제3자가 입은 손해 사이에 **상당인과관계**가 있다고 할 수 없다(대판 2020. 7. 9, 2016다268848 판결).

Ⅲ. 공무원의 배상책임

1. 공무원의 피해자에 대한 책임(선택적 청구권)

판례는 가해공무원 개인에게 고의 또는 중과실이 있는 경우에는 국가 등이 국가배상책임을 부담하는 외에 가해 공무원도 피해자에 대하여 그로 인한 손해배상책임을 부담하고, 가해공무원 개인에게 경과실만이 인정되는 경우에는 공무원 개인은 손해배상책임을 부담하지 아니한다고 보고 있다(대판 전원합의체 1996. 2. 15, 95다38677).

공무원의 손해배상책임의 요건인 **공무원의 중과실**이란 공무원에게 통상 요구되는 정도의 상당한 주의를 하지 않더라도 약간의 주의를 한다면 손쉽게 위법·유해한 결과를 예견할 수 있는 경우임에도 만연히 이를 간과한 경우와 같이, 거의 고의에 가까운 현저한 주의를 결여한 상태를 의미한다(대판 2021. 11. 11, 2018다288631).

2. 공무원의 국가에 대한 구상책임

국가배상법 제2조 제2항은 국가의 가해공무원에 대한 구상권은 고의 또는 중과실의 경우에 한하는 것으로 규정하고 있다.

제 3 항   영조물의 설치 · 관리의 하자로 인한 배상책임

국가배상법 제5조는 영조물의 설치 · 관리의 하자로 인한 배상책임을 공무원의 불법행위로 인한 배상책임과 별도로 규정하고 있다.

> **국가배상법 제5조** ① 도로 · 하천, 그 밖의 공공의 영조물의 설치나 관리에 하자가 있기 때문에 타인에게 손해를 발생하게 하였을 때에는 국가나 지방자치단체는 그 손해를 배상하여야 한다. 이 경우에는 제2조 제1항 단서, 제3조 및 제3조의2의 규정을 준용한다. ② 제1항을 적용할 때 손해의 원인에 대하여 책임을 질 자가 따로 있으면 국가나 지방자치단체는 그 자에게 구상할 수 있다.

국가배상법 제5조에 따른 국가배상책임이 성립하기 위하여는 '공공의 영조물'의 설치 또는 관리의 '하자'로 인하여 타인에게 손해가 발생하였을 것을 요한다.

Ⅰ. 공공의 영조물

국가배상법 제5조상의 영조물은 본래의 의미의 영조물(공적 목적을 위하여 제공된 인적 · 물적 종합시설)이 아니라, **공물**(직접 행정목적에 제공된 물건(유체물 또는 물적 설비))을 의미한다고 보는 것이 통설이며 판례이다(대판 1998. 10. 23, 98다17381).

Ⅱ. 설치 또는 관리의 '하자'

1. 설치 또는 관리의 하자의 개념

영조물의 '설치 또는 관리의 하자'가 무엇을 의미하는가에 관하여 학설은 객관설, 주관설, 절충설로 나뉘어 대립되고 있다.

(1) 객관설

이 견해는 '영조물의 설치 또는 관리의 하자'를 '영조물이 통상의 용법에 따라 이용될 때 통상 갖추어야 할 안전성을 결여한 것'을 말한다고 한다.

(2) 주관설(안전관리의무위반설)

이 견해는 '설치 또는 관리의 하자'라는 것은 '영조물을 안전하고 양호한 상태로 보전해야 할 관리의무(안전관리의무)를 위반함'을 의미한다고 본다.

(3) 절충설

이 견해는 '영조물의 설치 또는 관리의 하자'는 안전성의 결여라는 객관적인 물적 상태의 하자와 함께 관리의무위반이라는 주관적 측면도 함께 고려하여 판단하여야 한다는 견해이다. 객관설과 주관설의 중간에 위치하는 견해라고 할 수 있다.

(4) 판례의 태도

판례는 전형적인 객관설도 아니고, 전형적인 주관설도 아닌 그 중간의 입장을 취하고 있다. 판례의 입장을 변형된(수정된) 객관설(사법연수원교재, 행정구제법, 316면) 또는 객관적 주관설 또는 절충설(제2설)로 부를 수 있다(대판 2007. 10. 26, 2005다51235 ; 대판 2009. 2. 26, 2007다22262).

2. 영조물의 설치·관리의 하자의 판단기준

판례는 영조물의 설치·관리상 하자를 "영조물이 그 용도에 따라 통상 갖추어야 할 안전성을 갖추지 못한 상태에 있음"을 말하는 것으로 정의하고, 물적 하자(해당 영조물을 구성하는 물적 시설 그 자체에 있는 물리적·외형적 흠결이나 불비로 인하여 그 이용자에게 위해를 끼칠 위험성이 있는 경우)와 이용(사용)상 하자(그 영조물이 공공의 목적에 이용됨에 있어 그 이용상태 및 정도가 일정한 한도를 초과하여 제3자에게 사회통념상 참을 수 없는 피해를 입히는 경우)를 구분하고, 각각 다른 판단기준을 제시하고 있다.

① 영조물의 **물적 하자**란 해당 영조물의 용도, 그 설치장소의 현황 및 이용상황 등 제반 사정을 종합적으로 고려하여 설치·관리자가 그 영조물의 위험성에 비례하여 사회통념상 일반적으로 요구되는 정도의 방호조치의무를 다하지 않은 경우를 말한다.

② **'기능상 하자'**(이용상 하자)란 '영조물이 공공의 목적에 이용됨에 있어 그 이용상태 및 정도가 일정한 한도를 초과하여 제3자에게 사회통념상 참을 수 없는 피해를 입히는 경우'를 말하는데, 영조물의 기능상 하자의 판단에 있어 '사회통념상 참을 수 없는 피해인지의 여부'는 그 영조물의 공공성, 피해의 내용과 정도, 이를 방지하기 위하여 노력한 정도 등을 종합적으로 고려하여 판단하여야 한다(대판 2004. 3. 12, 2002다14242[매향리사격장사건]).

③ 자연공물은 자연상태로 공적 목적에 제공되고 해당 영조물의 안전성은 연차적으로 강화되어야 하는 것이므로 이 한도 내에서 영조물의 하자의 인정에 한계가 주어질 수 있다(대판 2003. 10. 23, 2001다48057).

④ **하천홍수위**(홍수시 하천의 제방이 지탱할 수 있을 것으로 계획된 최대유량(제방의 높이))가 적정하게 책정된 제방(◉ 100년 발생빈도의 강우량을 기준으로 책정된 경우)에서 하천이 범람한 경우에는 불가항력으로 볼 수 있다. 또한, 하천홍수위보다 낮은 강우량에 하천제방이 붕괴한 경우에는 하천의 설치·관리상 하자가 있는 것으로 추정된다.

3. 하자의 입증책임

판례는 하자의 입증책임을 피해자에게 지우고 있다. 다만, 관리주체에게 손해발생의 예견가능성과 회피가능성이 없다는 것은 관리주체가 입증하여야 한다.

제 4 항 국가배상책임의 감면사유

불가항력(천재지변과 같이 인간의 능력으로는 예견할 수 없거나, 예견할 수 있어도 회피할 수 없는 외부의 힘으로 손해가 발생한 경우)의 경우 국가배상책임이 면제된다.

예산부족은 영조물의 안전성의 정도에 관하여 참작사유는 될 수 있을지언정 안전성을 결정지을 절대적 요건은 되지 못한다(대판 1967. 2. 21, 66다1723).

피해자의 과실로 확대된 손해의 한도 내에서 국가 등의 책임이 부분적으로 감면된다.

제 5 항 배상책임자

I. 피해자에 대한 배상책임자

영조물의 관리주체(또는 사무의 귀속주체)뿐만 아니라 비용부담주체도 피해자에 대해 배상책임을 진다(국가배상법 제6조 제1항).

국가배상법 제6조 제1항의 비용부담자는 '형식상 부담자' 또는 '대외적 비용부담자'(대외적으로 해당 사무의 비용 또는 해당 영조물의 설치관리비용을 부담(지출)하여야 하는 것으로 되어 있는 자)뿐만 아니라 실질적 비용부담자도 포함한다는 것이 판례의 입장이다.

예를 들면, 지방자치단체장이 설치하여 관할 시·도경찰청장에게 관리권한을 위임한 교통신호기의 고장으로 인해 교통사고가 발생한 경우, 관리주체(관리자)인 지방자치단체뿐만 아니라 형식적 비용부담주체(비용부담자)인 국가도 손해배상책임을 진다. 즉 시·도경찰청장에 대한 관리권한의 위임은 기관위임이므로 권한을 위임한 관청이 소속된 지방자치단체가 사무의 귀속주체(관리주체)로서 배상책임을 지고, 국가배상법 제6조 제1항에 의해 교통신호기를 관리하는 시·도경찰청장 산하 경찰관들에 대한 봉급을 부담하는 국가도 실질적 비용부담주체로서 배상책임을 진다(대판 1999. 6. 25, 99다11120). 또한 국가는 신호기 관리비용을 대외적으로 지출하는 자로서 형식적 부담자이기도 하고, 지방자치단체는 신호기의 설치·관리비용을 부담하는 실질적 비용부담자이기도 하다. <해설> 경찰법 개정으로 자치경찰제도가 도입되고, 지방경찰청이 시·**도경찰청**으로 변경되었다. 시·도 경찰청은 국가기관인 경찰청 소속의 **국가기관(국가의 지방행정기관)**이다(경찰청과 그 소속기관 직제 제2조 제3항). 따라서, 개정 경찰법하에서도 신호기 관리비용을 형식적으로 부담하는 자(형식적 비용부담자)는 여전히 국가이다.

Ⅱ. 종국적 배상책임자

1. 원인책임자에 대한 구상권

영조물 하자로 인한 손해의 원인에 대하여 책임을 질 자가 따로 있을 때에는 국가 또는 지방자치단체는 그 자에 대하여 구상할 수 있다(제5조 제2항).

2. 관리주체(관리자)와 비용부담주체(비용부담자) 사이의 최종적 책임의 분담

국가배상법 제6조 제2항은 "제1항의 경우에 손해를 배상한 자는 내부관계에서 그 손해를 배상할 책임이 있는 자에게 구상할 수 있다"라고 규정하고 있다.

관리주체와 비용부담자가 다른 경우에 이들 중 종국적 배상책임자는 누구인가에 대하여는 관리주체설(관리책임의 주체가 최종적인 책임자라고 보는 견해), 비용부담주체설(해당 사무의 비용을 실질적으로 부담하는 자가 최종적인 책임자라고 보는 견해) 및 기여도설(손해발생의 기여도에 응해 관리주체뿐만 아니라 실질적 비용부담주체에게도 최종적 배상책임을 지우는 견해)이 있는데, 판례는 원칙상 기여도설을 취한 것으로 보인다. 다만, 관리주체와 비용부담주체 중 관리주체에게 보다 본질적이고 큰 배상책임이 있는 것으로 본 판례도 있다(대판 2000. 5. 12, 99다70600).

예를 들면, 위에서 예로 든 지방자치단체장(안산시장)이 설치하여 관할 시·도경찰청장에게 관리권한을 위임한 교통신호기의 고장으로 인해 교통사고가 발생한 경우 교통신호기의 관리사무는 지방자치단체가 설치하여 시·도경찰청장에게 그 권한을 기관위임한 사무로서 피고인 국가 소속 경찰공무원들은 원고인 지방자치단체의 사무를 처리하는 지위에 있으므로, 원고인 지방자치단체가 그 사무에 관하여 선임·감독자(관리주체, 사무귀속주체)에 해당하고, 그 교통신호기 시설은 원고인 안산시의 비용으로 설치·관리되고 있으므로, 그 신호기의 설치, 관리의 비용을 실질적으로 부담하는 비용부담자의 지위도 아울러 지니고 있는 반면, 피고인 국가는 단지 그 소속 경찰공무원에게 봉급만을 지급하고 있을 뿐이므로, 원고와 피고 사이에서 이 사건 손해배상의 궁극적인 책임은 전적으로 원고인 안산시에게 있다고 봄이 상당하다(대판 2001. 9. 25, 2001다41865).

제 6 항 국가배상법상 특례규정

Ⅰ. 배상심의회에 대한 배상신청

배상금의 지급을 받고자 하는 자는 그 주소지·소재지 또는 배상원인발생지를 관할하는 지구심의회에 대하여 배상신청을 할 수 있다(제12조 제1항). 배상심의회에 대한 배상청구는 임의절차이다.

심의회(본부심의회, 특별심의회, 지구심의회)의 결정은 법적 구속력을 갖지 않는다.

Ⅱ. 손해배상의 기준에 관한 특례

국가배상법(제3조 및 제3조의2)은 생명 또는 신체를 해한 때 및 타인의 물건을 멸실·훼손한 때에 있어서의 배상기준을 정하고 있다. 이 배상기준은 단순한 배상의 기준에 불과하며 법원은 이에 구속되지 않는다고 보는 견해가 다수설이며 판례의 입장이다.

Ⅲ. 군인 등에 대한 국가배상청구권의 제한(특별법에 따른 보상)

국가배상법 제2조 제1항 단서는 "군인·군무원·경찰공무원 또는 향토예비군대원이 전투·훈련 등 직무 집행과 관련하여 전사·순직하거나 공상을 입은 경우에 본인이나 그 유족이 다른 법령에 따라 재해보상금·유족연금·상이연금 등의 보상을 지급받을 수 있을 때에는 이 법 및 민법에 따른 손해배상을 청구할 수 없다"라고 군인 등에 대해 국가배상청구를 제한하는 것으로 규정하고 있다. 이를 이중배상금지 규정이라 부르기도 한다.

판례는 「국가유공자 등 예우 및 지원에 관한 법률」(국가유공자법)(대판 2017. 2. 3, 2014두40012), 보훈보상대상자 지원에 관한 법률(보훈보상자법)(대판 2017. 2. 3, 2015두60075), 군인연금법(대판 1994. 12. 13, 93다29969)이 정한 보상에 관한 규정은 국가배상법 제2조 제1항 단서가 정한 '다른 법령'에 해당한다고 본다.

군인 등이 공상을 입은 경우에도 그 장애의 정도가 국인연금법 등의 적용 대상 등급에 해당하지 않아 다른 법령에 의한 보상을 받을 수 없는 경우에는 국가배상청구가 가능하다(대판 1997. 2. 14, 96다28066).

국가배상청구권의 제한을 받는 자는 **군인 등과 그 유족**이다. 청구권이 배제되는 유족 개념에는 생존자 가족은 포함되지 않는다(서울고법 2014나2011749). 따라서, 생존자 가족은 국가를 상대로 별도로 위자료 등 손해배상청구를 할 수 있다.

Ⅳ. 양도 등 금지

생명·신체의 침해로 인한 국가배상을 받을 권리는 양도하거나 압류하지 못한다(국가배상법 제4조).

제 3 절 행정상 손실보상

제 1 항 행정상 손실보상의 의의

행정상 손실보상이란 통상 적법한 공권력 행사로 국민이 직접 특별한 손실을 입은 경우에 국가나 지방자치단체 또는 공익사업의 주체가 그 손실을 보상하여 주는 것을 의미한다.

판례는 간접손실(사업시행지외 손실)은 헌법 제23조 제3항에 규정한 손실보상의 대상이 된다고 보고 있다(대판 1999. 11. 15, 99다27231).

제 2 항 행정상 손실보상의 근거

Ⅰ. 이론적 근거

손실보상의 이론적 근거는 특별희생설 또는 재산권과 공적 부담 앞의 평등원칙이라고 보는 것이 타당하다.

Ⅱ. 실정법상 근거

1. 헌법적 근거

헌법 제23조 제3항은 "공공필요에 의한 재산권에 대한 수용·사용·제한 및 그에 대한 보상은 법률로써 하되, 정당한 보상을 지급하여야 한다"라고 규정하고 있다.

2. 법률상 근거

행정상 손실보상에 관한 일반법은 없다.

「공익사업을 위한 토지 등의 취득 및 보상에 관한 법률」(이하 '토지보상법'이라 한다. '공익사업법'이라고 부르기도 한다)은 공익사업을 위한 공용수용과 공용사용의 경우 손실보상에 관한 일반법이다.

토지보상법 이외에 하천법, 소방기본법 등 개별법에서 공공필요에 따른 재산권침해에 대한 보상이 규정되고 있다.

[손실보상에 관한 주요규정]

헌법 제23조 제3항	공공필요에 의한 재산권의 수용·사용 또는 제한 및 그에 대한 보상은 법률로써 하되, 정당한 보상을 지급하여야 한다.
토지보상법	제67조(보상액의 가격시점 등) ① 보상액의 산정은 협의에 의한 경우에는 협의 성립 당시의 가격을, 재결에 의한 경우에는 수용 또는 사용의 재결 당시의 가격을 기준으로 한다. ② 보상액을 산정할 경우에 해당 공익사업으로 인하여 토지등의 가격이 변동되었을 때에는 이를 고려하지 아니한다. 제70조(취득하는 토지의 보상) ① 협의나 재결에 의하여 취득하는 토지에 대하여는 「부동산 가격공시에 관한 법률」에 따른 공시지가를 기준으로 하여 보상하되, 그 공시기준일부터 가격시점까지의 관계 법령에 따른 그 토지의 이용계획, 해당 공익사업으로 인한 지가의 영향을 받지 아니하는 지역의 대통령령으로 정하는 지가변동률, 생산자물가상승률(「한국은행법」 제86조에 따라 한국은행이 조사·발표하는 생산자물가지수에

따라 산정된 비율을 말한다)과 그 밖에 그 토지의 위치·형상·환경·이용상황 등을 고려하여 평가한 적정가격으로 보상하여야 한다.

② 토지에 대한 보상액은 가격시점에서의 현실적인 이용상황과 일반적인 이용방법에 의한 객관적 상황을 고려하여 산정하되, 일시적인 이용상황과 토지소유자나 관계인이 갖는 주관적 가치 및 특별한 용도에 사용할 것을 전제로 한 경우 등은 고려하지 아니한다.

③ 사업인정 전 협의에 의한 취득의 경우에 제1항에 따른 공시지가는 해당 토지의 가격시점 당시 공시된 공시지가 중 가격시점과 가장 가까운 시점에 공시된 공시지가로 한다.

④ 사업인정 후의 취득의 경우에 제1항에 따른 공시지가는 사업인정고시일 전의 시점을 공시기준일로 하는 공시지가로서, 해당 토지에 관한 협의의 성립 또는 재결 당시 공시된 공시지가 중 그 사업인정고시일과 가장 가까운 시점에 공시된 공시지가로 한다.

⑤ 제3항 및 제4항에도 불구하고 공익사업의 계획 또는 시행이 공고되거나 고시됨으로 인하여 취득하여야 할 토지의 가격이 변동되었다고 인정되는 경우에는 제1항에 따른 공시지가는 해당 공고일 또는 고시일 전의 시점을 공시기준일로 하는 공시지가로서 그 토지의 가격시점 당시 공시된 공시지가 중 그 공익사업의 공고일 또는 고시일과 가장 가까운 시점에 공시된 공시지가로 한다.

⑥ 취득하는 토지와 이에 관한 소유권 외의 권리에 대한 구체적인 보상액 산정 및 평가방법은 투자비용, 예상수익 및 거래가격 등을 고려하여 국토교통부령으로 정한다.

제 3 항 행정상 손실보상의 요건

행정상 손실보상이 인정되기 위하여는 적법한 공용침해로 손실이 발생하였고, 해당 손실이 특별한 손해(희생)에 해당하여야 한다.

Ⅰ. 적법한 공용침해

적법한 공용침해란 공공필요에 따라 법률에 근거하여 가해진 국민의 권익에 대한 침해를 말한다.

Ⅱ. 공용침해로 손실이 발생하였을 것

① 손실보상이 인정되기 위하여는 손해가 현실적으로 발생하였어야 한다 (대판 2010. 12. 9, 2007두6571).

② 판례는 공익사업과 손실 사이에 상당인과관계가 있어야 손실보상의 대상인 손실이 된다고 본다(대판 2009. 6. 23, 2009두2672).

Ⅲ. 특별한 희생(손해)

공공필요를 위한 재산권의 침해가 있는 경우에 손실보상이 되기 위하여는 그 침해로 인한 손실이 '특별한 희생(손해)'에 해당하여야 한다. 그 손해가 '재산권에 내재하는 사회적 제약'에 불과한 경우에는 재산권자가 수인하여야 한다.

공용침해로 인하여 발생한 손해가 특별한 희생(손해)인가 아니면 재산권에 내재하는 사회적 제약에 불과한가의 판단기준이 무엇인가에 관하여 다음과 같은 학설이 있다.

1. 형식적 기준설

재산권에 대한 침해가 특정인 또는 한정된 범위의 사람에게 가해진 경우에는 특별한 희생에 해당하고 재산권 침해가 일반적으로 행해지면 사회적 제약에 해당한다고 본다.

2. 실질적 기준설

공용침해의 실질적 내용, 즉 침해의 본질성 및 강도를 기준으로 하여 특별한 희생과 사회적 제약을 구별하려는 견해인데, 이에는 보호가치설, 수인한도설, 사적 효용성설, 목적위배설, 사회적 제약설, 상황적 구속설 등이 있다.

3. 결론 : 복수기준설

통설은 형식적 기준설과 실질적 기준설을 종합하여 특별한 희생과 사회적 제약을 구별하여야 한다고 본다. 즉, 토지 등을 종래의 목적대로 사용할 수 없거나 재산권의 이용이 제한되었음에도 손실보상을 하지 않는 것이 가혹한 경우 특별희생에 해당한다.

제 4 항 행정상 손실보상의 기준과 내용

Ⅰ. 행정상 손실보상의 일반적 기준 : '정당한 보상'의 원칙

헌법은 정당한 보상의 원칙을 선언하고 있다. 정당한 보상의 의미에 관하여는 종래 완전보상설과 상당보상설이 대립하고 있다. 판례는 완전보상설을 취하고 있다(헌재 1990. 6. 25, 89헌마107).

Ⅱ. 토지보상법상 손실보상의 구체적 기준과 내용

토지보상법상 토지취득 및 보상절차는 다음과 같다. 토지조서 및 물건조서의 작성(제14조) – 보상계획의 공고·통지 및 열람(제15조) – 협의(제16조) – 사업인정(제20조: 사업이 토지등을 수용·사용할 수 있는 공익사업인지 여부를 판단하여 결정하는 행정처분) – 토지조서 및 물건조서의 작성(제26조) – 보상계획의 공고·통지 및 열람(제26조) – 협의(제26조) – 수용재결(제34조) – 이의신청(제83조) 및 이의재결(제84조)(임의절차) – 행정소송(제85조).

1. 토지보상법상 보상대상자

토지보상법상 보상의 대상이 되는 자는 공익사업에 필요한 토지의 소유자 및 관계인이다. "관계인"이란 "사업시행자가 취득하거나 사용할 토지에 관하여 지상권·지역권·전세권·저당권·사용대차 또는 임대차에 따른 권리 또는 그 밖에 토지에 관한 소유권 외의 권리를 가진 자나 그 토지에 있는 물건에 관하여 소유권이나 그 밖의 권리를 가진 자를 말한다. 다만, 제22조에 따른 사업인정의 고시가 된 후에 권리를 취득한 자는 기존의 권리를 승계한 자를 제외하고는 관계인에 포함되지 아니한다"(제2조 제5호).

2. 토지보상법상 손실보상의 구체적 기준과 내용

토지보상법상 손실보상의 구체적 기준과 내용은 피침해재산의 객관적 가치의 보상과 그 이외의 부대적 손실의 보상, 확장수용보상, 간접손실의 보상 및 그 밖의 손실의 보상으로 나누어 볼 수 있다.

(1) 취득재산의 객관적 가치의 보상

토지보상법은 '취득재산의 협의성립 또는 재결 당시의 가격'을 손실보상액으로 하는 것으로 규정하고 있다.

토지보상법은 완전보상의 원칙에 입각하면서도 개발이익을 배제하기 위하여 아래와 같이 보상액을 산정하는 것으로 하고 있다.

1) 표준지공시지가를 기준으로 한 보상

협의 또는 재결에 따라 취득하는 토지에 대하여는 「부동산가격공시에 관한 법률」(이하 '부동산가격공시법'이라 한다)에 따른 공시지가(표준지공시지가)를 기준으로 하여 보상하도록 하고 있다(제70조 제1항). 여기에서 기준이 되는 공시지가란 국가가 매년 1월 1일을 기초로 하여 정하는 전국토 중 일부 표준지의 시가(표준지공시지가)를 말한다.

해당 공익사업으로 인한 개발이익 또는 개발손실이 보상에 포함되는 것을 배제하기 위하여 기준이 되는 표준지공시지가의 공시기준일을 다음과 같이 정하고 있다. ① 사업인정 전의 협의에 의한 취득에 있어서 기준이 되는 공시지가는 "해당 토지의 가격시점(협의성립) 당시 공시된 공시지가 중 가격시점(협의성립시)과 가장 가까운 시점에 공시된 공시지가"로 한다(제70조 제3항). ② 사업인정 후의 취득에 있어서 기준이 되는 공시지가는 사업인정고시일 전의 시점을 공시기준일로 하는 공시지가로서, 해당 토지에 관한 협의의 성립 또는 재결 당시 공시된 공시지가 중 해당 사업인정고시일과 가장 가까운 시점에 공시된 공시지가로 한다(제70조 제4항). ③ 제3항 및 제4항에도 불구하고 공익사업의 계획 또는 시행이 공고 또는 고시됨으로 인하여 취득하여야 할 토지의 가격이 변동되었다고 인정되는 경우에는 해당 공고일 또는 고시일 전의 시점을 공시기준일로 하는 공시지가로서, 해당 토지의 가격시점 당시 공시된 공시지가 중 그 공익사업의 공고일 또는 고시일과 가장 가까운 시점에 공시된 공시지가로 한다(제70

조 제5항).

　　표준지공시지가를 기준으로 상황보정과 시점수정을 행한다. 즉, 협의나 재결에 의하여 취득하는 토지에 대하여는 「부동산가격공시에 관한 법률」에 따른 공시지가를 기준으로 하여 보상하되, 그 공시기준일부터 가격시점까지의 관계법령에 따른 그 토지의 이용계획, 해당 공익사업으로 인한 지가의 영향을 받지 아니하는 지역의 대통령령으로 정하는 지가변동률, 생산자물가상승률(「한국은행법」 제86조에 따라 한국은행이 조사·발표하는 생산자물가지수에 따라 산정된 비율을 말한다)과 그 밖에 그 토지의 위치·형상·환경·이용상황 등을 고려하여 평가한 적정가격으로 보상하여야 한다(제70조 제1항).

　　2) 현황평가의 원칙

　　토지에 대한 보상액은 가격시점에 있어서의 현실적인 이용상황과 일반적인 이용방법에 의한 객관적 상황을 고려하여 산정하되, 일시적인 이용상황과 토지소유자 또는 관계인이 갖는 주관적 가치 및 특별한 용도에 사용할 것을 전제로 한 경우 등은 이를 고려하지 아니한다(제70조 제2항). 이 규정은 **현황평가의 원칙**을 정한 규정이다.

　　3) 공익사업으로 인한 개발이익 및 개발손실의 배제

　　헌법재판소는 개발이익을 보상액 산정에서 배제하는 것이 헌법상 정당보상의 원칙에 위배되는 것은 아니라고 본다.

　　토지보상법은 다음과 같이 개발이익을 보상에서 배제하는 것으로 규정하고 있다. ① 토지보상법이 사업인정고시일 전의 공시지가를 기준으로 보상액을 결정하는 것으로 하고 있는 것은 손실보상에서 공익사업으로 인한 개발이익(개발손실)을 배제하기 위한 것이다. ② 보상액을 산정함에 있어서 해당 공익사업으로 인한 지가의 영향을 받지 않는 지역의 지가변동률을 참작하여야 한다(제70조 제1항). ③ 평가대상토지에 대한 공법상 제한이 해당 공익사업의 시행을 직접 목적으로 하여 가하여진 경우에는 제한이 없는 상태를 상정하여 평가한다(토지보상법 시행규칙 제23조 제1항). 공익사업의 시행을 직접 목적으로 하여 용도지역 또는 용도지구 등이 변경된 토지에 대하여는 변경되기 전의 용도지역 또는 용도지구 등을 기준으로 평가하도록 하고 있다(제2항).

　　그러나 그러한 제한이 해당 공익사업의 시행을 직접 목적으로 하여 가하여진 것이 아닌 경우에는 그러한 공법상 제한을 받는 상태대로 손실보상액을 평가하여야 한다(대판 2005. 2. 18, 2003두14222). 또한, 토지수용으로 인한 손실보상액을 산정함에 있어서 해당 공공사업과는 관계없는 다른 사업의 시행으로 인한 개발이익은 이를 배제하지 아니한 가격으로 평가하여야 한다(대판 1999. 1. 15, 98두8896).

(2) 부대적 손실의 보상

완전보상이 되기 위하여는 취득의 대상이 된 재산권의 재산적 가치뿐만 아니라 취득이 원인이 되어 부수적으로 발생한 손실도 보상되어야 한다.

1) 잔여지 및 잔여건축물보상(제73조, 제75조의2).

2) 이전비보상(제75조).

3) 권리의 보상(제76조 제1항).

4) 영업손실의 보상(제77조 제1항).

5) 농업손실의 보상(제77조 제2항).

6) 임금손실의 보상(제77조 제3항).

(3) 확장수용보상

일정한 사유로 인하여 공익사업에 필요한 토지 이외의 토지를 수용하는 것을 '확장수용'이라 한다. 그리고 그에 따른 보상을 **확장수용보상**이라 한다.

1) 잔여지등 수용(제75조의2 제2항).

2) 이전수용(이전대상 물건의 수용)(제75조 제1항 단서).

3) 완전수용(공용사용에 대한 수용)(제72조).

(4) 간접손실의 보상 : 사업시행지외손실보상

1) 간접손실 및 간접손실보상의 개념

공익사업으로 인하여 사업시행지 밖의 재산권자에게 가해지는 손실 중 공익사업으로 인하여 필연적으로 발생하는 손실이 **간접손실**이며 이 손실에 대한 보상이 **간접손실보상**(제3자보상)이다.

2) 간접손실보상의 요건

간접손실보상이 인정되기 위하여는 **간접손실**이 발생하여야 하고, 해당 **간접손실**이 **특별한 희생**이 되어야 한다.

간접손실이 되기 위하여는 ① 공공사업의 시행으로 사업시행지 이외의 토지소유자(제3자)가 입은 손실이어야 하고, ② 그 손실이 공공사업의 시행으로 인하여 발생하리라는 것이 예견되어야 하고, ③ 그 손실의 범위가 구체적으로 특정될 수 있어야 한다(대판 1999. 12. 24, 98다57419, 57426 참조).

간접손실은 **공익사업의 시행**으로 인하여 사업시행지밖에 발생한 손실을 말한다. 공익사업을 위한 토지의 수용으로 인하여 사업시행지밖에 발생한 손실이 간접손실에 해당한다는 점에 대해서는 이견이 없다. 공익사업의 시행중 또는 공익사업의 시행 후 공익사업시설로 인한 손해를 간접손실로 볼 수 있는지에 대하여는 견해가 대립하고 있는데, **판례는 공익사업의 시행 결과, 즉 그 공익사업의 시행으로 설치되는 시설의 형태·구조·사용 등에 기인하여 발생하는 손실도 간접손실로 본다**(대판 2019. 11. 28, 2018두227).

3) 간접손실보상의 근거

판례는 간접손실을 헌법 제23조 제3항에서 규정한 손실보상의 대상이 된다고 보고 있다(대판 1999. 11. 15, 99다27231).

토지보상법 제79조 제2항은 "공익사업이 시행되는 지역 밖에 있는 토지 등이 공익사업의 시행으로 인하여 본래의 기능을 다할 수 없게 되는 경우에는 국토교통부령으로 정하는 바에 따라 그 손실을 보상하여야 한다"라고 간접손실보상의 원칙을 규정하며 간접손실보상의 기준, 내용 및 절차 등을 국토교통부령에 위임하고 있다. 이에 따라 동법 시행규칙은 제59조 이하에서 간접보상을 유형화하여 열거·규정하고 있다. 공익사업시행지구 밖의 대지 등에 대한 보상(동법 시행규칙 제59조), 공익사업시행지구 밖의 건축물에 대한 보상(제60조), 소수잔존자에 대한 보상(제61조), 공익사업시행지구 밖의 공작물 등에 대한 보상(제62조), 공익사업시행지구 밖의 어업의 피해에 대한 보상(제63조), 공익사업시행지구 밖의 영업손실에 대한 보상(제64조), 공익사업시행지구 밖의 농업의 손실에 대한 보상(제65조)이 그것이다.

또한, 토지보상법 제79조 제1항은 간접손실인 공사비용의 보상을 규정하고 있다.

(5) 그 밖의 손실의 보상

토지보상법 제79조 제4항은 "제1항부터 제3항까지에서 규정한 사항 외에 공익사업의 시행으로 인하여 발생하는 손실의 보상 등에 대하여는 국토교통부

령으로 정하는 기준에 따른다"라고 규정하고 있다. 공익사업의 시행으로 인하여
발생하는 손실 중 보상하여야 하지만 법률에 규정되지 못한 경우를 대비한 규
정이다.

3. 생활보상

(1) 생활보상의 의의

생활보상이란 피수용자가 종전과 같은 생활을 유지할 수 있도록 하는 것을
실질적으로 보장하는 보상을 말한다. 생활보상은 생활재건조치라고도 한다. 생
활보상과 생활권보상을 동의어로 보는 것이 일반적 견해이다.

(2) 생활보상의 근거

생활보상의 근거에 관하여는 정당보상설(생활보상도 정당보상에 포함되는 것
으로 보는 견해), 생존권설(헌법 제34조설), 통일설(헌법 제23조·제34조 결합설)이
대립하고 있다.

대법원 판례가 생존권설을 취하고 있다고 해석하는 견해가 많지만, 판례는
통일설에 입각하고 있다. 다만, 주거용 건축물의 세입자에 대한 주거이전비와
이사비는 사회보장적 성격의 금원으로 본다.

헌법재판소는 생존권설에 근거한 것으로 보인다(헌재 2006. 2. 23, 2004헌마19).

(3) 생활보상의 종류: 주거대책과 생계대책

생활보상은 이주대책(생활재건조치)을 의미하는 것으로 보면서 크게 주거대
책과 생계대책으로 나누어 볼 수 있다. 따라서, 특별한 이유 없이 법률에 따라
생활보상의 종류와 내용이 다른 경우도 있다.

주거대책이란 피수용자가 종전과 같은 주거를 획득하는 것을 보장하는 보
상을 말한다. 주거대책으로는 이주정착지의 조성과 분양, 이주정착금지급, 주거
이전비의 보상, 공영주택의 알선, 국민주택자금의 지원 등을 들 수 있다.

생계대책이란 생활대책이라고도 하는데, 종전과 같은 경제수준을 유지할
수 있도록 하는 조치를 말한다. 생계대책으로는 생활비보상(이농비·이어비보상),
상업용지, 농업용지 등 용지의 공급, 직업훈련, 고용 또는 고용알선, 고용상담,
보상금에 대한 조세감면조치 등을 들 수 있다.

토지보상법 제78조, 제78조의2 및 동법 시행령 제40조는 이주대책에 대하

여 규정하고 있다. 즉, 토지보상법령에 따르면 사업시행자는 **대통령령**으로 정하는 바에 따라 이주대책(협의의 이주대책)을 수립·실시하거나 이주정착금을 지급하여야 한다(법 제78조 제1항). 이주대책(협의의 이주대책)은 국토교통부령으로 정하는 부득이한 사유가 있는 경우를 제외하고는 이주대책대상자 중 **이주정착지에** 이주를 희망하는 자의 가구 수가 10호(戶) 이상인 경우에 수립·실시한다. 다만, 사업시행자가 「택지개발촉진법」 또는 「주택법」 등 관계 법령에 따라 이주대책 대상자에게 택지 또는 주택을 공급한 경우(사업시행자의 알선에 의하여 공급한 경우를 포함한다)에는 이주대책을 수립·실시한 것으로 본다(동법 시행령 제40조 제2항). 사업시행자는 법 제78조 제1항에 따라 다음 각 호의 어느 하나에 해당하는 경우에는 이주대책대상자에게 국토교통부령으로 정하는 바에 따라 **이주정착금을** **지급**하여야 한다. 1. 이주대책을 수립·실시하지 아니하는 경우, 2. 이주대책대 상자가 이주정착지가 아닌 다른 지역으로 이주하려는 경우(동법 시행령 제41조).

4. 토지보상법상 공용사용으로 인한 손실의 보상

협의 또는 재결에 의하여 사용하는 토지에 대하여는 그 토지와 인근 유사 토지의 지료·임대료·사용방법·사용기간 및 그 토지의 가격 등을 참작하여 평가한 적정가격으로 보상하여야 한다(제71조 제1항).

5. 공용제한으로 인한 손실의 보상기준

공용제한으로 인한 손실의 보상기준에 관하여 규정하고 있는 법률도 있지만, 대부분의 공용제한의 경우에는 보상기준이 법률로 정해져 있지 않다.

판례는 공용제한으로 인한 손실은 임료 상당액으로 하는 것이 타당하다고 본다.

제 5 항 행정상 손실보상의 방법

손실보상은 원칙상 현금으로 보상하는 것을 원칙으로 한다. 그러나 공익사업의 원활한 수행과 피수용자의 생계의 보장을 위하여 채권보상, 생활재건조치, 대토보상 등이 인정된다.

사업시행자는 당해 공익사업을 위한 공사에 착수하기 이전에 토지소유자
및 관계인에 대하여 보상액의 전액을 지급하여야 한다. 다만, 법 제38조의 규정
에 의한 천재·지변시의 토지의 사용과 법 제39조의 규정에 의한 시급을 요하는
토지의 사용 또는 토지소유자 및 관계인의 승낙이 있은 때에는 그러하지 아니
하다(제62조).

제 6 항 보상액의 결정방법 및 불복절차

보상액은 협의매수시에는 사업시행자와 토지소유자 사이의 협의에 의해 결
정되고, 강제수용의 경우에는 행정청 또는 소송에 의해 결정된다.

Ⅰ. 협의에 의한 결정

토지보상법은 협의전치주의를 취하고 있다. 우선 보상은 사업시행자와 손
실을 입은 자가 협의하여 결정한다(제80조 제1항, 제26조, 제28조). 즉, 사업인정
을 받은 사업시행자는 보상에 관하여 토지소유자 및 관계인과 협의하여야 한다
(제26조 제1항).

판례에 따르면 공익사업을 위한 토지 등의 취득 및 보상에 관한 법률(이하
'공익사업법'이라고 한다)에 의한 보상합의는 공공기관이 사경제주체로서 행하는
사법상 계약의 실질을 가진다(대판 2013. 8. 22, 2012다3517).

사업시행자와 토지소유자 및 관계인 간에 제26조에 따른 절차를 거쳐 협의
가 성립되었을 때에는 사업시행자는 관할 토지수용위원회에 협의 성립의 확인
을 신청할 수 있다(제29조 제1항). 협의성립의 확인은 이 법에 따른 재결로 보며,
사업시행자, 토지소유자 및 관계인은 그 확인된 협의의 성립이나 내용을 다툴
수 없다(제4항).

매수 또는 보상에 관한 협의는 기간의 제한이 없다. 토지수용위원회의 수용
재결이 있은 후라고 하더라도 토지소유자와 사업시행자는 다시 협의하여 토지
등의 취득·사용 및 그에 대한 보상에 관하여 임의로 계약을 체결할 수 있다(대
판 2017. 4. 13, 2016두64241).

Ⅱ. 행정청의 결정

1. 토지보상법상 토지수용위원회의 재결에 의한 결정

(1) 재결의 신청

협의가 성립되지 아니하였을 때에는 사업시행자나 손실을 입은 자는 법률과 대통령령으로 정하는 바에 따라 관할 토지수용위원회에 재결을 신청할 수 있다(제80조 제2항).

제26조에 따른 협의가 성립되지 아니하거나 협의를 할 수 없을 때(제26조 제2항 단서에 따른 협의 요구가 없을 때를 포함한다)에는 사업시행자는 사업인정고시가 된 날부터 1년 이내에 대통령령으로 정하는 바에 따라 관할 토지수용위원회에 재결을 신청할 수 있다(제28조 제1항).

사업인정고시가 된 후 협의가 성립되지 아니하였을 때에는 토지소유자와 관계인은 대통령령으로 정하는 바에 따라 서면으로 사업시행자에게 재결을 신청할 것을 청구할 수 있다(제30조 제1항).

다만, 잔여지손실보상청구, 잔여지수용 등 확장수용의 청구, 간접손실보상청구 등에 있어서는 사업시행자나 손실을 입은 자가 직접 관할 토지수용위원회에 청구한다(제73조 제4항, 제74조 제1항, 제79조 제5항, 제9조 제7항 등).

(2) 토지수용위원회에 의한 보상금의 결정

토지수용위원회는 보상금을 재결의 형식으로 수용 등과 함께 결정한다(제50조). 토지수용위원회의 재결에는 수용재결(수용 및 보상재결), 보상재결, 협의성립확인재결(제29조 제4항), 경정재결(제36조)이 있다. 토지수용위원회의 재결사항은 ① 수용하거나 사용할 토지의 구역 및 사용방법, ② 손실보상, ③ 수용 또는 사용의 개시일과 기간, ④ 그 밖에 이 법 및 다른 법률에서 규정한 사항이다(제50조 제1항). 토지수용위원회는 사업시행자, 토지소유자 또는 관계인이 신청한 범위에서 재결하여야 한다. 다만, 손실보상의 경우에는 증액재결(增額裁決)을 할 수 있다(제50조 제2항).

토지수용위원회의 수용재결(원재결)은 행정심판의 재결이 아니라 원행정행위의 성질을 갖는다.

(3) 불복절차

토지수용위원회의 재결에 대한 불복절차로 이의신청과 행정소송이 인정된다.

1) 이의신청

지방토지수용위원회의 재결에 대하여 불복이 있는 자는 해당 지방토지수용위원회를 거쳐 중앙토지수용위원회에, 중앙토지수용위원회의 재결에 대하여 불복이 있는 경우에는 중앙토지수용위원회에 이의신청을 할 수 있다(제83조). 이의신청은 임의절차이며 준사법적 절차이므로 행정심판(특별행정심판)으로서의 성질을 가진다.

2) 행정소송

사업시행자·토지소유자 또는 관계인은 수용재결에 대하여 불복이 있는 때에는 재결서를 받은 날부터 90일 이내에, 이의신청을 거친 때에는 이의신청에 대한 재결서를 받은 날부터 60일 이내에 각각 행정소송을 제기할 수 있다(제85조 제1항).

수용재결 또는 이의재결에 대한 불복에는 수용 자체를 다투는 경우와 보상액을 다투는 경우가 있다. 불복이 수용 자체를 다투는 것인 때에는 재결에 대하여 취소소송 또는 무효확인소송을 제기하고, 보상금의 증감을 청구하는 것인 때에는 보상액의 증감을 청구하는 소송을 제기하여야 한다(제85조 제2항).

2. 개별법령상 행정청 등의 처분에 의한 결정

개별법에서 행정청 또는 토지수용위원회가 보상금을 결정하도록 규정하고, 특별한 불복절차가 규정되지 않은 경우 해당 행정청의 보상금의 결정은 처분이므로 행정심판법상의 행정심판(취소심판) 및 행정소송법상의 행정소송(취소소송)의 대상이 된다.

개별법령에서 손실보상에 관하여 토지보상법을 준용하도록 규정하고 있는 경우에는 보상금결정에 대한 불복소송은 보상금증감청구소송에 의한다.

Ⅲ. 소송에 의한 결정

구체적 손실보상청구권이 법규정에 따라 이미 발생하였다고 볼 수 있는 경우(구 하천법 부칙 제2조, 소방기본법 제25조 제4항) 토지소유자 등은 직접 보상금 지급청구소송을 제기할 수 있다. 이 경우 법원이 직접 손실보상액을 결정한다.

제 7 항 손실보상청구권

손실보상청구권이 공권인지 사권인지 이론상 다툼이 있다.

판례는 토지보상법상 손실보상청구권을 공권으로 보고 손실보상청구소송을 행정소송으로 본다. 그러나 판례는 아직도 수산업법 제81조의 규정에 의한 손실 보상청구권이나 손실보상 관련 법령의 유추적용에 의한 손실보상청구권은 사권 으로 보고 사업시행자를 상대로 한 민사소송의 방법에 의하여 행사하여야 한다 고 하고 있다(대판 2001. 6. 29, 99다56468 ; 대판 2014. 5. 29, 2013두12478).

제 8 항 법률의 근거 없는 수용 또는 보상 없는 공익사업 시행의 경우 권리구제

Ⅰ. 손해배상청구

법률에 근거하지 않은 수용은 불법행위를 구성하므로 손해배상청구가 가능 하다(대판 1966. 10. 18, 66다1715).

실정법령에 공용침해와 보상에 관한 규정이 있음에도 보상 없이 수용을 하 거나 공사를 시행한 행위는 불법행위가 되므로 손해배상청구가 가능하다(대판 2000. 5. 26, 99다37382).

Ⅱ. 부당이득반환청구

판례는 보상 없이 타인의 토지를 점유·사용하는 것은 법률상 원인 없이 이 득을 얻은 때에 해당한다고 본다(대판 2016. 6. 23, 2016다206369).

제 4 절 현행 행정상 손해전보제도의 흠결과 보충

I. 현행 과실책임제도의 흠결

통설·판례에 따르면 위법하지만 과실이 없는 경우(위법·무과실의 경우)가 있을 수 있고(대판 1973. 10. 10, 72다2583 ; 대판 1984. 7. 24, 84다카597), 이 경우에는 국가의 배상책임은 성립하지 않는다.

II. 공법상 위험책임제도의 흠결과 보충

공법상 위험책임이란 공익 목적을 위해 형성된 특별한 위험상태의 실현에 의해 생긴 손해에 대한 무과실배상책임을 말한다.

공법상 위험책임을 인정하기 위하여는 실정법률의 근거가 있어야 한다. 그런데 우리나라의 실정법상 소방기본법상 공무협력자에 대한 무과실책임을 제외하고는 엄격한 의미에서의 공법상 위험책임을 인정하고 있다고 볼 수 있는 규정은 거의 전무한 상태이다.

III. 현행 행정상 손실보상제도의 흠결

① 법률이 재산권의 공권적 침해를 규정하면서 그에 대한 보상을 규정하지 않은 경우가 적지 않은데 이 경우에 피해자의 구제가 문제되고 있다.

② 헌법 제23조 제3항(행정상 손실보상)은 '재산권'에 대한 침해만을 대상으로 하고 있다고 본다면 비재산적 법익, 즉 생명·신체에 대한 침해는 구제될 수 없다.

③ 손실보상이 적법한 행정작용에 의해 의도된 손해만을 적용대상으로 하고 있다고 본다면, 적법한 공권력 행사에 의한 의도되지 않은 재산권 침해(수용적 침해)는 손실보상의 대상이 될 수 없다.

④ 간접손실이 보상되지 않고 있는 경우가 있다.

제3장

행정쟁송

제1절 개   설

I. 행정쟁송의 의의

행정쟁송이란 행정법관계에 있어서의 법적 분쟁을 당사자의 청구에 따라 심리·판정하는 심판절차를 말한다.

협의의 행정쟁송은 행정소송과 행정심판을 총칭하는 개념이고, 여기에 헌법소원까지 포함하여 광의의 행정쟁송으로 부른다.

II. 행정쟁송제도

행정소송은 심판기관이 독립된 사법기관이고, 정식의 사법절차에 따른다. 행정소송의 심판기관을 일반법원(사법법원)으로 하는 입법례와 일반법원으로부터 독립된 행정법원으로 하는 입법례가 있다. 우리나라는 전자에 속한다. 다만, 행정소송의 공익성을 고려하여 행정소송을 민사소송과는 다른 특수한 소송절차를 정하는 행정소송법의 규율을 받도록 하고 있다.

행정심판의 심판기관은 행정기관이며 통상 정식의 사법절차보다 약식의 절차에 따른다. 헌법 제107조 제3항은 행정심판절차는 법률로 정하되, 사법절차에 준하는 절차가 되어야 한다고 규정하고 있다. 행정심판절차는 행정심판법과 각 개별법에 의해 규율되고 있다.

Ⅲ. 행정쟁송의 종류

1. 행정심판과 행정소송

행정심판은 행정기관이 심판하는 행정쟁송절차를 말하고, 행정소송은 법원이 심판하는 행정쟁송절차를 말한다.

2. 주관적 쟁송과 객관적 쟁송

주관적 쟁송이란 개인의 권리·이익의 구제를 주된 목적으로 하는 쟁송을 말한다(예 당사자소송).

객관적 쟁송이란 행정의 적법·타당성의 통제를 주된 목적으로 하는 쟁송을 말한다(예 기관소송과 민중소송). 우리나라의 당사자소송은 주관적 소송이고, 기관소송과 민중소송은 객관적 소송이다.

항고쟁송(항고소송 및 행정심판)을 기본적으로 주관적 쟁송으로 보는 견해가 다수견해이지만, 항고쟁송은 주관쟁송적 성격과 함께 객관쟁송적 성격도 함께 갖고 있는 것으로 보는 것이 타당하다. 항고소송에서 처분의 위법성이 다투어지는 것은 객관소송적 측면이고, 법률상 이익이 침해될 것을 원고적격의 요소로 요구하는 것은 주관소송적 측면이다. 다만, 객관적 쟁송의 성격을 강하게 볼수록 원고적격과 소의 이익을 넓게 인정하게 되고, 주관적 쟁송의 성격을 강하게 볼수록 원고적격과 소의 이익을 좁게 인정하게 된다.

3. 정식쟁송과 약식쟁송

정식쟁송이란 심판기관이 독립된 지위를 갖는 제3자이고 당사자에게 구술변론의 기회가 보장되는 쟁송을 말한다.

약식쟁송이란 이 두 요건 중 어느 하나라도 결여하거나 불충분한 쟁송을 말한다.

행정소송은 정식쟁송이고, 행정심판은 약식쟁송이다.

4. 항고쟁송과 당사자쟁송

항고쟁송은 일방적 공권력 행사의 위법·부당을 다투는 쟁송이다.

당사자쟁송은 상호 대등한 당사자 상호간의 행정법상의 법률관계의 형성 또는 존부를 다투는 쟁송을 말한다.

행정심판과 항고소송은 항고쟁송이며 당사자소송은 당사자쟁송이다.

5. 민중쟁송과 기관쟁송

민중쟁송이란 행정법규의 적법·타당한 적용을 확보하기 위하여 일반 민중에 의하여 제기되는 쟁송을 말한다. 선거인이 제기하는 선거소송, 주민소송은 민중쟁송의 예이다.

기관쟁송이란 국가 또는 공공단체의 기관 상호간의 분쟁을 해결하기 위하여 제기되는 쟁송을 말한다. 지방자치단체의 장이 대법원에 제기하는 위법한 지방의회의 조례안재의결의 무효확인소송(지방자치법 제107조 제3항)은 기관소송의 예이다.

제 2 절 행정심판

제 1 항 행정심판의 의의

Ⅰ. 행정심판의 개념

행정심판이란 행정청의 위법·부당한 처분 또는 부작위에 대한 불복에 대하여 행정기관이 심판하는 행정심판법상의 행정쟁송절차를 말한다.

행정심판을 규율하는 법으로는 일반법인 행정심판법이 있고, 각 개별법률에서 행정심판법에 대한 특칙을 규정하고 있다. 각 개별법률에서는 행정심판에 대하여 이의신청(⑩ 토지보상법상 이의신청), 심사청구 또는 심판청구(국세기본법 등), 재심의 판정(감사원법) 또는 재심요구 등의 용어를 사용하고 있다.

행정기관이 심판기관이 되는 행정불복절차 모두가 엄밀한 의미의 행정심판(행정심판법의 규율대상이 되는 행정심판)이 아니며 준사법적 절차가 보장되는 행정불복절차만이 행정심판이다. 왜냐하면, 현행 헌법 제107조 제3항은 행정심판은 준사법적 절차가 되어야 한다고 규정하고 있고, 행정심판법은 행정심판을 규율하는 준사법적 절차를 규정하고 있기 때문이다.

Ⅱ. 행정불복과 행정심판

행정불복이라 함은 행정결정에 대한 불복으로서 불복심사기관이 행정기관인 것을 말한다. 행정불복에는 이의신청(행정심판이 아닌 이의신청)과 행정심판이 있다.

Ⅲ. 행정기본법에 따른 이의신청

행정기본법은 처분에 대한 이의신청을 일반적으로 규정하고 있다.[5] 다른 법률에서 이의신청과 이에 준하는 절차에 대하여 정하고 있는 경우에도 그 법률에서 규정하지 아니한 사항에 관하여는 이 조에서 정하는 바에 따른다(제36조 제5항).

행정기본법상 이의신청에는 행정기본법만에 의해 규율되는 이의신청(일반이의신청)과 행정기본법과 달리 특별한 규율의 대상이 되는 이의신청(특별이의신청 예, 민원처리에 관한 법률상 이의신청, 국세기본법상 이의신청)이 있다.

1. 이의신청의 의의

이의신청(행정심판이 아닌 이의신청)은 통상 처분청에 제기하는 불복절차를 말한다. 다만, 개별법령상(예 국민기초생활보장법 제40조) 또는 실무상 처분청이 아닌 기관(예 상급기관)에 대한 불복절차를 이의신청으로 부르는 경우도 있다. 해당 행정청에 불복하는 경우에도 이의신청이 아니라 심사청구(예 국민연금법 제108조)라는 용어를 사용하는 경우도 있다. 개별법률에서 정하는 이의신청 등 중 준사법절차가 보장되는 것만을 행정심판으로 보고, 그렇지 않은 것은 행정심판이 아닌 것으로 보는 것이 타당하다. 판례도 대체로 이러한 입장을 취하고 있다.

---

5) 행정기본법상 이의신청규정은 2023.3.24.부터 시행한다.

예를 들면, 판례는 개별공시지가결정에 대한 이의신청(대판 2010. 1. 28, 2008두 19987), 「민원 처리에 관한 법률」상 이의신청(대판 2012. 11. 15, 2010두8676)을 행정심판이 아니라고 하였다.

2. 이의신청자

행정기본법에 따라 이의신청을 할 수 있는 자는 '**행정청의 처분에 이의가 있는 당사자**'이다. 즉 처분의 당사자 즉, 처분의 상대방만이 행정기본법에 따른 이의신청을 할 수 있고, 이해관계있는 제3자는 법률상 이익이 있는 자라도 행정기본법에 따른 이의신청을 할 수 없다.

3. 행정기본법상 이의신청의 대상

개별법상 명문의 규정이 없음에도 **행정기본법 제36조 제1항에 따라 이의신청의 대상이 되는 것**은 행정심판법상 처분(행정심판법 제2조 제4호) 중 '행정심판법 제3조6)에 따라 행정심판법에 따른 행정심판의 대상이 되는 처분' 즉 '**일반행정심판의 대상이 되는 처분**'에 한정된다. 특별행정심판의 대상이 되는 처분은 행정기본법 제36조 제1항에 따른 이의신청의 대상이 되지 않는다(행정기본법 제36조 제1항). 또한, 행정심판법상 처분이 아닌 것은 행정기본법 제36조 제1항에 따른 이의신청의 대상이 되지 않는다.

행정기본법 제36조 제7항 각 호에 해당하는 사항에 관하여는 행정기본법 제36조 전체를 적용하지 아니하므로 행정기본법 제36조 제1항에 따른 이의신청이 인정되지 않는다.

부작위는 행정기본법 제36조 제1항에 따른 이의신청의 대상이 되지 않는다(행정기본법 제36조 제1항).

4. 행정기본법상 이의신청의 제기기간

행정청의 처분에 이의가 있는 당사자는 처분을 받은 날부터 30일 이내에

---

6) 행정심판법 제3조(행정심판의 대상) ① 행정청의 처분 또는 부작위에 대하여는 **다른 법률에 특별한 규정이 있는 경우** 외에는 이 법에 따라 행정심판을 청구할 수 있다. ② 대통령의 처분 또는 부작위에 대하여는 다른 법률에서 행정심판을 청구할 수 있도록 정한 경우 외에는 행정심판을 청구할 수 없다.

해당 행정청에 이의신청을 할 수 있다(제36조 제1항). '처분을 받은 날'이라 함은
처분이 도달한 날 즉 처분이 효력을 발생한 날을 말한다.

5. 행정기본법상 이의신청에 대한 처리기간

행정청은 제1항에 따른 이의신청을 받으면 그 신청을 받은 날부터 14일 이
내에 그 이의신청에 대한 결과를 신청인에게 통지하여야 한다. 다만, 부득이한
사유로 14일 이내에 통지할 수 없는 경우에는 그 기간을 만료일 다음 날부터 기
산하여 10일의 범위에서 한 차례 연장할 수 있으며, 연장 사유를 신청인에게 통
지하여야 한다(제36조 제2항).

6. 행정기본법상 이의신청의 행정심판 또는 행정소송과의 관계

이의신청은 임의절차이다. 즉, 제1항에 따라 이의신청을 한 경우에도 그 이
의신청과 관계없이 「행정심판법」에 따른 행정심판 또는 「행정소송법」에 따른
행정소송을 제기할 수 있다(제36조 제3항).

이의신청을 하면 행정심판이나 행정소송의 청구·제소기간이 이의신청 결
과 통지일부터 계산된다. 즉, 이의신청에 대한 결과를 통지받은 후 행정심판 또
는 행정소송을 제기하려는 자는 그 결과를 통지받은 날(제2항에 따른 통지기간 내
에 결과를 통지받지 못한 경우에는 같은 항에 따른 통지기간이 만료되는 날의 다음 날
을 말한다)부터 90일 이내에 행정심판 또는 행정소송을 제기할 수 있다(제4항).
행정기본법 제36조 제4항은 이의신청에 대한 결정을 기다리는 중에 행정심판이
나 행정소송의 제기기간이 도과하는 문제를 해결하기 위한 규정이다.

7. 행정기본법 제36조의 적용범위

다른 법률에서 '이의신청과 이에 준하는 절차'에 대하여 정하고 있는 경우에
도 그 법률에서 규정하지 아니한 사항에 관하여는 이 조에서 정하는 바에 따른
다(행정기본법 제36조 제5항). 이 조항은 행정기본법 제36조가 이의신청에 관한
일반법임을 선언한 규정이다. 따라서, '행정심판(준사법적 절차)이 아닌 이의신청
등 행정불복'에 대해서는 특별한 규정이 없는 한 행정기본법 제36조 제5항이 적
용된다. 개별법상 인정되는 이의신청도 원칙상 행정기본법 제36조의 적용대상이

된다.

다만, 행정기본법 제36조 제7항 각 호에 해당하는 사항에 관하여는 행정기본법 제36조 전체를 적용하지 아니한다.

Ⅳ. 행정기본법상 처분의 재심사

제재처분 및 행정상 강제를 제외한 처분에 대해서는 쟁송을 통하여 더 이상 다툴 수 없게 된 경우에도 처분의 근거가 된 사실관계 또는 법률관계가 추후에 당사자에게 유리하게 바뀐 경우 등 일정한 요건에 해당하면 그 사유를 안 날부터 60일 이내에 행정청에 대하여 처분을 취소·철회하거나 변경하여 줄 것을 신청할 수 있다. 다만, 처분이 있은 날부터 5년이 지나면 재심사를 신청할 수 없다. 다만, 다음 각 호의 어느 하나에 해당하는 사항에 관하여는 이 조를 적용하지 아니한다. 1. 공무원 인사 관계 법령에 따른 징계 등 처분에 관한 사항, 2. 「노동위원회법」 제2조의2에 따라 노동위원회의 의결을 거쳐 행하는 사항, 3. 형사, 행형 및 보안처분 관계 법령에 따라 행하는 사항, 4. 외국인의 출입국·난민인정·귀화·국적회복에 관한 사항, 5. 과태료 부과 및 징수에 관한 사항, 6. 개별 법률에서 그 적용을 배제하고 있는 경우(제8항).

1. 처분의 재심사의 의의

처분의 재심사는 처분을 불복기간의 경과 등으로 쟁송을 통하여 더 이상 다툴 수 없는 경우에 신청(처분의 취소·철회 또는 변경의 신청)에 의해 처분청이 해당 처분을 재심사하는 것을 말한다. '처분의 재심사' 제도는 민·형사 재판절차상 재심제도와 유사하다.

재심사신청에 따른 취소·철회와 일반 직권취소·철회는 다음과 같이 구별된다. 재심사청구는 명문의 근거가 필요한 불복절차의 일종이고, 재심사신청에 따른 취소·철회는 재심사청구를 전제로 하는데, 일반 직권취소·철회는 직권 또는 신청에 따라 행해지고, 불복절차가 아니며 명시적인 근거를 요하지 않는다.

2. 재심사의 신청사유

행정기본법상 처분의 재심사를 신청하기 위해서는 처분(제재처분 및 행정상
강제는 제외)이 행정심판, 행정소송 및 그 밖의 쟁송을 통하여 다툴 수 없게 된
경우(법원의 확정판결이 있는 경우는 제외)로서 다음 각 호의 어느 하나에 해당하
는 경우에 해당하여야 한다. 당사자는 해당 처분을 한 행정청에 처분을 취소·
철회하거나 변경하여 줄 것을 신청할 수 있다. 1. 처분의 근거가 된 사실관계
또는 법률관계가 추후에 당사자에게 유리하게 바뀐 경우, 2. 당사자에게 유리한
결정을 가져다주었을 새로운 증거가 있는 경우, 3.「민사소송법」제451조에 따
른 재심사유에 준하는 사유가 발생한 경우 등 대통령령으로 정하는 경우(제37조
제1항). 제1호의 사유는 철회(변경포함)사유이고, 제2호와 제3호는 취소(변경포
함)사유이다.

제1호에 따른 재심사는 제1호에 따른 재심사 신청사유가 있는 경우에는 당
사자에게 철회신청권을 인정하는 의미가 있다.

제1항에 따른 신청은 해당 처분의 절차, 행정심판, 행정소송 및 그 밖의 쟁
송에서 당사자가 중대한 과실 없이 제1항 각 호의 사유를 주장하지 못한 경우에
만 할 수 있다(제2항).

3. 재심사 신청권자

재심사를 신청할 수 있는 자는 처분의 당사자이다. 처분의 당사자란 처분의
상대방을 말한다. 따라서, 처분의 상대방이 아닌 이해관계 있는 제3자는 법률상
이익이 있는 자라도 재심사를 신청할 수 없다.

4. 재심사 신청기간

재심사 신청은 당사자가 제1항 각 호의 재심사 신청사유를 안 날부터 60일
이내에 하여야 한다. 다만, 처분이 있은 날부터 5년이 지나면 신청할 수 없다(제
3항).

5. 재심사 신청에 대한 처리기간

제1항에 따른 신청을 받은 행정청은 특별한 사정이 없으면 신청을 받은 날부터 90일(합의제행정기관은 180일) 이내에 처분의 재심사 결과(재심사 여부와 처분의 유지·취소·철회·변경 등에 대한 결정을 포함한다)를 신청인에게 통지하여야한다. 다만, 부득이한 사유로 90일(합의제행정기관은 180일) 이내에 통지할 수 없는 경우에는 그 기간을 만료일 다음 날부터 기산하여 90일(합의제행정기관은 180일)의 범위에서 한 차례 연장할 수 있으며, 연장 사유를 신청인에게 통지하여야한다(제4항).

6. 재심사 결과에 대한 불복

제4항에 따른 처분의 재심사 결과 중 처분을 유지하는 결과에 대해서는 행정심판, 행정소송 및 그 밖의 쟁송수단을 통하여 불복할 수 없다(제5항).

그런데, 제1호에 따른 재심사 신청은 그 실질이 철회의 신청이고, 철회 신청에 대한 거부는 처분이므로 제1호에 따른 재심사 신청에 대한 유지결정(거부결정)에 불복할 수 없게 하는 것은 국민의 재판을 받을 권리를 침해하는 것으로서 위헌의 소지가 있다.

7. 재심사와 처분에 대한 취소 또는 철회의 청구

행정청의 제18조에 따른 취소와 제19조에 따른 철회는 처분의 재심사에 의하여 영향을 받지 아니한다(제6항). 행정청은 처분의 재심사와 별도로 취소 또는 철회를 할 수 있다.

민원인은 처분의 재심사와 별도로 취소 또는 철회의 신청을 할 수 있다. 취소 또는 철회의 신청을 받은 행정청은 법령상 또는 조리상 신청권에 따른 신청인 경우에는 그 신청에 응답할 의무를 진다. 또한, 행정기본법 제37조 재심사요건(신청권자, 신청기간 등) 결여, 재심사사유없음 등의 이유로 재심사를 거부하는 결정을 하는 경우에도 행정청은 직권으로 행정기본법 제18조에 따른 취소또는 동법 제19조에 따른 철회를 할 수 있다.

V. 행정심판에 의한 취소와 직권취소의 구별

앞에서 서술한 바와 같이 행정심판에 의한 취소는 쟁송취소로서 직권취소와 구별된다.

VI. 감사원에의 심사청구와 행정심판

감사원의 심사청구는 행정심판과는 성질을 달리하는 제도이므로 심사청구와는 별도로 행정심판을 제기할 수 있는 것으로 보아야 한다.

제 2 항   행정심판의 종류

행정심판법은 행정심판의 종류로 취소심판, 무효등확인심판, 의무이행심판을 규정하고 있다.

[행정심판의 종류]

	취소심판	무효등확인심판	의무이행심판
의 의	행정청의 위법 또는 부당한 처분의 취소 또는 변경을 구하는 심판	처분의 효력 유무 또는 존재여부에 대한 확인을 구하는 심판	행정청의 위법 또는 부당한 거부처분 또는 부작위에 대하여 일정한 처분을 하도록 하는 심판
성 질	형성적 쟁송설 (통설)	준형성적 쟁송설 (통설)	이행쟁송
인용 재결	처분취소(변경)재결 처분변경명령재결	유효·무효·실효·존재·부존재확인재결	처분재결 처분명령재결
특 징	(1) 청구기간의 제한 ○ (2) 집행정지결정 ○ (3) 사정재결규정 적용 ○	(1) 청구기간의 제한 × (2) 집행정지결정 ○ (3) 사정재결규정 적용 ×	(1) 청구기간제한 × (거부처분: 제한 ○) (2) 임시처분 ○ (3) 사정재결규정 적용 ○

Ⅰ. 취소심판

취소심판이란 '행정청의 위법 또는 부당한 처분을 취소하거나 변경하는 심판'을 말한다(제5조 제1호).

취소에는 적극적 처분의 취소뿐만 아니라 소극적 처분인 거부처분의 취소를 포함한다. 변경이란 취소소송에서와 달리 적극적 변경(예 허가취소처분을 영업정지처분으로 변경)을 의미한다.

Ⅱ. 무효등확인심판

무효등확인심판이란 '행정청의 처분의 효력 유무 또는 존재 여부를 확인하는 심판'을 말한다(법 제4조 제2호).

무효등확인심판은 처분의 무효, 유효, 실효, 존재 또는 부존재가 다투어지는 경우에 해당 처분의 무효, 유효, 실효, 존재 또는 부존재의 확인을 구하는 행정심판이다. 따라서 무효등확인심판에는 처분무효확인심판, 처분유효확인심판, 처분실효확인심판, 처분존재확인심판 및 처분부존재확인심판이 있다.

Ⅲ. 의무이행심판

의무이행심판이란 '행정청의 위법 또는 부당한 거부처분이나 부작위에 대하여 일정한 처분을 하도록 하는 심판'을 말한다(법 제5조 제3호).

의무이행심판은 행정청의 거부처분 또는 부작위에 대하여 적극적인 처분을 구하는 행정심판이다. 행정소송에 있어서는 의무이행소송이 인정되고 있지 않지만 행정심판에 있어서는 의무이행심판이 인정되고 있다.

제 3 항 행정심판의 당사자 및 관계인

I. 청 구 인

청구인이란 행정심판을 제기하는 자를 말한다.

청구인적격이란 행정심판을 청구할 자격이 있는 자를 말한다. 청구인적격이 없는 자가 제기한 행정심판은 부적법 각하된다.

행정심판의 청구인은 행정심판을 제기할 '법률상 이익이 있는 자'이다(법 제13조).

통설·판례는 행정심판법상의 '법률상 이익'을 취소소송에서와 같이 공권 또는 법적 이익으로 해석하고 있다.

II. 피청구인

피청구인이란 심판청구의 상대방을 말한다.

행정심판은 처분을 한 행정청(의무이행심판의 경우에는 청구인의 신청을 받은 행정청)을 피청구인으로 하여 청구하여야 한다.

III. 대리인의 선임 및 국선대리인제도

청구인과 피청구인은 대리인을 선임할 수 있다(제18조).

청구인이 경제적 능력으로 인해 대리인을 선임할 수 없는 경우에는 위원회에 국선대리인을 선임하여 줄 것을 신청할 수 있다(제18조의2 제1항).

IV. 참가인(심판참가)

심판참가란 현재 계속중인 타인간의 행정심판에 심판결과에 대하여 이해관계가 있는 제3자 또는 행정청이 참가하는 것을 말한다.

심판참가에는 제3자의 심판참가와 행정청의 심판참가가 있다. 또한, 심판참가는 이해관계인 또는 행정청의 신청에 의한 참가(제20조 제1항)와 위원회의 요구에 의한 참가(제21조 제1항)로 나눌 수도 있다.

제 4 항 행정심판과 행정소송의 관계

I. 행정심판임의주의 — 예외적 행정심판전치주의

1994년 개정 행정소송법은 행정심판전치주의를 폐지하고 행정심판을 임의절차로 하였다.

개별법에서 행정심판전치주의를 규정하고 있는 것은 국세부과처분, 징계처분 등 공무원의 의사에 반하는 불리한 처분, 도로교통법에 따른 처분 등이다.

II. 행정심판의 전심절차성

행정심판이 임의절차인 경우에도 행정심판은 행정소송의 전심절차로서의 성격을 갖는다.

III. 행정심판의 제기와 행정소송의 제기

행정심판의 제기가 임의적인 경우에는 ① 행정소송제기 후 행정심판을 제기할 수도 있고, ② 행정심판 제기 후 행정소송을 제기할 수도 있고, ③ 행정심판과 행정소송을 동시에 제기할 수도 있다.

제 5 항 행정심판의 대상

행정심판의 대상은 '행정청의 처분(제2조 제1호) 또는 부작위(제2조 제2호)'이다.

행정심판의 대상인 '처분' 또는 '부작위'는 기본적으로 행정소송의 대상이 되는 처분 또는 부작위와 동일하므로 후술하기로 한다.

다만, 행정심판법은 대통령의 처분 또는 부작위에 대하여는 다른 법률에 특별한 규정이 있는 경우를 제외하고는 행정심판을 제기할 수 없도록 규정하고 있다(법 제3조 제2항).

제 6 항 행정심판의 청구

I. 행정심판청구기간

심판청구기간은 취소심판청구와 거부처분에 대한 의무이행심판청구에만 적용되고, 무효등확인심판청구나 부작위에 대한 의무이행심판청구에는 적용되지 아니한다(법 제27조 제7항).

1. 원칙적인 심판청구기간

행정심판 제기기간은 원칙적으로 처분이 있음을 안 날로부터 90일 이내, 처분이 있은 날로부터 180일 이내이다(제27조). 이 두 기간 중 어느 하나라도 지나면 원칙상 행정심판청구를 할 수 없다. 다만, 처분이 있은 날로부터 180일 이내에 처분이 있음을 알았을 때에는 그 때로부터 90일 이내에 행정심판을 제기하여야 한다.

2. 예외적인 심판청구기간

(1) 90일에 대한 예외

① 행정심판은 처분이 있음을 알게 된 날로부터 90일 이내에 제기하여야 하지만, 천재지변, 전쟁, 사변 그 밖의 불가항력으로 인하여 그 기간 내에 제기할 수 없었을 때에는 그 사유가 소멸한 날부터 14일(국외에서는 30일) 이내에 제기할 수 있다(법 제27조 제2항).

② 처분청이 행정심판청구기간을 상대방에게 알리지 아니한 경우에는 당사자가 처분이 있음을 알았다고 하더라도 심판청구기간은 처분이 있었던 날부터 180일 이내가 된다(법 제27조 제6항).

(2) 180일에 대한 예외

처분이 있은 날로부터 180일 이내에 제기하여야 하지만 정당한 사유가 있는 경우에는 180일이 넘어도 제기할 수 있다(제27조 제3항 단서).

　행정처분의 직접 상대방이 아닌 제3자는 일반적으로 처분이 있는 것을 바로 알 수 없는 처지에 있으므로, 위와 같은 심판청구기간 내에 심판청구를 제기하지 아니하였다고 하더라도, 그 기간 내에 처분이 있은 것을 알았거나 쉽게 알 수 있었기 때문에 심판청구를 제기할 수 있었다고 볼 만한 특별한 사정이 없는 한, 위 법조항 본문의 적용을 배제할 '정당한 사유'가 있는 경우에 해당한다고 보아 위와 같은 심판청구기간이 경과한 뒤에도 심판청구를 제기할 수 있다(대판 1988. 9. 27, 88누29 ; 대판 1992. 7. 28, 91누12844). 다만, 그 제3자가 어떤 경위로든 행정처분이 있음을 알았거나 쉽게 알 수 있는 등 심판청구가 가능하였다는 사정이 있는 경우에는 그 때로부터 90일 이내에 행정심판을 청구하여야 한다(대판 1996. 9. 6, 95누16233).

(3) 심판청구기간의 오고지 및 불고지의 경우

　심판청구기간을 고지함에 있어서 법상 규정된 기간보다 긴 기간으로 잘못 알린 경우에는 그 잘못 고지된 긴 기간 내에 심판청구를 할 수 있고(법 제27조 제5항), 심판청구기간을 고지하지 아니한 경우에는 처분이 있었던 날로부터 180일 이내에 심판청구를 할 수 있다(법 제27조 제6항).

(4) 특별법상의 심판청구기간

　각 개별법에서 심판청구기간을 정한 경우가 있다. 예를 들면, 토지수용재결에 대한 이의신청기간은 재결서의 정본을 받은 날로부터 30일 이내로 규정되어 있고(토지취득보상법 제83조 제3항), 국가공무원법상 소청심사청구기간은 처분을 안 날로부터 30일 이내로 규정되어 있다(국가공무원법 제76조 제1항).

Ⅱ. 심판청구의 방식

　심판청구는 서면으로 하여야 한다(법 제28조 제1항).

　형식과 관계없이 그 내용이 행정심판을 청구하는 것이면 행정심판청구로 보아야 한다.

Ⅲ. 행정심판청구서 제출기관

심판청구서는 위원회 또는 피청구인인 행정청(처분청 또는 부작위청)에 제출하여야 한다(법 제23조 제1항).

제 7 항 행정심판제기의 효과

Ⅰ. 행정심판위원회에 대한 효과

행정심판이 제기되면 행정심판위원회는 심판청구를 심리·재결한다.

Ⅱ. 처분에 대한 효과 : 계쟁처분의 집행부정지 또는 집행정지

행정심판청구가 제기되어도 처분의 효력이나 그 집행 또는 절차의 속행이 정지되지 아니한다(법 제30조 제1항). 이를 집행부정지의 원칙이라 한다.

다만, 예외적으로 위원회는 일정한 요건을 갖춘 경우에 당사자의 신청 또는 직권으로 처분의 효력 등을 정지시키는 결정을 할 수 있다(법 제30조 제2항 이하).

제 8 항 행정심판법상의 가구제

Ⅰ. 집행정지

집행정지란 계쟁처분의 효력이나 집행 또는 절차의 속행을 정지시키는 것을 말한다. 행정심판법 제30조는 예외적으로 일정한 요건을 갖춘 경우에 집행정지를 인정하고 있다.

위원회는 처분, 처분의 집행 또는 절차의 속행 때문에 중대한 손해가 생기는 것을 예방할 필요성이 긴급하다고 인정할 때에는 직권으로 또는 당사자의 신청에 의하여 처분의 효력, 처분의 집행 또는 절차의 속행의 전부 또는 일부의 정지(이하 "집행정지"라 한다)를 결정할 수 있다. 다만, 처분의 효력정지는 처분의 집행 또는 절차의 속행을 정지함으로써 그 목적을 달성할 수 있을 때에는 허용되지 아니한다(제30조 제2항). 다만, 집행정지는 공공복리에 중대한 영향을 미칠 우려가 있을 때에는 허용되지 아니한다(제3항).

Ⅱ. 임시처분

임시처분은 행정소송에서의 임시의 지위를 정하는 가처분에 해당한다.

처분 또는 부작위가 위법·부당하다고 상당히 의심되는 경우로서 처분 또는 부작위 때문에 당사자가 받을 우려가 있는 중대한 불이익이나 당사자에게 생길 급박한 위험을 막기 위하여 임시지위를 정하여야 할 필요가 있는 경우에는 위원회는 직권으로 또는 당사자의 신청에 따라 임시처분을 결정할 수 있다 (제31조). 임시처분은 집행정지로 목적을 달성할 수 없는 경우에 인정된다(제31조 제3항). 즉, 임시처분은 집행정지와의 관계에서 보충적 구제제도이다.

제 9 항   행정심판기관

Ⅰ. 의   의

행정심판기관이란 행정심판의 제기를 받아 심판청구를 심리·재결하는 권한을 가진 행정기관을 말한다.

2008년 2월 29일 개정 행정심판법은 접수 및 결과통보 단계에서의 불필요한 처리기간을 단축하기 위해 재결청을 없애고, 행정심판위원회가 재결을 하도록 하였다.

Ⅱ. 행정심판위원회

1. 종   류

행정심판위원회는 행정심판법에 따라 설치되는 일반행정심판위원회와 개별법에 따라 설치되어 특별행정심판을 담당하는 특별행정심판위원회가 있다.

(1) 일반행정심판위원회

일반행정심판위원회에는 독립기관 등 소속 행정심판위원회(제6조 제1항), 중앙행정심판위원회(제6조 제2항), 시 · 도행정심판위원회(제6조 제3항), 직근 상급 행정기관 소속 행정심판위원회(제6조 제4항)가 있다.

(2) 특별행정심판위원회

개별법에 따라 설치되어 특별행정심판을 담당하는 특별행정심판위원회로는 소청심사위원회, 조세심판원, 중앙토지수용위원회 등이 있다.

2. 법적 지위

행정심판위원회는 행정심판청구를 심리 · 재결하는 기관이다. 달리 말하면 행정심판위원회는 합의제행정청의 지위를 갖는다.

행정심판위원회는 소속기관으로부터 직무상 독립된 행정청이다.

행정심판위원회는 상설기관이 아니다. 행정심판위원회는 행정심판청구를 심리 · 의결할 필요가 있는 때마다 이미 임명되어 있는 행정심판위원 중 일부 위원으로 구성된다.

행정심판위원은 원칙상 비상임이지만 중앙행정심판위원회에는 4인 이내의 상임위원을 둘 수 있도록 되어 있다.

3. 권   한

행정심판위원회는 행정심판사건을 심리하여 재결하는 권한을 가진다.

[행정심판기관의 권한]

행정심판위원회의 권한	행정심판위원장의 권한
(1) **심리권**: 대표자선정 권고권(법 제15조 제2항), 청구인 지위의 승계 허가권(법 제16조 제5항), 피청구인경정 결정권(법 제17조 제2항), 대리인선임 허가권(법 제18조 제1항 제5호), 심판참가 허가 및 요구권(법 제20조 제5항, 제21조), 청구의 변경 허가권(법 제29조 제6항), 보정요구권 및 직권보정권(법 제32조 제1항), 증거조사권(법 제36조 제1항)	제척 또는 기피 여부에 대한 결정권 행정심판위원회를 구성하는 위원의 지정권 일정한 경우(긴급한 경우) 집행정지결정권

행정심판위원회의 권한	행정심판위원장의 권한
(2) **재결권**: 재결, 집행정지결정(법 제30조 제2항), 집행정지결정의 취소(법 제30조 제4항), 사정재결(법 제44조 제1항), 임시처분결정 (3) 중앙행정심판위원회의 불합리한 명령 등의 시정조치 요청권	

제10항 행정심판의 심리

행정심판의 심리란 행정심판청구에 대한 재결을 하기 위하여 그 기초가 될 심판자료를 수집하는 절차를 말한다.

I. 심리의 내용

1. 요건심리

요건심리는 해당 행정심판청구가 행정심판제기요건을 갖추고 있는지 여부를 심리하는 것을 말한다. 행정심판제기요건으로는 행정심판의 대상인 처분 또는 부작위의 존재, 당사자능력 및 당사자적격의 존재, 심판청구기간의 준수, 필요적 전치절차의 이행, 심판청구서 기재사항의 구비 등을 들 수 있다.

2. 본안심리

본안심리란 요건심리의 결과 해당 심판청구가 심판청구요건을 구비한 것으로 인정되는 경우 심판청구의 당부(예 취소심판에서 처분의 위법·부당 여부)를 심리하는 것을 말한다.

II. 심리의 범위

1. 불고불리의 원칙 및 불이익변경금지의 원칙

위원회는 심판청구의 대상이 되는 처분 또는 부작위 외의 사항에 대하여는 재결하지 못한다(불고불리의 원칙).

위원회는 심판청구의 대상이 되는 처분보다 청구인에게 불리한 재결을 하지 못한다(불이익변경금지의 원칙).

2. 법률문제, 재량문제와 사실문제

행정심판의 심리에 있어서는 행정소송에서처럼 심판청구의 대상인 처분이나 부작위에 관한 적법·위법의 판단인 법률문제 및 사실문제를 심리할 수 있을뿐만 아니라 행정소송에서와 달리 당·부당의 문제도 심리할 수 있다.

중앙행정심판위원회는 위법 또는 불합리한 법령 등의 시정조치를 요청할 권한을 가진다(법 제59조).

Ⅲ. 심리의 기본원칙

1. 대심주의

대심주의란 대립되는 분쟁 당사자들의 공격·방어를 통하여 심리를 진행하는 소송원칙을 말한다.

행정심판법은 심판청구인과 피청구인이라는 대립되는 당사자를 전제로 하여(법 제13조부터 제20조까지) 당사자 쌍방에게 공격과 방어방법을 제출하도록 하고 있고(법 제23조, 제33조, 제34조, 제36조 등), 원칙적으로 당사자가 제출한 공격·방어방법을 심리의 기초로 삼으며 행정심판위원회가 중립적인 지위에서 심리를 행하도록 하고 있다.

2. 직권심리주의

직권심리주의란 심리에 있어서 심판기관이 당사자의 사실의 주장에 근거하지 않거나 그 주장에 구속되지 않고 적극적으로 직권으로 필요한 사실상의 탐지 또는 증거조사를 행하는 소송원칙을 말한다.

행정심판법은 "위원회는 필요하면 당사자가 주장하지 아니한 사실에 대하여도 심리할 수 있다"라고 위원회의 직권탐지를 인정하고 있고(법 제39조), 위원회에 직권으로 증거조사를 할 수 있도록 하고 있다(법 제36조 제1항).

3. 심리의 방식: 서면심리주의와 구술심리주의

행정심판의 심리는 구술심리나 서면심리로 한다. 다만, 당사자가 구술심리를 신청한 경우에는 서면심리만으로 결정할 수 있다고 인정되는 경우 외에는 구술심리를 하여야 한다(법 제40조 제1항).

4. 비공개주의

행정심판법에는 이에 관한 명문규정은 없다. 그러나 행정심판법이 서면심리주의, 직권심리주의 등을 채택한 점 등에 비추어 볼 때 행정심판법이 비공개주의를 원칙으로 한 것으로 해석된다.

Ⅳ. 소관 중앙행정기관의 장의 의견진술권

중앙행정심판위원회에서 심리·재결하는 심판청구의 경우 소관 중앙행정기관의 장은 의견서를 제출하거나 위원회에 출석하여 의견을 진술할 수 있다(제35조 제4항).

Ⅴ. 당사자의 절차적 권리

행정심판의 당사자에게 위원·직원에 대한 기피신청권, 이의신청권, 보충서면제출권, 구술심리신청권, 물적 증거제출권, 증거조사신청권이 인정되고 있다.

심판참가인에게 당사자에 준하는 절차적 권리가 주어지고, 관련 서류를 참가인에게도 송달하도록 하는 등 참가인의 절차적 권리가 보장되고 있다.

제11항 행정심판의 재결

Ⅰ. 재결의 의의

행정심판의 재결이란 행정심판청구에 대한 심리를 거쳐 재결청이 내리는 결정을 말한다.

① 재결은 행정행위로서 확인행위의 성질을 갖는다.

② 재결은 준사법작용의 성질을 갖는다. 따라서 재결에는 불가변력이 발생한다.

Ⅱ. 행정심판위원회의 재결

행정심판위원회는 심리를 마치면 직접 재결한다.

Ⅲ. 재결의 종류

행정심판의 재결에는 각하재결, 기각재결, 인용재결이 있다.

1. 각하재결(요건재결)

각하재결이란 행정심판의 제기요건이 결여되어 행정심판이 부적법한 것인 때에 본안심리를 거절하는 재결이다.

2. 기각재결

기각재결이란 본안심리의 결과 행정심판청구가 이유 없다고 인정하여 원처분을 시인하는 재결을 말한다(법 제43조 제2항).

기각재결이 있은 후에도 원처분청은 원처분을 직권으로 취소 또는 변경할 수 있다.

3. 인용재결

인용재결이란 본안심리의 결과 심판청구가 이유 있다고 판단하여 청구인의 청구취지를 받아들이는 재결을 말한다.

인용재결에는 취소재결, 변경재결 및 변경명령재결, 무효등확인재결, 의무이행재결이 있다.

(1) 취소·변경재결 및 변경명령재결

위원회는 취소심판의 청구가 이유 있다고 인정하면 재결로써 스스로 처분을 취소 또는 다른 처분으로 변경하거나 처분청에게 처분을 다른 처분으로 변경할 것을 명한다(법 제43조 제3항).

처분을 취소하는 재결은 해당 처분의 전부취소를 내용으로 하는 것과 일부취소(예 영업정지처분기간의 단축)를 내용으로 하는 것이 있다.

처분을 변경하거나 변경을 명하는 재결은 행정심판기관이 행정기관이므로 처분내용을 적극적으로 변경하거나 변경을 명하는 재결을 말한다. 예컨대 허가취소처분을 영업정지처분으로 또는 영업정지처분을 과징금부과처분으로 변경하거나 변경을 명령하는 경우 등이다.

(2) 무효등확인재결

위원회는 무효등확인심판의 청구가 이유 있다고 인정하면 재결로써 처분의 효력 유무 또는 존재 여부를 확인한다(법 제43조 제4항). 따라서 무효확인재결에는 처분무효확인재결, 처분실효확인재결, 처분유효확인재결, 처분존재확인재결, 처분부존재확인재결이 있다.

(3) 의무이행재결

1) 의   의

의무이행재결이란 의무이행심판의 청구가 이유 있다고 인정한 때에 신청에 따른 처분을 스스로 하거나 처분을 할 것을 피청구인에게 명하는 재결을 말한다(법 제43조 제5항).

2) 종류와 성질

의무이행재결에는 처분재결과 처분명령재결이 있다.

(가) 처분재결　　　처분재결은 위원회가 스스로 처분을 하는 것이므로 형성재결이다. 처분재결에는 청구인의 청구내용대로 특정한 처분을 하는 전부인용 처분재결과 청구인의 청구 중 일부만 인용하는 특정내용의 처분재결이 있다.

(나) 처분명령재결　　　처분명령재결은 처분청에게 처분을 명하는 재결이므로 이행재결이다. 처분명령재결에는 특정한 처분을 하도록 명하는 특정처분명령재결과 판결의 취지에 따라 어떠한 처분을 할 것을 명하는 일정처분명령재결이 있다.

(4) 사정재결

사정재결이란 심판청구가 이유 있다고 인정되는 경우에도 이를 인용하는 것이 공공복리에 크게 위배된다고 인정하는 때에 그 심판청구를 기각하는 재결을 말한다(법 제44조 제1항). 무효등확인심판의 경우에는 사정재결이 인정되지 않는다(법 제44조 제3항).

[행정심판 재결의 종류]

각하재결		
기각재결 * 사정재결		
인용재결	취소(변경)재결	처분취소(변경)재결
		처분변경명령재결
	무효등재결: 처분무효(유효·실효·존재·부존재)확인재결	
	의무이행재결	처분재결
		처분명령재결

Ⅳ. 재결의 효력

행정심판법은 재결의 효력에 관하여 기속력과 직접처분에 관한 규정만을 두고 있다. 그런데 취소재결, 변경재결과 처분재결에는 형성력이 발생한다고 보아야 하며 재결은 행정행위이고 준사법적 행위이므로 재결 일반에 대하여 행정행위에 특수한 효력인 공정력, 불가변력 등이 인정된다고 보아야 할 것이다.

1. 형성력

재결의 형성력이란 재결의 내용에 따라 새로운 법률관계의 발생이나 종래의 법률관계의 변경, 소멸을 가져오는 효력을 말한다(대판 1999. 12. 16, 98두18619). 재결의 형성력은 제3자에게도 미치므로 이를 '대세적 효력'이라고도 한다.

형성력이 인정되는 재결로는 취소재결, 변경재결, 처분재결이 있다. 형성재결이 있는 경우에 그 대상이 된 행정처분은 재결 자체에 의해 당연히 취소되어 소멸된다(대판 전원합의체 1999. 12. 16, 98두18619).

처분을 취소하는 재결이 있으면 취소된 처분은 소급적으로 효력을 상실한다. 일부취소재결의 경우에는 일부취소된 부분에 한하여 소급적으로 효력을 상실하고 일부취소되지 않은 부분에 한하여 원처분은 효력을 유지한다.

판례는 변경재결이 있으면 원처분이 변경재결로 변경되어 존재하는 것이 된다고 본다.

의무이행재결 중 처분재결이 있는 경우에는 해당 재결은 장래에 향하여 즉시 효력을 발생한다.

2. 기속력

재결의 기속력이란 처분청(피청구인) 및 관계행정청이 재결의 취지에 따르도록 처분청 및 관계행정청을 구속하는 효력을 말한다. 따라서, 재결의 기속력을 재결의 구속력이라 부르는 견해도 있다. 재결의 기속력은 인용재결의 효력이며 기각재결에는 인정되지 않는다.

(1) 반복금지효

행정청은 처분의 취소재결, 변경재결 또는 무효, 부존재, 실효재결이 있는 경우 동일한 사정 아래에서는 같은 내용의 처분을 되풀이하지 못하며 동일한 과오를 되풀이하지 못한다(대판 1983. 8. 23, 82누302).

(2) 원상회복의무(위법상태제거의무)

취소재결의 기속력에는 해석상 원상회복의무가 포함되는 것으로 보는 것이 타당하다. 따라서, 취소재결이 확정되면 행정청은 취소된 처분으로 초래된 위법상태를 제거하여 원상회복할 의무가 있다.

(3) 처분의무

1) 거부처분취소재결

재결에 의하여 취소되거나 무효 또는 부존재로 확인되는 처분이 당사자의 신청을 거부하는 것을 내용으로 하는 경우에는 그 처분을 한 행정청은 재결의 취지에 따라 다시 이전의 신청에 대한 처분을 하여야 한다(제49조 제2항).

2) 처분명령재결

당사자의 신청을 거부하거나 부작위로 방치한 처분의 이행을 명하는 재결이 있으면 행정청은 지체 없이 이전의 신청에 대하여 재결의 취지에 따라 처분을 하여야 한다(법 제49조 제3항).

3) 절차의 하자를 이유로 한 신청에 따른 처분을 취소하는 재결

신청에 따른 처분(예 건축허가)이 절차의 위법 또는 부당을 이유로 재결로써 취소된 경우 적법한 절차에 따라 신청에 따른 처분(예 건축허가)을 하거나 신청을 기각하는 처분(예 거부처분)을 하여야 한다(법 제49조 제4항).

4) 변경명령재결

취소심판에 있어서 변경을 명하는 재결이 있을 때 행정심판법 제49조 제1항(기속력)에 따라 처분청은 해당 처분을 변경하여야 한다.

(4) 기속력의 객관적 범위

기속력의 객관적 범위는 재결의 취지라고 할 수 있다. 기속력의 객관적 범위는 재결의 주문 및 재결이유 중 그 전제가 된 요건사실의 인정과 처분의 효력판단에 한정되고, 재결의 결론과 직접 관련이 없는 방론이나 간접사실에 대한 판단에까지는 미치지 않는다.

(5) 이행재결의 기속력 확보수단으로서의 직접처분

1) 의   의

직접처분이란 행정청이 처분명령재결의 취지에 따라 이전의 신청에 대한 처분을 하지 아니하는 때에 위원회가 해당 처분을 직접 행하는 것을 말한다(법 제50조 제1항). 직접처분은 의무이행재결의 실효성을 확보하기 위하여 인정된 의무이행재결의 이행강제제도이다. 행정심판에서는 간접강제는 인정되고 있지 않다.

2) 직접처분의 성질

직접처분은 처분명령재결의 실효성을 확보하기 위한 행정심판작용이면서 동시에 행정처분으로서의 성질을 갖는다.

3) 요   건

① 처분명령재결이 있었을 것.

② 위원회가 당사자의 신청에 따라 기간을 정하여 시정을 명하였을 것.

③ 해당 행정청이 그 기간 내에 시정명령을 이행하지 아니하였을 것.

④ 그 처분의 성질이나 그 밖의 불가피한 사유로 위원회가 직접처분을 할

수 없는 경우에 해당하지 않을 것(제50조 제1항). 예를 들면, 정보공개명령재결의 경우 정보공개처분의 성질상 위원회가 직접처분을 할 수 없다.

4) 직접처분에 대한 불복

지방자치단체가 자치권 침해를 이유로 자치사무에 관한 직접처분의 취소를 구할 수 있는가에 대하여 견해가 대립하고 있다.

(6) 행정심판위원회의 간접강제

행정심판법상 간접강제제도는 행정심판 인용재결에 따른 행정청의 재처분 의무에도 불구하고 행정청이 인용재결에 따른 처분을 하지 아니하는 경우 행정심판위원회가 당사자의 신청에 의하여 결정으로 상당한 기간을 정하고, 행정청이 그 기간 내에 이행하지 아니하는 경우에 지연기간에 따라 일정한 배상을 하도록 명하거나 즉시 배상을 할 것을 명하는 제도이다.

행정심판법에 따르면 위원회는 피청구인이 제49조 제2항(제49조 제4항에서 준용하는 경우를 포함한다) 또는 제3항에 따른 처분을 하지 아니하면 청구인의 신청에 의하여 결정으로 상당한 기간을 정하고 피청구인이 그 기간 내에 이행하지 아니하는 경우에는 그 지연기간에 따라 일정한 배상을 하도록 명하거나 즉시 배상을 할 것을 명할 수 있다(제50조의2 제1항).

청구인은 간접강제결정 또는 간접강제변경결정에 불복하는 경우 그 결정에 대하여 행정소송을 제기할 수 있다(동조 제4항).

3. 불가변력

재결은 당사자의 참여 아래 심리절차를 거쳐 내려지는 심판행위(준사법적 행위)이므로 성질상 보통의 행정행위와 달리 재결을 한 위원회 자신도 이를 취소·변경할 수 없다.

V. 재결에 대한 불복

1. 재심판청구의 금지

심판청구에 대한 재결이 있는 경우에는 그 재결 및 동일한 처분 또는 부작위에 대하여 다시 행정심판을 청구할 수 없다(법 제51조).

2. 원고 등의 행정소송

원고는 기각재결 또는 일부인용재결의 경우 항고소송을 제기할 수 있다.

또한, 처분을 취소하는 인용재결로 인하여 비로소 권익침해를 당한 원처분의 상대방은 재결을 대상으로 행정소송을 제기할 수 있다.

3. 처분청의 불복가능성

인용재결에 대해 처분청이 행정소송을 제기할 수 있는지에 관하여 학설이 대립하고 있는데, 판례는 재결은 피청구인인 행정청과 그 밖의 관계행정청을 구속한다고 규정하고 있는 행정심판법 제49조 제1항에 근거하여 처분청은 행정심판의 재결에 대해 불복할 수 없다고 본다(대판 1998. 5. 8, 97누15432).

제12항   고지제도

Ⅰ. 고지제도의 의의

행정심판의 고지제도란 행정청이 처분을 함에 있어서 상대방에게 그 처분에 대하여 행정심판을 제기할 수 있는지 여부, 심판청구절차, 청구기간 등 행정심판의 제기에 필요한 사항을 미리 알려 주도록 의무지우는 제도를 말한다.

Ⅱ. 직권에 의한 고지

행정청이 처분을 할 때에는 처분의 상대방에게 처분에 대하여 행정심판을 청구할 수 있는지의 여부, 행정심판을 청구하는 경우의 심판청구절차 및 심판청구기간을 알려야 한다(법 제58조 제1항).

Ⅲ. 청구에 의한 고지

행정청은 이해관계인이 요구하면 ① 해당 처분이 행정심판의 대상이 되는 처분인지 및 ② 행정심판의 대상이 되는 경우 소관 위원회 및 심판청구 기간을 지체 없이 알려 주어야 한다. 이 경우 서면으로 알려 줄 것을 요구받으면 서면으로 알려 주어야 한다(제58조 제2항).

Ⅳ. 불고지 또는 오고지의 효과

1. 불고지의 효과

(1) 심판청구서제출기관과 권리구제

처분청이 고지를 하지 아니하여 청구인이 심판청구서를 처분청이나 위원회가 아닌 다른 행정기관에 제출한 때에는 해당 행정기관은 그 심판청구서를 지체 없이 정당한 권한이 있는 피청구인에게 송부하고(법 제23조 제2항), 지체 없이 그 사실을 청구인에게 통지하여야 한다(법 제23조 제3항). 이 경우에 심판청구 기간을 계산할 때에는 제1항에 따른 피청구인이나 위원회 또는 제2항에 따른 행정기관에 심판청구서가 제출되었을 때에 행정심판이 청구된 것으로 본다(제23조 제4항).

(2) 청구기간

처분청이 심판청구기간을 고지하지 아니한 때에는 심판청구기간은 처분이 있음을 안 경우에도 해당 처분이 있은 날로부터 180일이 된다(제27조 제6항).

2. 오고지의 효과

(1) 심판청구서제출기관과 권리구제

처분청이 심판청구서제출기관을 잘못 고지하여 청구인이 심판청구서를 처분청이나 위원회가 아닌 다른 행정기관에 제출한 때의 효과도 위의 불고지의 경우와 같다(법 제23조 제2항·제3항·제4항).

(2) 청구기간

처분청이 심판청구기간을 '처분이 있음을 안 날로부터 90일 이내'보다 더 긴 기간으로 잘못 알린 경우에 그 잘못 알린 기간 내에 심판청구가 있으면 그 심판청구는 적법한 기간 내에 제기된 것으로 의제된다(법 제27조 제5항).

제13항   특별행정심판

특별행정심판이란 행정심판법에 대한 특례규정이 두어진 행정심판을 말한다. 특별행정심판에 대하여 행정심판법에 따른 행정심판을 일반행정심판이라 할 수 있다.

행정심판에 관한 개별 법률의 특례규정은 행정심판법에 대한 특별법적 규정이므로 해당 특례규정이 행정심판법에 우선하여 적용된다. 그리고 행정심판에 관하여 개별 법률에서 규정하고 있지 않은 사항과 절차는 일반법인 행정심판법이 적용된다(법 제4조 제2항). 다만, 조세심판에 대하여는 행정심판법의 일부 규정을 준용하는 외에 원칙상 그 적용이 배제되고 있다(국세기본법 제56조 제1항, 지방세기본법 제125조 제1항).

제 3 절   행정소송

제 1 항   행정소송의 의의와 종류

Ⅰ. 행정소송의 의의

행정소송이란 행정청의 공권력 행사에 대한 불복 및 그 밖의 공법상의 법률관계에 관한 분쟁에 대하여 법원이 정식의 소송절차를 거쳐 행하는 행정쟁송절차를 말한다.

Ⅱ. 행정소송의 법원(法源)

행정소송에 관한 일반법으로 행정소송법이 있다. 행정소송법은 행정소송의 특수성(공익성, 전문성 등)을 고려하여 민사소송과 달리 행정소송에 대한 특수한 규율을 규정하고 있다.

다만, 행정소송에 관하여 행정소송법에 특별한 규정이 없는 사항에 대하여는 법원조직법과 민사소송법 및 민사집행법의 규정을 준용한다(제8조). 또한, 행정소송절차에 관하여는 행정소송법 및 행정소송규칙에 특별한 규정이 있는 경우를 제외하고는 그 성질에 반하지 않는 한 「민사소송규칙」 및 「민사집행규칙」의 규정을 준용한다(행정소송규칙 제4조). 따라서, 행정소송법이나 행정소송규칙에 규정되어 있지 않은 사항에 대하여는 민사소송에 관한 규정을 그대로 적용하거나 행정소송의 특수성을 고려하여 수정하여 적용하여야 한다. 행정소송은 권리구제기능뿐만 아니라 행정통제기능도 수행하는 것이므로 성질상 민사소송법의 규정을 그대로 준용할 수 없는 경우에는 민사소송법이 준용되지 아니한다. 그러한 예로는 청구의 인낙, 포기, 화해 등을 들 수 있다. 판례에 따르면 민사소송법상 처분권주의, 불고불리의 원칙, 보조참가, 소의 취하 등은 행정소송에 준용가능하다.

Ⅲ. 행정소송제도의 유형

대륙법형이란 일반법원과는 다른 계통의 행정법원으로 하여금 민사소송절차와는 다른 특수한 소송절차에 따라 행정사건을 심판하도록 하는 행정소송제도를 말한다.

영미법형이란 행정사건도 일반 사법법원의 관할에 속하는 것으로 본다.

우리나라의 행정소송제도는 영미법형과 대륙법형을 혼합한 제도라고 할 수 있다. 행정사건을 일반 사법법원의 관할에 두고 있는 것은 영미법형을 취한 것이지만, 행정소송법에서 행정사건에는 민사소송절차와 다른 특수한 소송절차를 인정하고 있는 점은 대륙법형을 취한 것이다.

Ⅳ. 행정소송의 종류

행정소송법은 행정소송을 항고소송, 당사자소송, 기관소송, 민중소송으로 구분하고 있다(제3조).

Ⅴ. 항고소송

1. 의   의

항고소송이란 행정청의 우월한 일방적인 행정권 행사 또는 불행사에 불복하여 권익구제를 구하는 소송을 말한다.

2. 종   류

현행 행정소송법은 항고소송을 취소소송, 무효등확인소송, 부작위위법확인소송으로 구분하고 있다(제4조). 이와 같이 법에 의해 명시적으로 인정되고 있는 항고소송을 법정항고소송이라 한다.

법에 정해지지는 않았지만 해석으로 인정되는 항고소송을 법정외항고소송 또는 무명항고소송이라 한다.

3. 취소소송

취소소송이란 '행정청의 위법한 처분 등을 취소 또는 변경하는 소송'을 말한다(제4조 제1호). 소송실무상 취소소송이 행정소송의 중심적 지위를 차지하는 것으로 운용되고 있다. 이와 같이 취소소송을 행정소송의 중심으로 하는 것을 취소소송중심주의라 한다.

취소소송은 위법한 처분이나 재결을 다투어 위법한 처분이나 재결이 없었던 것과 같은 상태를 만드는 것을 주된 내용으로 한다.

4. 무효등확인소송

무효등확인소송이란 '행정청의 처분이나 재결의 효력 유무 또는 존재 여부의 확인을 구하는 소송'을 말한다. 무효등확인소송에는 처분이나 재결의 존재확인소송, 부존재확인소송, 유효확인소송, 무효확인소송, 실효확인소송이 있다.

무효등확인소송에는 취소소송에서와 달리 행정심판전치주의, 제소기간, 사정판결, 간접강제 등의 규정이 적용되지 않는다.

5. 부작위위법확인소송

부작위위법확인소송이란 '행정청의 부작위가 위법하다는 것을 확인하는 소송'을 말한다.

6. 의무이행소송

(1) 의   의

의무이행소송이란 행정청의 거부처분 또는 부작위에 대하여 법상의 작위의무의 이행을 청구하는 소송을 말한다.

(2) 허용 여부

현행법의 해석상 의무이행소송이 인정될 수 있는가에 관하여는 견해가 긍정설, 부정설, 절충설로 나뉘어 대립하고 있다. 판례는 부정설을 취하고 있다.

7. 예방적 부작위청구소송(예방적 금지소송)

(1) 의   의

예방적 부작위청구소송이란 행정청의 공권력 행사로 국민의 권익이 침해될 것이 예상되는 경우에 미리 그 예상되는 침익적 처분을 저지하는 것을 목적으로 하여 제기되는 소송을 말한다. 예방적 부작위청구소송은 예방적 금지소송이라고도 한다.

(2) 예방적 부작위청구소송의 허용 여부

현행법의 해석상 예방적 부작위청구소송이 인정될 수 있는가에 관하여는 견해가 긍정설, 부정설, 절충설로 나뉘어 대립하고 있다. 판례는 부정설을 취하고 있다.

Ⅵ. 당사자소송

1. 의   의

당사자소송이란 공법상 법률관계의 주체가 당사자가 되어 다투는 공법상 법률관계에 관한 소송을 말한다.

행정소송법은 공법상 당사자소송을 "행정청의 처분 등을 원인으로 하는 법률관계에 관한 소송, 그 밖에 공법상의 법률관계에 관한 소송으로서 그 법률관계의 한쪽 당사자를 피고로 하는 소송"이라고 정의하고 있다(제3조 제2호).

소송실무상(판례상) 당사자소송이 널리 활용되고 있지 않다. 행정소송법개정안은 행정상 손해배상·부당이득반환 등 공법상 원인으로 발생하는 법률관계에 관한 소송을 행정소송의 대상으로 명시하여 당사자소송을 활성화하고자 하고 있다.

2. 실질적 당사자소송

실질적 당사자소송이란 공법상 법률관계에 관한 소송으로서 그 법률관계의 주체를 당사자로 하는 소송을 말한다. 통상 당사자소송이라 하면 실질적 당사자소송을 말한다.

공법상 법률관계 자체가 소송의 대상이 되는 경우에는 당사자소송으로 제기하여야 하는데, 행정소송법 제3조 제2호에서 당사자소송을 이렇게 일반적으로 인정하고 있으므로 당사자소송의 인정에 있어서는 개별법의 근거가 필요하지 않다.

당사자소송에 대하여 행정소송법은 다음과 같이 규정하고 있다. 당사자소송은 국가·공공단체 그 밖의 권리주체를 피고로 한다(행정소송법 제39조). 제9조(재판관할)의 규정은 당사자소송의 경우에 준용한다. 다만, 국가 또는 공공단체가 피고인 경우에는 관계행정청의 소재지를 피고의 소재지로 본다(제40조). 당사자소송에 관하여 법령에 제소기간이 정하여져 있는 때에는 그 기간은 불변기간으로 한다(제41조). 제21조(소의 변경)의 규정은 당사자소송을 항고소송으로 변경하는 경우에 준용한다(제42조). 그 밖에 제14조(피고경정), 제15조(공동소송), 제16조(제3자의 소송참가), 제17조(행정청의 소송참가), 제22조(처분변경으로 인한 소의 변경), 제25조(행정심판기록의 제출명령), 제26조(직권심리), 제30조(취소판결의 기속력) 제1항, 제32조(소송비용의 부담) 및 제33조(소송비용에 관한 재판의 효력)의 규정은 당사자소송의 경우에 준용한다(제43조 제1항). 제10조(관련청구소송의 이송 및 병합)의 규정은 당사자소송과 관련청구소송이 각각 다른 법원에 계속되고 있는 경우의 이송과 이들 소송의 병합의 경우에 준용한다(제2항).

3. 형식적 당사자소송

일반적으로 형식적 당사자소송을 형식적으로는(소송형태상) 당사자소송의 형식을 취하고 있지만 실질적으로는 처분 등의 효력을 다투는 항고소송의 성질을 가지는 소송이라고 이해한다.

형식적 당사자소송에서는 항고소송에서와 달리 법원이 다툼의 대상이 되는 법률관계의 내용을 직접 결정한다.

개별법상 형식적 당사자소송이 인정되고 있는 경우로는 「공익사업을 위한 토지 등의 취득 및 보상에 관한 법률」제85조 제2항의 손실보상금증감청구소송, 「특허법」상 보상금 또는 대가에 관한 소송(특허법 제191조), 전기통신기본법 등이 있다. 또한 「특허법」제191조는 「상표법」, 「실용신안법」, 「디자인보호법」 등에 준용되고 있다.

Ⅶ. 민중소송

민중소송이란 "국가 또는 공공단체의 기관이 법률에 위반되는 행위를 한 때에 직접 자기의 법률상 이익과 관계없이 그 시정을 구하기 위하여 제기하는 소송"을 말한다(행정소송법 제3조 제3호).

민중소송은 객관적 소송이다. 행정소송법개정안은 민중소송이라는 용어를 공익소송이라는 용어로 변경하고 있다.

민중소송은 특별히 법률의 규정이 있을 때에 한하여 예외적으로 인정된다 (민중소송법정주의). 그 예로는 선거에 관한 소송, 국민투표에 관한 소송, 주민소송이 있다.

민중소송은 민중소송을 인정하는 개별 법률에서 정한 사항을 제외하고는 행정소송법의 규정을 준용한다.

Ⅷ. 기관소송

기관소송이란 "국가 또는 공공단체의 기관 상호간에 있어서의 권한의 존부

또는 그 행사에 관한 다툼이 있을 때에 이에 대하여 제기하는 소송"을 말한다
(행정소송법 제3조 제4호). 다만, 헌법재판소의 관장사항으로 되어 있는 권한쟁의
심판은 행정소송법상 기관소송에서 제외된다(행정소송법 제3조 제4호 단서).

　　현행 행정소송법은 기관소송을 법률이 정한 경우에 한하여 제기할 수 있는
것으로 규정하여 기관소송법정주의를 취하고 있다(제45조).

　　현행법상 인정되고 있는 기관소송의 예로는 지방의회의 재의결에 대한 무
효확인소송, 주무부장관이나 시·도지사의 이행명령에 대한 지방자치단체의 장
의 소송, 시·도의회 또는 교육위원회의 재의결에 대한 소송 등이 있다.

　　기관소송은 기관소송을 인정하는 개별 법률에서 정한 사항을 제외하고는
행정소송법의 규정을 준용한다.

[행정소송의 종류]

주관적 소송	항고소송	법정항고소송	취소소송
			무효등확인소송
			부작위위법확인소송
		무명(법정외)항고소송	의무이행소송
			예방적 부작위(금지)청구소송
	당사자소송	실질적 당사자소송	
		형식적 당사자소송	
객관적 소송	민중소송		
	기관소송		

[행정소송법의 규정 적용]

구 분	취소소송	무효등확인소송	부작위위법확인소송	당사자소송
재판관할(제9조)	○	○	○	○
사건의 이송(제10조)	○	○	○	○
피고적격(제13조)	○	○	○	×
피고의 경정(제14조)	○	○	○	○
공동소송(제15조)	○	○	○	○

구 분	취소 소송	무효등 확인소송	부작위위법 확인소송	당사자 소송
소송참가(제16조 · 제17조)	○	○	○	○
행정심판전치주의(제18조)	○	×	○	×
취소소송의 대상(제19조)	○	○	○	×
제소기간의 제한(제20조)	○	×	제20조 제2항은 준용 안 됨	×
소의 변경(제21조 · 제22조)	○	○	제22조는 준용 안 됨	○
집행부정지의 원칙(제23조)	○	○	×	×
행정심판기록제출명령(제25조)	○	○	○	○
직권심리(제26조)	○	○	○	○
사정판결(제28조)	○	×	×	×
확정판결의 대세적효력(제29조)	○	○	○	×
판결의 기속력(제30조)	○	○	○	○
제3자의 재심청구(제31조)	○	○	○	○
간접강제(제34조)	○	×	○	×

제 2 항 소송요건

소송요건이란 본안심리를 하기 위하여 갖추어야 하는 요건을 말한다.

소송요건이 충족된 소송을 적법한 소송이라 하고 이 경우 법원은 본안심리로 넘어간다.

소송요건이 결여된 소송을 부적법한 소송이라 하며 이 경우 법원은 각하판결을 내린다.

I. 행정소송의 대상

1. 취소소송 및 무효등확인소송의 대상

(1) 원처분주의

원처분주의란 행정심판의 재결의 당부를 다투는 취소소송의 대상을 원처분

으로 하고 원처분의 취소소송에서는 원처분의 위법만을 다투고 재결에 고유한
위법은 재결취소소송에서 다투도록 하는 제도를 말한다. 이에 대하여 재결주의
는 행정심판의 재결에 대하여 불복하는 경우에 재결을 대상으로 취소소송을 제
기하도록 하는 제도를 말한다.

현행 행정소송법은 원처분주의를 채택하고 있다(행정소송법 제19조). 다만,
개별법률에서 예외적으로 재결주의를 채택하고 있는 경우가 있다.

(2) 처   분

행정소송법상 처분이란 "행정청이 행하는 구체적 사실에 관한 법집행으로
서의 공권력의 행사 또는 그 거부와 그 밖에 이에 준하는 행정작용"을 말한다
(법 제2조 제1항 제1호).

행정소송법상의 처분개념이 실체법적 개념인 학문상의 행정행위 개념과 동
일한지에 관하여 이를 동일하다고 보는 실체법적 개념설(일원설)과 동일하지 않
고 전자가 후자보다 넓다고 보는 견해(이원설)가 대립하고 있다. 이원설(행정행
위보다 넓은 개념으로 보는 견해)에는 형식적 행정행위론(실체법상 행정행위뿐만 아
니라 형식적 행정행위를 항고소송의 대상으로 보는 견해)과 쟁송법적 개념설(행정쟁
송법상 처분개념을 실체법상의 행정행위 개념보다 넓은 행정쟁송법상의 독자적인 개념
으로 보는 견해)이 있다.

쟁송법적 개념설은 행정행위뿐만 아니라 권력적 사실행위, 비권력적 행위
라도 국민의 권익에 사실상의 지배력을 미치는 행위, 처분적 명령 등을 처분으
로 보는데, 이 견해가 다수설이다.

판례는 행정소송법상 처분을 "행정청이 공권력주체로서 행하는 구체적 사
실에 관한 법집행으로서 국민의 권리의무에 직접적으로 **영향을 미치는 행위**"로
넓게 정의한다(대판 2007. 10. 11, 2007두1316 ; 대판 2018. 11. 29, 2015두52395). 이
정의는 쟁송법적 개념설에 입각한 것으로 볼 수 있다. 이와 같이 **판례는 행정쟁
송법상의 처분을 행정행위**(공권력 행사로 법률관계에 일방적으로 변동을 초래하는
행위)**보다 넓은 개념으로 보고**, 행정행위가 아닌 공권력 행사도 국민의 권익에
직접 영향을 미치는 경우(⑩ 권력적 사실행위, 경고등 비권력적 사실행위이지만 일
방적 지배력을 미치는 행위)에 처분에 해당하는 것으로 본다.

행정청의 행위가 항고소송의 대상이 될 수 있는지는 추상적·일반적으로

결정할 수 없고, 구체적인 경우에 **개별적**으로 결정하여야 한다(대판 2020. 1. 16, 2019다264700).

　행정청의 행위가 '처분'에 해당하는지가 불분명한 경우에는 그에 대한 불복 방법 선택에 중대한 이해관계를 가지는 상대방의 인식가능성과 예측가능성을 중요하게 고려하여 규범적으로 판단하여야 한다. 그러한 고려에 따라 그 불복 (쟁송)의 기회를 부여할 필요성이 있다고 보이면 처분성을 인정하여야 한다(대판 2022. 9. 7, 2022두42365).

　판례는 처분성의 인정에 법률의 근거는 필요하지 않은 것으로 본다(대판 2018. 11. 29, 2015두52395).

[신청권의 인정 여부에 관한 판례]

신청권이 인정된 예	신청권이 부인된 예
① 건축허가를 신청하려는 자의 건축계획심의신청권 ② 수변구역 매수신청권 ③ 건축물대장작성신청권 ④ 도시계획구역 내 토지소유자의 도시계획입안신청권 ⑤ 자신의 토지에 대한 보안림의 해제신청권 ⑥ 검사임용신청권 ⑦ 국·공립대학의 기간제 전임강사의 재임용신청권 ⑧ 유일한 면접심사 대상자로 선정된 임용신청자의 교원임용신청권 ⑨ 3급 승진대상자로 결정된 공무원의 3급 승진임용신청권 ⑩ 공사중지명령의 상대방의 공사중지명령의 철회신청권	① 도시계획시설변경신청 ② 국·공립 대학교원 임용지원자의 임용 여부에 대한 응답신청 ③ 직권취소신청 ④ 제3자에 대한 건축허가와 준공검사의 취소신청 및 제3자 소유의 건축물에 대한 철거명령신청 ⑤ 주민의 도시관리계획변경신청 ⑥ 산림 복구설계승인 및 복구준공통보에 대한 이해관계인의 취소신청

* 신청권이 인정되는 경우 그 신청의 거부는 처분이 된다.

[처분에 관한 판례]

처분성이 인정된 예	처분성이 부인된 예
① 국가인권위원회의 성희롱결정 및 시정조치권고	① 받아오던 퇴직연금 중 일부에 대한 지급거부
② 민주화운동관련자 명예회복 또는 보상의 결정	② 어업권면허에 선행하는 우선순위결정
③ 민간투자에 관한 실시협약시 우선협상대상자의 지정	③ 혁신도시 입지선정
④ 동일한 내용의 신청에 대한 반복된 거부처분	④ 국립공원경계표지의 설치
⑤ 보건복지부 고시인 약제급여·비급여목록 및 급여상한금액표	⑤ 공중보건의사 채용계약의 해지의 의사표시(단 징계적 성격의 경우 처분)
⑥ 모집단위별 입학정원을 개정한 학칙개정행위	⑥ 대학입시기본계획 내의 내신성적산정지침
⑦ 청소년유해매체물 결정 및 고시	⑦ 농어촌도로기본계획
⑧ 공설화장장설치	⑧ 혁신도시 최종입지 선정행위
⑨ 건축물대장 작성신청 반려행위, 토지대장 직권말소, 지목변경거부	⑨ 공매통지
⑩ 농지개량조합의 직원에 대한 징계처분	⑩ 자동차운전면허대장상 일정한 사항의 등재행위
⑪ 인사기록카드에 기록되는 행정규칙에 따른 '불문경고조치'	⑪ 일정한 경우 무허가건물관리대장 등재삭제행위, 토지대장상 소유자명의변경거부
⑫ 세무조사결정	⑫ 부가가치세법상의 사업자등록 직권말소행위
⑬ 건축신고의 거부	⑬ 4대강 살리기 마스터플랜
⑭ 금융기관의 임원에 대한 금융감독원장의 문책경고	⑭ 각 군 참모총장의 수당지급대상자 추천행위
⑮ 법령에 근거한 입찰참가자격 제한 조치(단, 계약에 근거한 경우 원칙상 처분이 아니라 계약상의 의사표시)	⑮ 한국조폐공사 직원의 파면행위(사법상의 행위)
⑯ 방산물자 지정취소	⑯ 행정소송 이외의 특별불복절차가 마련된 처분(비송사건절차법에 따라 부과되는 과태료부과처분, 통고처분, 검사의 불기소 처분 또는 공소제기, 형집행정지취소처분)
⑰ 건축법상 이행강제금 납부의 최초 독촉	
⑱ 공정거래위원회의 '표준약관 사용권장행위'	
⑲ 지방계약직공무원에 대한 보수의 삭감	⑰ 기부채납계약(지방자치단체 외의 자가 부동산 등의 소유권을 무상으로 지방자치단체에 이전하여 지방자치단체가 이를 취득하는 계약)
⑳ 재활용자원화시설의 민간위탁대상자 선정행위	
㉑ 사법상 계약에 근거한 나라장터 종합쇼핑몰 거래정지 조치	⑱ 해양수산부장관의 항만 명칭결정

(3) 재 결

재결이 항고소송의 대상이 되는 경우는 행정심판의 재결이 그 자체에 고유한 위법이 있어 행정소송법 제19조에 따라 항고소송의 대상이 되는 경우(원처분주의하에서 재결이 대상이 되는 경우)와 개별법률에서 재결주의를 취하는 결과 해당 법률상의 재결이 항고소송의 대상이 되는 경우로 나뉜다.

1) 행정소송법 제19조에 따라 재결이 대상이 되는 경우

행정심판의 재결은 그 자체에 고유한 위법이 있는 경우에 한하여 항고소송의 대상이 된다(행정소송법 제19조 단서).

재결 자체의 고유한 위법에는 재결의 주체에 관한 위법, 재결의 절차에 관한 위법, 재결의 형식에 관한 위법, 재결의 내용에 관한 위법이 있다.

적법한 처분(예 건축 허가)에 대한 인용재결이 부정당한 경우(예 적법한 처분을 취소하는 재결)에 대하여 판례는 행정소송법 제19조 단서의 재결 자체에 고유한 위법이 있는 경우로 본다.

원처분의 위법 여부에 대한 취소재결의 부당이라는 위법사유로 취소재결이 취소된 경우에 행정심판기관은 다시 재결을 할 필요가 없고 취소재결의 취소로 원처분은 원상을 회복하게 된다.

2) 개별법률에 따라 재결이 항고소송의 대상이 되는 경우(재결주의)

개별법률에서 예외적으로 재결주의를 규정하고 있는 경우가 있는데, 이 경우에는 재결주의에 따라 원처분이 아니라 재결이 항고소송의 대상이 된다.

> 예를 들면, 회계관계직원에 대한 감사원의 변상판정(원처분)에 대하여 감사원에 재심의를 청구할 수 있고, 감사원의 재심의 판정(행정심판의 재결)에 대하여 불복하고자 하는 경우에는 감사원의 재심의 판정을 대상으로 하여야 한다(대판 1984. 4. 10, 84누91). 노동위원회의 처분(원처분)에 대한 중앙노동위원회의 재심판정(행정심판의 재결)에 불복하여 취소소송을 제기하는 경우 재결주의에 따라 중앙노동위원회의 재심판정을 대상으로 중앙노동위원장을 피고로 하여 재심판정취소의 소를 제기하여야 한다(대판 1995. 9. 15, 95누6724).

행정심판전치주의와 재결주의는 별개의 제도인데, 재결주의는 행정심판전치주의를 전제로 한다(헌재 2001. 6. 28, 2000헌바77).

2. 부작위위법확인소송의 대상

부작위위법확인소송의 대상은 부작위이다.

부작위위법확인소송에서의 '부작위'란 행정청이 당사자의 신청에 대하여 상당한 기간내에 일정한 처분을 하여야 할 법률상 의무가 있음에도 불구하고 이를 하지 아니하는 것을 말한다(법 제2조 제1항 제2호).

3. 당사자소송의 대상

당사자소송의 대상은 공법상 법률관계이다(예 공무원의 지위확인을 구하는 소송, 미지급퇴직연금지급청구소송, 광주민주화운동관련 보상금지급청구소송 등). 또한 공법상 계약(예 전문직공무원 채용계약) 등 일정한 비권력적인 법적 행위는 공법상 당사자소송의 대상이다.

Ⅱ. 원고적격

1. 의   의

원고적격이란 구체적인 소송에서 원고로서 소송을 수행하여 본안판결을 받을 수 있는 자격을 말한다.

행정소송법 제12조 전단은 "취소소송은 처분 등의 취소를 구할 법률상의 이익이 있는 자가 제기할 수 있다"라고 원고적격을 규정하고 있다.

2. 원고적격의 요건

'원고적격이 있는 자'가 되기 위하여는 ① 법률상 이익이 있는 자이어야 하며, ② 동시에 그 이익이 직접적·구체적으로 침해를 당하였거나 침해될 것이 우려되는(보다 정확히 말하면 개연성이 있는) 경우이어야 한다.

현행 행정소송법상 '법률상 이익'의 개념과 관련하여 권리구제설, 법률상 보호되는 이익구제설(법적 이익구제설), 보호할 가치 있는 이익구제설, 적법성보장설이 대립하고 있는데, 다수설 및 판례는 법적 이익구제설을 취하고 있다.

판례는 처분의 근거법규 및 관계법규(입법취지 포함)에 의해 보호되는 직접적이고 구체적인 개인적 이익(사적 이익)을 법률상 이익으로 보고 있다. **해당 처분의 근거 법규 및 관련 법규에 의하여 보호되는 법률상 이익**이란 해당 처분의 근거 법규의 명문 규정에 의하여 보호받는 법률상 이익, 해당 처분의 근거 법규에 의하여 보호되는 아니하나 해당 처분의 행정목적을 달성하기 위한 일련의 단계적인 관련 처분들의 근거 법규에 의하여 명시적으로 보호받는 법률상 이익, 해당 처분의 근거 법규 또는 관련 법규에서 명시적으로 당해 이익을 보호하는 명문의 규정이 없더라도 근거 법규 및 관련 법규의 합리적 해석상 그 법규에서 행정청을 제약하는 이유가 순수한 공익의 보호만이 아닌 개별적·직접적·구체적 이익을 보호하는 취지가 포함되어 있다고 해석되는 경우까지를 말한다(대판 2015. 7. 23, 2012두19496, 19502 ; 대결 2024. 6. 19, 2024무689).

예를 들면, 처분의 관계법규인 **환경영향평가법의 입법취지**는 환경영향평가를 실시하여야 할 사업(환경영향평가 대상사업)이 환경을 해치지 아니하는 방법으로 시행되도록 함으로써 당해 사업과 관련된 **환경공익을 보호하려는 데 그치는 것이 아니라**, 인근 주민들이 전과 비교하여 수인한도를 넘는 환경침해를 받지 아니하고 쾌적한 환경에서 생활할 수 있는 **개별적 이익(사적 이익)까지도 보호하려는 데에 있다**(대판 2006. 6. 30, 2005두14363).

판례에 따르면 **환경영향평가 대상지역 안에 있는 주민**에게 당연히 원고적격이 인정되는 것은 아니며 환경영향평가의 대상이 되는 개발사업의 승인으로 환경상의 개인적 이익이 직접 구체적으로 침해될 것이 사실상 추정되어 원고적격이 있는 것으로 **추정**된다. **환경영향평가 대상지역 밖의 주민**이라 할지라도 처분 등으로 인하여 그 처분 전과 비교하여 **수인한도를 넘는 환경피해를 받거나 받을 우려가 있는**(개연성이 있는) 경우에는, 처분 등으로 인하여 환경상 이익에 대한 침해 또는 침해우려가 있다는 것을 **입증함으로써** 그 처분 등의 취소 또는 무효확인을 구할 **원고적격을 인정받을 수 있다.** 다만, 환경영향평가 대상지역 밖의 주민이라도 그 환경영향평가 대상지역 내에서 농작물을 경작하는 등 현실적으로 환경상 이익을 향유하는 자는 환경상 이익에 대한 침해 또는 침해 우려가 있는 것으로 사실상 추정되어 원고적격이 인정되는 자에 포함된다. 그렇지만 단지 그 환경영향평가 대상지역 내의 건물·토지를 소유하거나 환경상 이익을 일시적으로 향유하는 데 그치는 자는 환경상 이익에 대한 침해 또는 침해 우려가 있는 것으로 사실상 추정되어 원고적격이 인정되는 자에 포함되지 않는다.

[취소소송에서의 원고적격의 인정 여부에 관한 판례]

원고적격이 인정된 예	원고적격이 부인된 예
① 취임승인이 취소된 학교법인의 정식이사의 취임승인취소처분 및 임시이사 선임처분에 대한 취소소송 ② 시민단체의 정보공개거부에 대한 취소청구 ③ 약제를 제조·공급하는 제약회사의 보건복지부 고시인 '약제급여·비급여 목록 및 급여 상한금액표' 중 약제의 상한금액 인하 부분에 대한 취소소송 ④ 임차인대표회의의 분양전환승인처분의 취소소송 ⑤ 제약회사의 약제상한금액고시의 취소소송 ⑥ 취수장에서 물을 공급받는 부산광역시 또는 양산시에 거주하는 주민의 공장설립승인처분의 취소소송 ⑦ 기존업자의 담배소매인지정처분에 대한 취소소송 ⑧ 채석허가 양수인의 채석허가를 취소하는 처분의 취소소송 ⑨ 조합설립추진위원회의 구성에 동의하지 아니한 정비구역 내의 토지 등 소유자의 조합설립추진위원회 설립승인처분의 취소소송 ⑩ 학교법인임원으로 선임된 사람의 학교법인의 임원취임승인신청 반려처분에 대한 취소소송 취소청구 ⑪ 기존골프장회원의 회원모집계획승인처분 취소소송 ⑫ 분양신청기간 내에 분양신청을 하지 않거나 분양신청을 철회함으로 인해 조합원의 지위를 상실한 토지 등 소유자의 관리처분계획의 무효확인 또는 취소소송 ⑬ 환경영향평가 대상지역 내에 거주하는 주민의 환경영향평가의 대상이 되는 개발사업시행계획승인처분에 대한 취소소송	① 기존 일반소매인의 신규 구내소매인 지정처분의 취소소송 ② 아파트관리사무소 소장의 관리사무소 종합소득세 경정청구 거부에 대한 취소소송 ③ 법인의 주주가 법인에 대한 행정처분(운송사업양도·양수신고수리처분) 이후의 주식 양수인인 주주의 동 처분에 대한 취소소송 ④ 사단법인 대한의사협회의 보건복지부 고시인 '건강보험요양급여행위 및 그 상대가치점수 개정'에 대한 취소소송 ⑤ 도로의 일반이용자의 도로의 공용폐지처분에 대한 취소소송

Ⅲ. 협의의 소의 이익: 권리보호의 필요

협의의 소의 이익이란 원고가 소송상 청구에 대하여 본안판결을 구하는 것을 정당화시킬 수 있는 현실적 이익 또는 필요성을 말한다. 소의 이익을 '권리보호의 필요'라고도 한다.

1. 항고소송에서의 협의의 소의 이익

1) 취소소송에서의 협의의 소의 이익

취소소송(무효확인소송)에서 소의 이익은 계쟁처분의 취소(무효확인)를 구할 현실적 법률상 이익이 있는지 여부를 기준으로 판단된다.

행정처분을 다툴 협의의 소의 이익은 개별·구체적 사정을 고려하여 판단하여야 한다(대판 2020. 4. 9, 2019두49953).

일반적으로 원고적격이 있는 자가 항고소송을 제기한 경우에는 원칙상 협의의 소의 이익(권리보호의 필요)이 있는 것으로 보아야 한다. 그런데 소송목적이 실현된 경우(예 처분의 효력이 소멸한 경우, 권익침해가 해소된 경우 등), 원상회복이 불가능한 경우(예 건축허가가 건축법 소정의 이격거리를 두지 아니하고 건축물을 건축하도록 되어 있어 위법하다 하더라도 건축이 완료된 경우) 및 보다 실효적인 다른 권리구제절차가 있는 경우(예 기본행위의 하자를 이유로 기본행위를 다투는 소송이 기본행위의 하자를 이유로 인가처분을 다투는 것보다는 더 실효적인 권리구제임)에는 소의 이익이 부정된다. 다만, 이 경우에도 취소를 구할 현실적 이익이 있는 경우에는 소의 이익이 인정된다. 예를 들면, 원상회복이 불가능하게 보이는 경우라 하더라도, 동일한 소송 당사자 사이에서 그 행정처분과 동일한 사유로 **위법한 처분이 반복될 위험성**이 있어 행정처분의 위법성 확인 내지 불분명한 법률문제에 대한 해명이 필요하다고 판단되는 경우 등에는 행정의 적법성 확보와 그에 대한 사법통제, 국민의 권리구제 확대 등의 측면에서 여전히 그 처분의 취소를 구할 이익이 있다(대판 2019. 5. 10, 2015두46987). 여기에서 '그 행정처분과 동일한 사유로 위법한 처분이 반복될 위험성이 있는 경우'란 불분명한 법률문제에 대한 해명이 필요한 상황에 대한 대표적인 예시일 뿐이며, 반드시 '해당 사건의 동일한 소송 당사자 사이에서' 반복될 위험이 있는 경우만을 의미하는 것은 아니다(대판 2020. 12. 24, 2020두30450).

협의의 소의 이익에서의 '법률상 이익'은 취소소송을 통하여 구제되는 기본적인 법률상 이익뿐만 아니라 부수적인 법률상 이익도 포함한다고 보는 점에서 원고적격에서의 법률상 이익보다 넓은 개념이라는 것이 다수견해이다. 예를 들면, 파면처분을 다투는 중 원고가 정년에 달한 경우 기본적 권리인 공무원의 지위의 회복은 불가능하지만, 봉급청구 등 부수적 이익이 있으므로 해당 파면처분을 취소할 소의 이익이 있다.

판례는 행정소송법 제12조 소정의 '법률상 이익'을 전문(원고적격)의 그것과 후문(협의의 소의 이익)의 그것을 구별하지 않고 모두 '해당 처분의 근거 법률에 의하여 보호되는 직접적이고 구체적인 이익'이라고 해석하고, 간접적이거나 사실적·경제적 이해관계를 가지는 데 불과한 경우는 여기에 해당되지 아니한다고 보고 있다(대판 전원합의체 1995. 10. 17, 94누14148).

2) 무효확인소송에서의 소의 이익과 확인의 이익

무효확인소송에서도 취소소송에서 논한 소의 이익이 요구된다. 그런데 그 이외에 무효확인소송에 있어서 일반 확인소송(민사소송인 확인소송)에서 요구되는 '확인의 이익(즉시 확정의 이익)'이 요구되는지에 관하여 긍정설과 부정설이 대립하고 있다. 종래 판례는 긍정설(필요설, 즉시확정이익설)을 취하고 있었지만, 최근(2008. 3. 20.) 대법원 전원합의체는 판례를 변경하여 무효확인소송에서 부정설과 같이 행정처분의 근거 법률에 의해 보호되는 직접적이고 구체적인 이익이 있는 경우 이와 별도로 민사소송(확인소송)에서 요구하는 확인의 이익(무효확인소송의 보충성)을 요구하지 않는 것으로 하였다(대판 전원합의체 2008. 3. 20, 2007두6342).

3) 부작위위법확인소송에서의 소의 이익

① 당사자의 신청이 있은 이후 당사자에게 생긴 사정의 변화로 인하여 위 부작위가 위법하다는 확인을 받는다고 하더라도 종국적으로 침해되거나 방해받은 권리와 이익을 보호·구제받는 것이 불가능하게 되었다면 그 부작위가 위법하다는 확인을 구할 이익은 없다(대판 2002. 6. 28, 2000두4750).

② 변론종결시까지 처분청이 처분(거부처분 포함)을 한 경우에는 부작위상태가 해소되므로 소의 이익이 없게 된다(대판 1990. 9. 25, 89누4758).

2. 공법상 당사자소송에서의 소의 이익

행정소송법은 공법상 당사자소송에 대하여는 원고적격이나 소의 이익에 관한 규정을 두고 있지 않다. 따라서, 공법상 당사자소송의 소의 이익에 관하여는 민사소송법이 준용된다(행정소송법 제8조 제2항).

당사자소송에서 원고적격이 있는 자는 당사자소송을 통하여 주장하는 공법상 법률관계의 주체이다.

당사자소송에서의 협의의 소의 이익은 민사소송의 소의 이익의 법리에 따른다.

공법상 법률관계의 확인을 구하는 당사자소송의 경우, 즉 공법상 당사자소송인 확인소송의 경우에는 항고소송인 무효확인소송에서와 달리 확인의 이익(즉시 확정의 이익)이 요구된다(대판 2009. 9. 24, 2008다60568).

Ⅳ. 피고적격이 있는 행정청을 피고로 할 것

1. 항고소송의 피고

행정소송법은 항고소송의 피고를 행정주체로 하지 않고 '처분 등을 행한 행정청'으로 하고 있다(제13조).

피고가 되는 '처분 등을 행한 행정청'이란 실제로 그의 이름으로 처분을 한 행정기관을 말한다. 정당한 권한을 가진 행정청인지 여부는 불문한다. 처분권한이 있는지 여부는 본안의 문제이다.

'행정청'에는 본래의 행정청(국가 또는 지방자치단체의 행정청 및 공공단체) 이외에 법령에 의하여 행정권한의 위임 또는 위탁을 받은 행정기관, 공공단체 및 그 기관 또는 사인이 포함된다(행정소송법 제2조 제2항). 공무수탁사인이 자신의 이름으로 처분을 한 경우에 공무수탁사인이 피고가 된다.

재결이 항고소송의 대상이 되는 경우에는 재결을 한 행정심판기관(행정심판위원회 등)이 피고가 된다.

2. 당사자소송의 피고

당사자소송은 '국가·공공단체 그 밖의 권리주체'를 피고로 한다(법 제39조).
당사자소송의 피고는 권리주체를 피고로 하는 점에서 처분청을 피고로 하는 항고소송과 다르다.

V. 제소기간 내에 제기할 것

1. 항고소송의 제소기간

(1) 행정심판을 거친 경우

행정심판을 거쳐 취소소송을 제기하는 경우에는 취소소송은 재결서의 정본을 송달받은 날부터 90일 이내에 제기하여야 한다(법 제20조 제1항).

여기에서 '행정심판을 거쳐 취소소송을 제기하는 경우'란 행정심판을 거쳐야 하는 경우와 그 밖에 행정심판청구를 할 수 있는 경우 또는 행정청이 행정심판청구를 할 수 있다고 잘못 알린 경우에 행정심판청구를 한 경우를 말한다(법 제20조 제1항 단서).

제20조 제1항의 규정에 의한 기간은 불변기간이다(법 제20조 제3항).

(2) 행정심판을 거치지 않고 직접 취소소송을 제기하는 경우

행정심판을 거치지 않고 직접 취소소송을 제기하는 경우에는 취소소송은 처분 등이 있음을 안 날부터 90일 이내에 제기하여야 하고(법 제20조 제1항 본문), 처분 등이 있은 날부터 1년을 경과하면 이를 제기하지 못한다. 다만, 정당한 사유가 있는 때에는 그러하지 아니하다(법 제20조 제2항).

(3) 이의신청을 거친 후 취소소송을 제기하는 경우

행정기본법상 이의신청(행정심판이 아닌 이의신청)을 거쳐 행정심판 또는 취소소송을 제기하는 경우 불복기간은 전술한 바와 같다(이의신청 참조).

(4) 무효등확인소송의 제소기간

무효등확인소송을 제기하는 경우에는 제소기간에 제한이 없다(법 제38조 제1항).

(5) 부작위위법확인소송의 제소기간

판례는 행정심판을 거치지 않은 경우에는 부작위위법확인소송의 특성상 제소기간의 제한을 받지 않는다고 보고, 행정심판을 거친 경우에는 행정소송법 제 20조가 정한 제소기간 내(재결서의 정본을 송달받은 날로부터 90일 이내)에 부작위 위법확인의 소를 제기하여야 한다고 본다(대판 2009. 7. 23, 2008두10560).

2. 당사자소송의 제소기간

당사자소송의 제기기간에는 원칙상 제한이 없고, 이 경우에는 공법상 권리 가 시효 등에 따라 소멸되지 않는 한 당사자소송을 제기할 수 있다.

Ⅵ. 행정심판전치주의가 적용되는 경우 그 요건을 충족할 것

1. 행정심판임의주의 ─ 예외적 행정심판전치주의

행정소송법은 행정심판을 원칙상 임의적인 구제절차로 규정하고 있다. 즉, 취소소송은 법령의 규정에 의하여 해당 처분에 대한 행정심판을 제기할 수 있 는 경우에도 이를 거치지 아니하고 제기할 수 있다. 다만, 다른 법률에 해당 처 분에 대한 행정심판의 재결을 거치지 아니하면 취소소송을 제기할 수 없다는 규정이 있는 때(⑩ 조세부과처분, 공무원에 대한 불이익처분, 도로교통법상 처분)에 는 그러하지 아니하다(행정소송법 제18조 제1항).

2. 행정심판전치주의의 적용범위

행정심판전치주의는 취소소송과 부작위위법확인소송에서 인정되며(행정소 송법 제18조 제1항, 제38조 제2항) 무효확인소송에는 적용되지 않는다(행정소송법 제38조 제1항).

무효선언을 구하는 취소소송에는 행정심판전치주의가 적용된다(대판 전원합 의체 1976. 2. 24, 75누128 ; 대판 1987. 6. 9, 87누219).

3. 행정심판전치주의의 예외

(1) 행정심판의 재결 없이 행정소송을 제기할 수 있는 경우

① 행정심판청구가 있은 날로부터 60일이 지나도 재결이 없는 때.

② 처분의 집행 또는 절차의 속행으로 생길 중대한 손해를 예방하여야 할

긴급한 필요가 있는 때.

③ 법령의 규정에 따라 행정심판기관이 의결 또는 재결을 하지 못할 사유가 있는 때.

④ 그 밖의 정당한 사유가 있는 때.

(2) 행정심판의 제기 없이 행정소송을 제기할 수 있는 경우

① 동종사건에 관하여 이미 행정심판의 기각재결이 있은 때.

② 서로 내용상 관련되는 처분 또는 같은 목적을 위하여 단계적으로 진행되는 처분 중 어느 하나가 이미 행정심판의 재결을 거친 때.

③ 행정청이 사실심의 변론종결 후 소송의 대상인 처분을 변경한 경우 그 변경된 처분에 관하여 소를 제기하는 때.

④ 처분을 행한 행정청이 행정심판을 거칠 필요가 없다고 잘못 알린 때.

Ⅶ. 관할법원

1. 항고소송의 관할법원

행정법원이 설치된 지역(서울지역)에서는 행정법원, 행정법원이 설치되지 않은 지역(서울 이외의 지역)에서는 해당 지방법원 본원이 제1심 관할법원이 된다.

다만, ① 중앙행정기관, 중앙행정기관의 부속기관과 합의제행정기관 또는 그 장 또는 ② 국가의 사무를 위임 또는 위탁받은 공공단체 또는 그 장이 피고인 경우 그 피고에 대하여 취소소송을 제기하는 경우에는 해당 중앙행정기관 등의 소재지를 관할하는 행정법원뿐만 아니라 대법원소재지를 관할하는 행정법원에도 제기할 수 있다(제9조 제2항).

2. 당사자소송의 관할법원

당사자소송의 관할법원은 취소소송의 경우와 같다. 다만, 국가 또는 공공단체가 피고인 경우에는 관계행정청의 소재지를 피고의 소재지로 본다(법 제40조).

3. 행정소송의 관할의 성격: 전속관할

행정소송의 관할은 행정법원의 전속관할이므로 민사법원은 계쟁사건의 관

할이 행정법원인 경우 해당 사건을 행정법원으로 이송하여야 한다. 계쟁행정사건의 관할이 행정법원이 아니라 지방법원인 경우에는 그러하지 아니하다.

제 3 항 행정소송에서의 가구제

가구제라 함은 소송의 실효성을 확보하기 위하여 본안판결 확정 전에 잠정적으로 행해지는 원고의 권리를 보전하기 위한 수단을 말한다.

행정소송법은 가처분의 일종인 집행정지만을 규정하고 있다. 따라서 민사집행법상의 가처분과 가압류가 행정사건에 준용될 것인지가 문제된다.

I. 행정소송법상의 집행정지

행정소송법상 **집행정지**라 함은 계쟁 처분등의 효력이나 그 집행 또는 절차의 속행을 잠정적으로 정지하는 법원의 결정을 말한다. 집행정지는 권리구제의 실효성을 보장하기 위해 인정되는데, 집행정지가 되면 처분의 집행으로 인한 행정목적의 달성이 잠정적으로 중지된다.

1. 집행부정지의 원칙

취소소송의 제기는 처분 등의 효력이나 그 집행 또는 절차의 속행에 영향을 주지 아니한다(법 제23조 제1항). 이와 같이 위법한 처분 등을 다투는 항고소송이 제기된 경우에도 처분 등의 효력을 잠정적으로나마 정지시키지 않고 처분 등의 후속적인 집행을 인정하는 것을 '집행부정지의 원칙'이라 한다.

2. 예외적인 집행정지

취소소송이 제기된 경우에 처분 등이나 그 집행 또는 절차의 속행으로 인하여 생길 회복하기 어려운 손해를 예방하기 위하여 긴급한 필요가 있다고 인정할 때에는 본안이 계속되고 있는 법원은 당사자의 신청 또는 직권에 의하여 처분 등의 효력이나 그 집행 또는 절차의 속행의 전부 또는 일부의 정지(이하 '집행정지'라 한다)를 결정할 수 있다. 다만, 처분의 효력정지는 처분 등의 집행

또는 절차의 속행을 정지함으로써 목적을 달성할 수 있는 경우에는 허용되지
아니한다(법 제23조 제2항). 판례에 따르면 거부처분은 집행정지의 대상이 되지
못한다. 그 이유는 신청에 대한 거부처분의 효력을 정지하더라도 거부처분이 없
었던 것과 같은 상태, 즉 거부처분이 있기 전의 신청시의 상태로 되돌아가는 데
에 불과하고 행정청에게 신청에 따른 처분을 하여야 할 의무가 생기는 것이 아
니므로, 거부처분의 효력정지는 그 거부처분으로 인하여 신청인에게 생길 손해
를 방지하는 데 아무런 보탬이 되지 아니하여 그 효력정지를 구할 이익이 없기
때문이다(대결 1995. 6. 21, 95두26).

본안청구가 이유 없음이 명백하지 아니할 것이 행정소송법상 명문으로 집
행정지의 요건으로 규정되어 있지는 않지만 판례는 본안청구가 이유 없음이 명
백하지 아니할 것을 집행정지의 소극적 요건으로 요구한다.

3. 집행정지결정의 효력

집행정지결정이 있으면 집행정지결정의 내용에 따라 처분의 효력이나 그
정지 또는 절차의 속행의 전부 또는 일부가 장래에 향하여 결정 주문에서 정한
기간까지 정지된다. 처분의 효력을 정지하는 집행정지결정이 있으면 결정 주문
에서 정한 정지기간 중에는 처분이 없었던 원래의 상태와 같은 상태가 된다. 처
분에 대한 행정쟁송절차에서 처분에 대해 집행정지결정이 이루어졌더라도 본안
에서 해당 처분이 최종적으로 적법한 것으로 확정되면 집행정지결정이 실효되
고 처분을 다시 집행할 수 있게 된다.

Ⅱ. 가처분의 가부

우리 행정소송법은 행정처분에 대하여는 가처분(금전 채권 이외의 특정의 지
급을 목적으로 하는 청구권을 보전하기 위하거나 또는 다투어지고 있는 권리 관계에
관하여 임시의 지위를 정함을 목적으로 하는 재판)에 관한 민사집행법상의 규정을
적용하지 아니한다는 것을 명시한 일본의 행정사건소송법(제44조)과는 달리 이
에 대하여 명문의 규정을 두고 있지 않다.

항고소송에 있어서 민사집행법상의 가처분에 관한 규정을 준용할 수 있다

는 견해와 이를 부정하는 견해가 대립하고 있는데, 판례는 소극설(대판 1992. 7. 6, 92마54. 민사소송법상의 가처분으로써 행정청의 어떠한 행정행위의 금지를 구하는 것은 허용될 수 없다)을 취하고 있다.

공법상 당사자소송에서는 집행정지는 인정되지 않는다. 당사자소송은 민사소송과 유사하므로 민사집행법상의 가처분이 준용된다는 것이 판례 및 학설의 일반적 견해이다. 공법상 당사자소송에서는 가압류가 인정된다.

제 4 항 행정소송의 심리

Ⅰ. 개   설

소송의 심리란 소에 대한 판결을 하기 위하여 그 기초가 될 소송자료를 수집하는 절차를 말한다.

Ⅱ. 심리의 내용

1. 요건심리

요건심리란 제기된 소가 소송요건을 갖춘 것인지의 여부를 심리하는 것을 말한다. 요건심리의 결과 소송요건을 갖추지 않은 것으로 인정될 때에는 해당 소는 부적법한 소가 되고 각하판결이 내려진다.

소송요건으로는 관할권, 제소기간, 처분성, 원고적격, 소의 이익, 전심절차, 당사자능력, 중복소송이 아닐 것, 기판력에 반하지 않을 것 등이 있다.

2. 본안심리

본안심리란 요건심리의 결과 해당 소송이 소송요건을 갖춘 것으로 인정되는 경우 사건의 본안(⑩ 취소소송에서의 처분의 위법 여부)에 대하여 실체적 심사를 행하는 것을 말한다.

본안심리의 결과 청구가 이유 있다고 인정되면 청구인용판결을 하고, 청구가 이유 없다고 인정되면 청구기각판결을 한다.

Ⅲ. 심리의 범위

1. 불고불리의 원칙

행정소송에도 민사소송에서와 같이 불고불리의 원칙이 적용된다(법 제8조). 불고불리의 원칙이란 법원은 소송의 제기가 없으면 재판할 수 없고, 소송의 제기가 있는 경우에도 당사자가 신청한 사항에 대하여 신청의 범위내에서 심리·판단하여야 한다는 원칙을 말한다(민사소송법 제203조).

2. 재량문제의 심리

법원은 재량행위에 대하여 취소소송이 제기된 경우에는 각하할 것이 아니라 본안심리를 하여 재량권의 일탈·남용 여부를 판단하여 재량권의 일탈·남용이 있으면 인용판결을 하고 재량권의 일탈·남용이 없으면 기각판결을 하여야 한다.

그러나 법원은 재량권 행사가 부당한 것인지 여부는 심리·판단할 수 없다.

3. 법률문제·사실문제

법원은 소송의 대상이 된 처분 등의 모든 법률문제 및 사실문제에 대하여 처음부터 새롭게 다시(de novo) 심사할 수 있다.

Ⅳ. 심리의 일반원칙

1. 민사소송법상의 심리절차의 준용

행정소송사건의 심리절차에 관하여 행정소송법에 특별한 규정이 없는 경우에는 법원조직법과 민사소송법 및 민사집행법의 관련규정이 준용되는데(법 제8조 제2항), 행정소송법에 제26조(직권심리) 및 제25조(행정심판기록의 제출명령)를 제외하고는 특별한 규정이 없으므로 민사소송의 심리에 관한 일반원칙인 공개심리주의, 쌍방심리주의, 구술심리주의, 변론주의 등이 행정소송의 심리에도 적용된다.

2. 행정소송법상의 특수한 소송절차

(1) 직권심리주의

1) 의   의

직권심리주의란 소송자료의 수집을 법원이 직권으로 할 수 있는 소송심리원칙을 말한다.

법원이 필요하다고 인정할 때에는 직권으로 증거조사를 할 수 있고, 당사자가 주장하지 아니한 사실에 대하여 판단(직권탐지)할 수 있다(행정소송법 제26조). 직권탐지는 직권으로 탐지한 사실을 판결의 기초로 삼을 수 있다는 것을 내용으로 한다.

2) 직권탐지 인정범위

행정소송법 제26조는 직권증거조사와 함께 일정한 한도 내에서 직권탐지를 인정하고 있다.

판례는 행정소송의 직권심리주의를 극히 예외적으로만 인정하고 있다. 즉, 직권탐지는 소송기록에 나타난 사실에 한정된다. 예를 들면, 증거신청서류에 나타난 사실에 대하여도 당사자가 주장하지 않은 사실의 직권탐지가 가능하다.

3) 당사자소송에의 준용

취소소송의 직권심리주의를 규정하는 행정소송법 제26조는 공법상 당사자소송에 준용된다(법 제44조 제1항).

(2) 행정심판기록제출명령

행정소송법 제25조는 원고의 입증방법의 확보를 위하여 행정심판기록제출명령제도를 규정하고 있다.

Ⅴ. 심리과정의 제문제

1. 관련청구소송의 병합

행정소송법상 관련청구소송의 병합이란 취소소송, 무효등확인소송 또는 당사자소송(이하 '취소소송 등'이라 한다)에 해당 취소소송 등과 관련이 있는 청구소송(관련청구소송)을 병합하여 제기하는 것(예 처분에 대한 취소소송에 해당 처분으

346 제 4 부 행정구제법

로 인한 손해에 대한 국가배상청구소송의 병합)을 말한다.

행정소송법은 다음과 같이 관련청구소송의 병합을 인정하고 있다. 취소소
송에는 사실심의 변론종결시까지 관련청구소송을 병합하거나 피고외의 자를 상
대로 한 관련청구소송을 취소소송이 계속된 법원에 병합하여 제기할 수 있다(제
10조 제2항). 이 규정은 무효등확인소송 및 당사자소송에 준용된다(제38조 제1항,
제44조 제2항).

'관련청구소송'이란 주된 취소소송 등의 대상인 처분등과 관련되는 손해배
상·부당이득반환·원상회복 등 청구소송 및 취소소송을 말한다(제10조 제1항).

2. 소송참가

(1) 제3자의 소송참가

제3자의 소송참가란 소송의 결과에 의하여 권리 또는 이익의 침해를 받을
제3자가 있는 경우에 당사자 또는 제3자의 신청 또는 직권으로 그 제3자를 소
송에 참가시키는 제도를 말한다(법 제16조).

법원은 소송의 결과에 따라 권리 또는 이익의 침해를 받을 제3자가 있는
경우에는 당사자 또는 제3자의 신청 또는 직권에 의하여 결정으로써 그 제3자
를 소송에 참가시킬 수 있다(제16조 제1항).

(2) 제3자의 재심청구

처분 등을 취소하는 판결로 권리 또는 이익의 침해를 받은 제3자는 자기에
게 책임 없는 사유로 소송에 참가하지 못함으로써 판결의 결과에 영향을 미칠
공격 또는 방어방법을 제출하지 못한 때에는 이를 이유로 확정된 종국판결에
대하여 재심의 청구를 할 수 있다(제31조 제1항). 제3자의 재심청구는 확정판결
이 있음을 안 날로부터 30일 이내, 판결이 확정된 날로부터 1년 이내에 제기하
여야 한다(제31조 제2항). 재심청구기간은 불변기간이다(제31조 제3항).

(3) 행정청의 소송참가

행정청의 소송참가란 관계행정청이 행정소송에 참가하는 것을 말한다.

법원은 다른 행정청을 소송에 참가시킬 필요가 있다고 인정할 때에는 당사
자 또는 해당 행정청의 신청 또는 직권에 의하여 결정으로써 그 행정청을 소송
에 참가시킬 수 있다(법 제17조 제1항).

Ⅵ. 주장책임과 입증책임

1. 주장책임

주장책임이란 당사자가 유리한 사실을 주장하지 않으면 그 사실은 없는 것으로 취급되어 불이익한 판단을 받게 되는데, 이 경우에 있어서의 해당 당사자의 불이익을 받는 지위를 말한다.

2. 입증책임(증명책임)

(1) 의   의

입증책임이란 소송상 증명을 요하는 어느 사실의 존부가 확정되지 않은 경우 해당 사실이 존재하지 않는 것으로 취급되어 불리한 법률판단을 받게 되는 당사자 일방의 위험 또는 불이익을 말한다.

입증책임의 분배란 어떤 사실의 존부가 확정되지 않은 경우에 당사자 중 누구에게 불이익을 돌릴 것인가의 문제이다. 입증책임을 지는 자가 소송상 증명을 요하는 어느 사실이 입증되지 않는 경우에 불이익을 받게 된다.

증명책임은 사실에 대한 것이며 법에 대한 것은 아니다. 법에 대한 판단은 법원이 책임을 지고 해야 한다.

(2) 행정소송에서의 증명책임

행정소송법은 증명책임에 관한 규정을 두고 있지 않다. 따라서, 행정소송에서의 증명책임은 원칙적으로 민사소송 일반원칙에 따라 당사자 간에 분배되고, 행정소송의 특성을 고려하여야 한다. 항고소송의 경우에는 그 특성에 따라 처분의 적법성을 주장하는 피고에게 처분사유 등 적법사유에 대한 증명책임이 있다. 처분제외사유의 증명책임은 원고에게 있다. 피고가 주장하는 일정한 처분의 적법성에 관하여 합리적으로 수긍할 수 있는 일응의 증명이 있는 경우에 처분은 정당하며, 이와 상반되는 주장과 증명은 상대방인 원고에게 책임이 돌아간다(대판 2016. 10. 27, 2015두42817).

무효원인에 대한 주장·입증책임은 원고가 부담한다(대판 1992. 3. 10, 91누6030).

제 5 항   행정소송의 판결

Ⅰ. 판결의 의의

판결이란 법률상 쟁송을 해결하기 위하여 법원이 소송절차를 거쳐 내리는 결정을 말한다.

Ⅱ. 판결의 종류

1. 소송판결과 본안판결

소송판결이란 소송요건 또는 상소요건의 흠결이 있는 경우에 소송을 부적법하다 하여 각하하는 판결을 말한다. 소송요건의 결여는 변론종결시를 기준으로 판단한다. 소각하판결은 소송판결이다.

본안판결이란 본안심리의 결과 청구의 전부 또는 일부를 인용하거나 기각하는 종국판결을 말한다. 본안판결은 내용에 따라 인용판결과 기각판결로 나뉜다.

2. 인용판결과 기각판결

인용판결이란 본안심리의 결과 원고의 주장이 이유 있다고 하여 그 청구의 전부 또는 일부를 인용하는 판결을 말한다. 인용판결은 소의 종류에 따라 이행판결, 확인판결, 형성판결로 나뉜다.

기각판결이란 본안심리의 결과, 원고의 주장이 이유 없다고 하여 그 청구를 배척하는 판결을 말한다.

원고의 청구가 이유 있다고 인정하는 경우에도 그 처분을 취소 또는 변경하는 것이 현저히 공공복리에 적합하지 아니하다고 인정하는 때에는 법원은 원고의 청구를 기각할 수 있는데, 이러한 기각판결을 사정판결이라 한다.

Ⅲ. 항고소송에서의 위법판단의 기준시

법원이 본안심리의 결과 처분의 위법 여부를 판단함에 있어서 어느 시점의 법률상태 및 사실상태를 기준으로 하여야 할 것인가 하는 문제가 제기되는데, 이에 관하여 처분시설, 판결시설과 절충설이 대립하고 있다. 판례는 처분시설 (처분의 위법 여부의 판단은 처분시의 사실 및 법률상태를 기준으로 하여 행하여야 한다는 견해)을 취하고 있다. 즉, 행정처분의 위법 여부는 행정처분이 있을 때의 법령과 사실 상태를 기준으로 판단하여야 한다.

이와 같이 행정처분의 위법 여부는 **처분시의 법령 및 사실상태를 기준**으로 판단하지만, 처분시의 법령 및 사실상태 그리고 사실상태에 대한 법령의 적용에 관한 **판단자료는 판결시를 기준**으로 한다. 즉, 법원은 행정처분 당시 행정청이 알고 있었던 자료뿐만 아니라 사실심 변론종결 당시까지 제출된 모든 자료를 종합하여 처분 당시 존재하였던 객관적 사실을 확정하고 그 사실에 기초하여 처분의 위법 여부를 판단할 수 있다(대판 2019. 7. 25, 2017두55077). 사실관계(안전, 위험, 인과관계 등 포함)의 판단은 판결시의 과학기술 등 증거자료에 의한다. 법령의 해석도 처분시의 법령해석에 구속되지 않고 언제든 자유롭게 할 수 있다.

부작위위법확인소송은 아무런 처분을 전제로 하지 않고, 인용판결의 효력(법 제38조 제2항, 법 제30조 제2항)과의 관계에서 볼 때 현재의 법률관계에 있어서의 처분권 행사의 적부(適否)에 관한 것이라고 할 수 있기 때문에 판결시설이 타당하다는 것이 통설이며 판례의 입장이다(대판 1990. 9. 25, 89누4758).

Ⅳ. 취소소송의 판결의 종류

1. 각하판결

취소소송의 소송요건을 결여한 부적법한 소에 대하여는 본안심리를 거절하는 각하판결을 내린다. 소송요건의 충족 여부는 변론종결시를 기준으로 판단한다.

2. 기각판결

본안심리의 결과 원고의 취소청구가 이유 없다고 판단되는 경우에는 기각판결을 내린다. 기각판결은 다음과 같은 경우에 내린다. ① 계쟁처분이 위법하지 아니하고 적법하거나 단순한 부당에 그친 경우, ② 사정판결을 할 경우에도 기각판결을 내린다.

3. 인용판결(취소판결)

(1) 의 의

취소소송에서 인용판결이란 취소법원이 본안심리의 결과 원고의 취소청구 또는 변경청구가 이유 있다고 인정하는 경우에 해당 처분의 전부 또는 일부를 취소하는 판결을 말한다.

(2) 종 류

취소소송에서의 인용판결에는 처분이나 재결에 대한 취소판결, 무효선언을 하는 취소판결이 있다. 또한, 계쟁처분에 대한 전부취소판결과 일부취소판결이 있다.

(3) 적극적 변경의 불허

판례는 취소소송에서는 적극적 변경은 불가능하고, 소극적 변경, 즉 일부취소만 가능하다고 본다(대판 1964. 5. 19, 63누177).

(4) 일부취소의 가능성(일부취소의 인정기준)

처분의 일부만이 위법한 경우에 위법한 부분만의 일부취소가 가능한지가 문제된다. 처분의 일부취소의 가능성은 일부취소의 대상이 되는 부분의 분리취소가능성에 따라 결정된다.

일부취소되는 부분이 분리가능하고, 당사자가 제출한 자료만으로 일부취소되는 부분을 명확히 확정할 수 있는 경우에는 일부취소가 가능하지만, 일부취소되는 부분이 분리가능하지 않거나 당사자가 제출한 자료만으로 일부취소되는 부분을 명확히 확정할 수 없는 경우에는 일부취소를 할 수 없다.

일부취소가 가능한 경우에는 일부취소판결을 하여야 한다.

4. 사정판결

(1) 의   의

사정판결이란 취소소송에 있어서 본안심리 결과, 원고의 청구가 이유 있다고 인정하는 경우(처분이 위법한 것으로 인정되는 경우)에도 공공복리를 위하여 원고의 청구를 기각하는 판결을 말한다.

(2) 사정판결의 요건

원고의 청구가 이유 있다고 인정되는 경우에도 그 처분이나 재결을 취소·변경하는 것이 현저히 공공복리에 적합하지 아니하다고 인정하는 때에는 법원은 원고의 청구를 기각할 수 있다(행정소송법 제28조 제1항 전단).

(3) 사정판결

사정판결을 하는 경우에 법원은 그 판결의 주문에서 그 처분 등이 위법함을 명시하여야 한다.

(4) 원고의 권익구제

원고는 피고인 행정청이 속하는 국가 또는 공공단체를 상대로 손해배상, 제해시설의 설치 그 밖에 적당한 구제방법의 청구를 해당 취소소송 등이 계속된 법원에 병합하여 제기할 수 있다(법 제28조 제3항).

(5) 적용범위

행정소송법상 사정판결은 취소소송에서만 인정되고, 무효등확인소송과 부작위위법확인소송에는 준용되고 있지 않다(제38조).

V. 부작위위법확인소송의 판결의 종류

1. 각하판결

부작위위법확인소송의 소송요건을 결여한 부적법한 소에 대하여는 본안심리를 거절하는 각하판결을 내린다. 부작위 자체가 성립하지 않는 경우(ᅠ예 신청권이 없는 경우(이견 있음), 거부처분이 행해졌음에도 부작위로 알고 소송을 제기한 경우) 및 부작위가 성립하였으나 소송계속 중 처분이 내려져 소의 이익이 상실된 경우에는 각하판결을 내린다.

부작위위법확인소송 계속 중 행정청이 당사자의 신청에 대하여 상당한 기간이 지난 후 처분등을 한 경우 법원은 각하판결을 하면서 소송비용의 전부 또는 일부를 피고가 부담하게 할 수 있다(행정소송규칙 제17조).

2. 기각판결

본안심리의 결과 원고의 부작위위법확인청구가 이유 없다고 판단되는 경우에는 기각판결을 내린다.

3. 인용판결

본안심리의 결과 원고의 부작위위법확인청구가 이유 있다고 인정하는 경우에는 인용판결(부작위위법확인판결)을 내린다.

부작위가 존재하는 경우 통상 그 부작위는 위법하므로 인용판결을 한다. 판례는 부작위는 그 자체로서 위법하다고 한다(대판 2005. 4. 14, 2003두7590).

Ⅵ. 무효등확인소송의 판결의 종류

1. 각하판결

무효등확인소송이 소송요건을 결여한 경우에는 본안심리를 거절하는 각하판결을 내린다.

2. 기각판결

본안심리의 결과 원고의 무효등확인청구가 이유 없다고 판단되는 경우에는 기각판결을 내린다. 기각판결은 다음과 같은 경우에 내린다. ① 계쟁처분이 적법하거나 위법하지 아니하고 단순한 부당에 그친 경우, ② 계쟁처분이 위법하지만 해당 위법이 중대하거나 명백하지 않은 경우

다만, 계쟁처분의 위법이 취소사유에 불과하나 해당 무효확인소송이 취소소송의 요건을 충족하고 있는 경우에 무효확인청구에는 취소청구가 포함되어 있다고 보고 취소판결을 하여야 한다는 것이 판례의 입장이다.

재판장은 무효확인소송이 법 제20조에 따른 기간(취소소송의 제소기간) 내에

제기된 경우에는 원고에게 처분등의 취소를 구하지 아니하는 취지인지를 명확히 하도록 촉구(석명권의 행사)할 수 있다. 다만, 원고가 처분등의 취소를 구하지 아니함을 밝힌 경우에는 그러하지 아니하다(행정소송규칙 제16조).

3. 인용판결

본안심리의 결과 원고의 무효등확인청구가 이유 있다고 인정하는 경우(무효인 경우)에는 인용판결(무효등확인판결)을 내린다.

Ⅶ. 공법상 당사자소송의 판결의 종류

1. 각하판결

당사자소송이 소송요건을 결여한 경우에는 본안심리를 거절하는 각하판결을 내린다.

2. 기각판결

본안심리의 결과 원고의 청구가 이유 없다고 판단되는 경우에는 기각판결을 내린다.

3. 인용판결

본안심리의 결과 원고의 청구가 이유 있다고 인정하는 경우 인용판결을 내리는데, 당사자소송의 소의 종류에 따라 확인판결을 내리기도 하고(예 공무원 지위를 확인하는 판결) 이행판결을 내리기도 한다(예 공법상 금전급부의무의 이행을 명하는 판결).

Ⅷ. 취소판결의 효력

확정된 취소판결의 효력에는 형성력, 기속력 및 기판력이 있다. 형성력과 기속력은 인용판결에 인정되는 효력이고, 기판력은 인용판결뿐만 아니라 기각판결에도 인정되는 효력이다.

1. 형성력

(1) 의   의

계쟁처분 또는 재결의 취소판결이 확정되면 해당 처분은 처분청의 취소를 기다릴 것 없이 당연히 효력을 상실하는데, 이를 형성력이라 한다.

(2) 형성력의 내용

1) 형성효

형성효란 계쟁처분의 효력을 상실(배제)시키는 효력을 말한다. 사실행위의 경우에는 그 지배력을 배제하는 의미를 갖는다.

2) 소급효

취소판결의 취소의 효과는 처분시에 소급하는데, 이를 취소판결의 소급효라 한다.

3) 제3자효(대세적 효력, 대세효)

취소판결의 취소의 효력(형성효 및 소급효)은 소송에 관여하지 않은 제3자에 대하여도 미치는데 이를 취소의 대세적 효력(대세효)이라 한다.

(3) 취소판결의 형성력의 준용

행정소송법 제29조 제1항의 취소판결의 형성력은 집행정지결정 또는 집행정지결정의 취소결정에 준용되고(제29조 제2항), 무효확인소송에도 준용된다(제38조 제1항).

2. 기속력

(1) 의   의

기속력이란 행정청에 대하여 판결의 취지에 따라 행동하도록 당사자인 행정청과 그 밖의 관계행정청을 구속하는 효력을 말한다. 그리하여 기속력을 구속력이라 부르는 견해도 있다. 행정소송법은 "처분 등을 취소하는 확정판결은 그 사건에 관하여 당사자인 행정청과 그 밖의 관계행정청을 기속한다"(법 제30조 제1항)고 규정하고 있다. 기속력은 판결의 실효성을 확보하기 위하여 인정되는 효력이므로 다툼의 대상이 된 사건(동일한 사건, 즉 기본적 사실관계가 동일한 사건)에 관하여서만 효력을 미친다(제30조 제1항).

기속력은 인용판결이 확정된 경우에 한하여 인정되고 기각판결에는 인정되지 않는다. 따라서, 취소소송의 기각판결이 있은 후에도 처분청은 해당 처분을 직권으로 취소할 수 있다.

(2) 내   용

기속력은 소극적 효력(반복금지효)와 적극적 효력(원상회복의무, 재처분의무)로 나눌 수 있다.

취소판결의 기속력에 관한 규정인 행정소송법 제31조 중 제1항은 당사자소송에도 준용되므로 취소판결의 기속력 중 반복금지효와 원상회복의무는 당사자소송에서의 확정인용판결에도 준용된다. 재처분의무에 관한 제31조 제2항은 당사자소송에 준용되지 않는다.

1) 소극적 효력: 반복금지효(저촉금지효)

저촉금지효(반복금지효)란 동일한 행위의 반복을 금지하고, 판결의 취지에 반하는 행위(달리 말하면 동일한 과오를 반복하는 행위)를 금지하는 효력이다. 판결의 취지란 판결의 주문과 판결이유를 말한다. 취소판결의 취지는 취소된 처분이 위법하다는 것과 취소판결의 이유가 된 위법사유를 말한다.

2) 원상회복의무(위법상태제거의무)

취소판결의 기속력에 원상회복의무(위법상태제거의무)가 포함되는지에 관하여 명문의 규정은 없지만, **판례**는 이를 **긍정**하고 있다(대판 2020. 4. 9, 2019두49953). 행정청은 취소판결이 확정되면 취소된 처분으로 초래된 위법상태를 제거하여 원상회복시킬 의무를 진다.

예를 들면, 재산의 압류처분이 취소되면 행정청은 당해 재산을 반환해야 할 의무를 진다. 또한 파면처분이 취소되면 파면되었던 원고를 복직시켜야 한다. 또한, 병역의무 기피자의 명단공표가 취소되면 그 명단공표를 중단하고, 그 공표된 명단을 삭제하여야 한다.

처분상대방이 집행정지결정을 받지 못했으나 본안소송에서 해당 제재처분이 위법하다는 것이 확인되어 취소하는 판결이 확정되면, 처분청은 그 제재처분으로 처분상대방에게 초래된 불이익한 결과를 제거하기 위하여 필요한 조치를 취하여야 한다(대판 2020. 9. 3, 2020두34070).

3) 재처분의무

(가) 거부처분취소에 따른 재처분의무   판결에 의하여 취소 또는 변경되는 처분이 당사자의 신청을 거부하는 것을 내용으로 하는 경우에는 그 처분을 행한 행정청은 판결의 취지에 따라 다시 이전의 신청에 대한 가부(可否)의 처분을 하여야 한다(법 제30조 제2항).

재처분의무의 내용은 해당 거부처분의 취소사유에 따라 다르다. ① 거부처분이 형식상 위법(⑳ 무권한, 형식의 하자, 절차의 하자)을 이유로 취소된 경우에는 적법한 절차를 거치는 등 적법한 형식을 갖추어 신청에 따른 가부의 처분을 하여야 한다. 행정청은 실체적 요건을 심사하여 신청된 대로 처분을 할 수도 있고 다시 거부처분을 할 수도 있다. ② 위법판단기준시에 관하여 판례와 같이 처분시설을 취한다면, 거부처분이 실체상 위법을 이유로 취소된 경우에 거부처분 이후의 사유(⑳ 법령의 변경 또는 사실상황의 변경)를 이유로 다시 거부처분을 하는 것은 재처분의무를 이행한 것이다.

(나) 절차상의 위법을 이유로 신청에 따른 인용처분이 취소된 경우의 재처분의무   절차상의 위법을 이유로 신청에 따른 인용처분(⑳ 건축허가)이 취소된 경우에는 판결의 취지에 따른 적법한 절차를 거쳐 신청에 대한 가부의 처분을 하여야 한다.

(다) 종전 거부처분 이후 법령 등의 변경과 재처분내용의 문제   재처분은 새로운 처분이므로 재처분시의 법령 및 사실상태를 기초로 하여 행해져야 한다. 따라서, 종전의 거부처분 후 법령 및 사실상태에 변경이 있는 경우에 위법판단의 기준시에 관하여 처분시설에 따르면 처분청은 재처분으로 다시 거부처분을 할 수 있다.

다만, 처분청이 취소판결 이후에 재처분을 부당하게 늦추면서 인위적으로 새로운 사유를 만든 경우에는 그 새로운 사유를 들어 다시 거부처분을 하는 것은 신의성실의 원칙에 반하고 재결의 기속력을 무력화시키는 행위이므로 인정될 수 없다.

또한, 처분시의 법령(개정 전 법령)의 존속에 대한 국민의 신뢰, 인용판결에 대한 신뢰와 거부처분 후 개정된 법령의 적용에 관한 공익 사이의 이익형량의 결과 전자가 후자보다 더 보호가치가 있다고 인정되는 경우에는 그러한 국민의 신뢰를 보호하기 위하여 처분 후의 개정 법령을 적용하지 말고 개정 전 법령을 적용하여야 한다.

(라) 거부처분취소에 따른 재처분의무의 실효성 확보: 간접강제   행정소송법은 거부처분취소에 따른 재처분의무의 실효성을 확보하기 위하여 간접강제제도를 두고 있다. 즉, 행정청이 거부처분의 취소판결의 취지에 따라 처분을 하지 아니하는 때에는 1심 수소법원은 당사자의 신청에 따라 결정으로서 상당한 기간을 정하고 행정청이 그 기간 내에 이행하지 아니하는 때에는 그 지연기간에 따라 일정한 배상을 할 것을 명하거나 즉시 손해배상할 것을 명할 수 있다(법 제34조 제1항). 이를 간접강제결정이라고 한다.

간접강제제도는 거부처분취소소송에 인정되고 있다. 그리고 부작위위법확인소송에 준용되고 있으나(법 제38조 제2항) 무효확인판결에는 준용되고 있지 않은데, 이는 입법의 불비이다.

간접강제결정에서 정한 의무이행기한이 경과한 후에라도 확정판결의 취지에 따른 재처분의 이행이 있으면 특별한 사정이 없는 한 배상금을 추심함으로써 심리적 강제를 꾀할 당초의 목적이 상실되어 처분상대방이 더 이상 배상금을 추심하는 것은 허용되지 않는다(대판 2004. 1. 15, 2002두2444 ; 대판 2010. 12. 23, 2009다37725).

(3) 기속력 위반의 효과

기속력에 위반하여 한 행정청의 행위는 당연무효가 된다(대판 1990. 12. 11, 90누3560).

기속력에 반하는 공권력의 행사 또는 불행사로 손해를 받은 경우 국가배상을 청구할 수 있다.

3. 기판력

(1) 의   의

기판력이란 일단 재판이 확정된 때에는 소송당사자는 동일한 소송물에 대하여는 다시 소를 제기할 수 없고 설령 제기되어도 상대방은 기판사항이라는 항변을 할 수 있으며 법원도 일사부재리의 원칙에 따라 확정판결과 내용적으로 모순되는 판단을 하지 못하는 효력을 말한다. 당사자는 기판력에 저촉되는 주장을 할 수 없고 법원도 기판력에 저촉되는 판단을 할 수 없다.

행정소송법은 기판력에 관한 명문의 규정을 두고 있지 않다. 행정소송에서의 판결의 기판력은 행정소송법 제8조 제2항에 따라 민사소송법상 기판력규정이 준용되어 인정되는 것이다.

기판력은 **확정된 종국판결**에 인정된다. 인용판결뿐만 아니라 기각판결, 소송판결(각하판결)에도 인정된다.

(2) 범　　위

1) 주관적 범위

취소소송의 기판력은 당사자 및 이와 동일시할 수 있는 자에게만 미치며 제3자에게는 미치지 않는다. 소송참가를 한 제3자에게도 기판력이 미치지 않는다.

판례는 기판력이 관계 행정청에도 미치는 것으로 보고 있다(대판 1992. 12. 8, 92누6891).

2) 객관적 범위

일반적으로 기판력은 판결의 주문에 포함된 것에 한하여 인정된다(민사소송법 제216조 제1항).

취소소송의 소송물을 위법성 일반이라고 본다면 취소소송의 기판력은 ① 인용판결의 경우에는 해당 처분이 위법하다는 점에 미친다. ② 기각판결의 경우에는 해당 처분이 적법하다는 점에 미친다(기각판결이 난 경우에는 원고는 다른 위법사유를 들어 당해 처분의 효력을 다툴 수 없다). ③ 다만, 사정판결의 경우에는 해당 처분이 위법하다는 점에 기판력이 미친다.

무효확인소송의 기판력은 인용판결의 경우에는 해당 처분이 위법하다는 점과 해당 처분이 무효라는 점에 대하여 미치고, 기각판결의 경우에는 해당 처분이 무효가 아니라는 점에 미친다.

소송판결(각하판결)의 기판력은 그 판결에서 확정한 소송요건의 흠결에 관하여 미친다.

3) 시간적 범위

기판력은 사실심 변론의 종결시를 기준으로 하여 발생한다. 처분청은 해당사건의 사실심 변론종결 이전에 주장할 수 있었던 사유를 내세워 확정판결과 저촉되는 처분을 할 수 없고 하여도 무효이다.

Ⅸ. 무효등확인판결의 효력

무효등확인판결에는 취소판결의 제3자효와 기속력에 관한 규정(제29조, 제30조)이 준용된다(제38조 제1항).

Ⅹ. 부작위위법확인판결의 효력

부작위위법확인판결에는 취소판결의 제3자효와 기속력에 관한 규정(제29조, 제30조) 및 거부처분취소판결의 간접강제에 관한 규정(제34조)이 준용된다(제38조 제2항).

부작위위법확인판결의 기속력은 행정청의 판결의 취지에 따른 재처분의무이다. 부작위위법확인판결의 기속력으로서의 재처분의무는 행정청의 응답의무라고 보는 것이 다수견해이며 판례의 입장이다. 따라서, 부작위위법확인판결이 난 경우에도 행정청은 거부처분을 할 수 있다.

Ⅺ. 기각판결의 효력

기각판결에는 대세효가 인정되지 않고 당사자 사이에 상대적인 기판력만이 발생한다. 그리고 처분이 위법하지 않아 기각판결이 난 경우에는 처분이 적법하다는 것에 기판력이 발생한다는 것이 통설 및 판례의 입장이다.

사정판결의 경우에는 처분의 위법에 대하여 기판력이 발생한다.

제 4 절 행정구제수단으로서의 헌법소송

헌법소송에는 위헌법률심판, 헌법소원, 탄핵심판, 정당해산심판, 권한쟁의심판이 있는데, 행정구제수단으로서 중요한 것은 헌법소원 및 권한쟁의심판이다.

I. 헌법소원

권리구제형 헌법소원에서는 공권력의 행사 또는 불행사가 다투어지는데, 여기에서의 공권력에는 행정권도 포함된다.

권리구제형 헌법소원의 요건은 다음과 같다. ① 공권력의 행사 또는 불행사로 자신의 기본권이 침해된 자가 제기할 것. 따라서 기본권의 주체만이 헌법소원을 제기할 수 있다. ② 공권력작용에 의해 자신의 기본권이 현재 그리고 직접 침해를 당했어야 한다. 즉 자기관련성, 현재성 및 직접성이 있어야 한다. ③ 헌법소원은 다른 법률에 구제절차가 있는 경우에는 그 절차를 모두 거친 후에 심판청구를 하여야 한다(헌법재판소법 제68조 제1항 단서). 이를 헌법소원의 보충성 내지 보충성의 원칙이라 한다. ④ 헌법소원심판은 법이 정한 청구기간내에 제기하여야 한다(헌법재판소법 제69조). ⑤ 권리보호이익 내지 심판의 이익이 있어야 한다.

'다른 법률의 구제절차'란 공권력의 행사 또는 불행사를 직접 대상으로 하여 그 효력을 다툴 수 있는 권리구제절차(⑩ 항고소송)를 의미하고, 사후적·보충적 구제수단(⑩ 손해배상청구, 손실보상청구)을 뜻하는 것은 아니다(헌재 1989. 4. 17, 88헌마3). 따라서, 항고소송이 가능한 경우에는 원칙상 헌법소원이 인정되지 않는다(헌재 2009. 2. 26, 2008헌마370).

II. 권한쟁의심판

권한쟁의심판이란 국가기관 상호간, 국가기관과 지방자치단체간 및 지방자치단체 상호간에 권한의 존부(存否) 또는 범위에 관하여 다툼이 있을 때 해당 국가기관 또는 지방자치단체가 헌법재판소에 제기하는 권한쟁의에 관한 심판을 말한다(헌법재판소법 제2조 제4호, 제61조 제1항).

제 5 절 대체적 분쟁해결수단

대체적 분쟁해결수단(ADR: Alternative Dispute Resolution)이란 재판에 의하지 않는 분쟁해결수단을 말한다. 분쟁조정제도라고도 한다.

알선, 조정, 중재, 재정 등이 있다. **알선**은 알선위원이 분쟁당사자의 의견을 듣고 사건이 공정하게 해결되도록 주선하여 분쟁당사자간의 화해(협의)를 유도함으로써 분쟁을 해결하는 절차를 말한다. **조정**은 조정기관이 분쟁당사자의 의견을 들어 직권으로 분쟁해결을 위한 타협방안(조정안)을 마련하여 분쟁당사자에게 수락을 권고하고, 분쟁당사자들이 이를 받아들임으로써 분쟁을 해결하는 방식이다. **중재**라 함은 당사자의 합의에 의해 선출된 중재인의 중재판정에 의해 분쟁을 해결하는 절차를 말한다. 중재판정은 확정판결과 같은 효력을 갖는다. **재정**은 재정기관이 준사법적 절차에 따라 일방적으로 분쟁해결을 위한 결정을 내리는 것을 말한다.

재판상 화해는 재판상 강제력이 있는데, 재판외 화해는 민법상 계약의 구속력이 있지만, 재판상 강제력이 없다.

행정심판법에 따르면 정심판위원회는 당사자의 권리 및 권한의 범위에서 **당사자의 동의를 받아** 심판청구의 신속하고 공정한 해결을 위하여 **조정**을 할 수 있다. 다만, 그 조정이 공공복리에 적합하지 아니하거나 해당 처분의 성질에 반하는 경우에는 그러하지 아니하다(제43조의2 제1항). 조정은 당사자가 합의한 사항을 조정서에 기재한 후 당사자가 서명 또는 날인하고 위원회가 이를 확인함으로써 **성립한다**(제43조의2 제3항). 제3항에 따라 성립한 조정에 대하여는 행정심판법 제48조(재결의 송달과 효력 발생), 제49조(재결의 기속력 등), 제50조(위원회의 직접 처분), 제50조의2(위원회의 간접강제), 제51조(행정심판 재청구의 금지)의 규정을 준용한다(제43조의2 제4항).

「부패방지 및 국민권익위원회의 설치와 운영에 관한 법률」(약칭: 부패방지권익위법)에 따르면 **국민권익위원회**는 다수인이 관련되거나 사회적 파급효과가 크다고 인정되는 고충민원의 신속하고 공정한 해결을 위하여 필요하다고 인정하는 경우에는 당사자의 신청 또는 직권에 의하여 **조정**을 할 수 있다(제45조 제1항).

조정은 당사자가 합의한 사항을 조정서에 기재한 후 당사자가 기명날인하거나 서명하고 권익위원회가 이를 확인함으로써 성립한다(제2항). 제2항에 따른 조정은 「민법」상의 화해와 같은 효력이 있다.

　행정소송법은 행정소송에서 조정이나 화해를 인정하는 규정을 두고 있지 않다. 항고소송에는 항고소송의 공익성에 비추어 민사소송법상 화해(제225조 이하, 제385조 이하)나 민사조정법상 조정을 준용할 수 없다. 그렇지만, 실무상 제재적 처분사건과 조세사건 등에서 사실상의 조정이 행해지고 있다. 즉, 재판장은 신속하고 공정한 분쟁 해결과 국민의 권익 구제를 위하여 필요하다고 인정하는 경우에는 소송계속 중인 사건에 대하여 직권으로 소의 취하, 처분등의 취소 또는 변경, 그 밖에 다툼을 적정하게 해결하기 위해 필요한 사항을 서면으로 권고할 수 있다(행정소송규칙 제15조 제1항). 예를 들면, 재판장이 행정청에 대하여는 법원이 적절하다고 인정하는 처분으로 변경(예를 들면, 영업허가취소처분을 영업정지처분으로 변경)할 것을, 원고에 대하여는 행정청이 그와 같이 변경처분을 하면 소를 취하할 것을 권고하는 조정권고를 행하고, 행정청이 변경처분을 하면 원고가 소를 취하하는 방식이다. 당사자소송에는 민사소송법상 화해나 민사조정법상 조정이 준용될 수 있다.

| 찾아보기 |

ㅎ

저자약력

서울대학교 법과대학 졸업, 서울대학교 법과대학 법학석사
프랑스 액스-마르세이유대학 법학박사
프랑스 액스-마르세이유대학 초청교수(Professeur invité)
단국대학교 법학대학 교수, 서울대학교·사법연수원 강사
한국공법학회 학술장려상 수상(1996. 6), 한국법학교수회 회장
세계인명사전 마르퀴즈 후즈후 등재(2007. 11), 법제처 자체평가위원장
국무총리 행정심판위원회 위원, 중앙행정심판위원회 위원
법원행정처 행정소송법개정위원회 위원, 헌법재판소법 개정위원회 자문위원
한국법제연구원 자문위원, 법제처 행정심판법개정심의위원회 위원
법제처 법령해석심의위원회 위원, 감사원 정책자문위원, 법무부 정책위원회 위원
민주화운동관련자 명예회복 및 보상심의위원회 위원(대법원장 추천)
사학분쟁조정위원회 위원(대법원장 추천), 국민권익위원회 자체평가위원
경제·인문사회연구회 기획평가위원회 위원, 검찰개혁위원회 위원
한국공법학회 회장, 한국인터넷법학회 회장, 입법이론실무학회 회장
한국토지보상법연구회 회장, 한국토지공법학회 부회장, 중앙토지수용위원회 위원
사법시험, 행정고시, 입법고시, 변호사시험, 승진시험, 외무고시, 변리사, 기술고시,
　감정평가사, 관세사, 세무사, 서울시·경기도 등 공무원시험 등 시험위원
현, 경희대학교 법학전문대학원 고황명예교수
　한국공법학회 고문, 한국행정법학회 법정이사
　법제처 자체평가위원장

저　　서

『정책, 규제와 입법』, 박영사, 2022.
『박균성 교수의 경세치국론』, 박영북스, 2012.
『행정법강의』(제21판), 박영사, 2024.
『행정법론(상)』(제23판), 박영사, 2024.
『행정법론(하)』(제22판), 박영사, 2024.
『행정법기본강의』(제16판), 박영사, 2024.
『경찰행정법』(제7판, 박균성·김재광), 박영사, 2024.
『경찰행정법입문』(제8판, 박균성·김재광), 박영사, 2024.
『환경법』(제11판, 박균성·함태성), 박영사, 2023.

제11판

행정법 입문

초판발행	2013년 6월 10일
제11판발행	2024년 7월 20일
지은이	박균성
펴낸이	안종만 · 안상준
편 집	장유나
기획/마케팅	박세기
표지디자인	이은지
제 작	고철민 · 김원표
펴낸곳	(주) **박영시**
	서울특별시 금천구 가산디지털2로 53, 210호(가산동, 한라시그마밸리)
	등록 1959. 3. 11. 제300-1959-1호(倫)
전 화	02)733-6771
f a x	02)736-4818
e-mail	pys@pybook.co.kr
homepage	www.pybook.co.kr
ISBN	979-11-303-4796-7 93360

copyright©박균성, 2024, Printed in Korea

정 가   25,000원